北京市属高等学校高层次人才引进与培养计划项目
（项目编号: CIT & TCD201304125）

本书是北京文化安全研究基地的研究成果

文化产业安全与管理丛书

高海涛 / 著

中国文化产业安全研究

ZHONGGUO WENHUA CHANYE
ANQUAN YANJIU

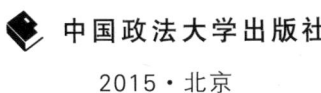

2015·北京

《文化产业安全与管理》丛书编委会

顾 问　王关义

主 任　刘 益

编 委　李治堂　高海涛　肖 丽　张书勤
　　　　田 杰　谢 巍　王 蕾　李剑锋

《文化产业安全与管理》丛书
出版前言

　　文化产业被公认为21世纪全球经济一体化时代的"朝阳产业"。从全球范围来看，一个基本的趋势是：文化产业发达的国家，其文化的扩张力和渗透力都比较强；文化产业发展较为成熟的国家，其文化软实力都有着较大的优势。文化产业在国与国之间综合国力的竞争中发挥的作用越来越大，并为国家文化软实力的竞争提供了形式多样的载体和平台。发展是安全的保障，安全是发展的条件。为了做大做强我国文化产业，有必要加强文化产业安全研究。此外，越来越明显的文化经济化与经济文化化趋势，也意味着文化与经济的大融合。文化经济化是指文化发展中渗透着经济的因素，文化发展是生产力发展的重要组成部分；经济文化化是指任何的经济活动中都包含了文化的因素，文化是经济的引领和导向，文化贯穿经济过程始终。

　　文化安全是国家安全的重要组成部分，文化产业安全是实现文化安全的核心。文化产品是文化的载体，其核心是文化内容。文化产品和文化内容可以由两个方面来提供：一是国家的公共文化服务体系，由公共文化服务机构提供基本的文化产品，满足广大人民群众最基本的文化需要；二是各类成为独立市场主体的文化企业，这是文化产业发展的主体。实现国家文化安全，仅依靠公共文化服务体系，是不可能完成的，还需要由文化企业通过提供丰富的文化产品，形成核心竞争力，参与全球文化竞争，从而实现国家的文化安全由被动安全最终转变为主动安全。也就是说，文化产业安全是实现国家文化安全的核心。只有打造具有全球竞争力的文化产业，才可以实现国家文化软实力的真正提升。

北京印刷学院是国内唯一以培养高级新闻出版人才为特色的高等院校。我院以立足首都、面向全国、服务新闻出版印刷等相关文化产业业态为办学宗旨，重视科学研究和学术积累，不断提高人才培养质量，为全国尤其是北京地区文化产业发展提供了切实的人才和智力支持。办学50多年来，北京印刷学院建立和完善了传媒文化、传媒技术、传媒管理、传媒艺术等特色学科和人才培养体系，为新闻出版业等文化产业培养了3万多名应用型高级专门人才，涌现出了一批文化行业优秀领军人物及技术、业务、管理骨干，形成了扎实的学科基础和环境条件，为我国文化产业的繁荣和发展提供了强有力的智力支持和人才保障，为传承和发扬中华印刷文明做出了应有的贡献。

为更好地推动我国文化产业安全与管理领域的研究，北京印刷学院组织一批从事文化产业安全与管理研究的相关骨干教师，集中编写了《文化产业安全与管理》丛书。《文化产业安全与管理》丛书的出版得到了北京印刷学院文化产业安全与管理博士层次服务国家特殊需求人才培养项目的资助。丛书的策划得到了学校研究生处的指导和大力支持。学校领导和中国政法大学出版社的领导对丛书的出版给予了充分的关注和支持，在此深表感谢。

《文化产业安全与管理》丛书编委会
2014年10月

目录

第一部分 理论篇

第一章 安全的一般理论 / 3
第一节 安全和国家安全 / 3
第二节 经济安全和产业安全 / 9
第三节 文化安全和文化产业安全 / 15
第四节 文化产业安全文献综述 / 23

第二章 产业安全的一般理论 / 29
第一节 产权视角的产业安全 / 29
第二节 产权视角产业安全的维度 / 35

第二部分 安全篇

第三章 全球化背景下的中国文化产业 / 41
第一节 世界文化产业的发展态势及展望 / 41
第二节 经济全球化下的中国文化产业 / 82

第四章 中国文化产业安全的界定与内涵 / 91
第一节 中国文化产业安全的理论研究 / 91

第五章 中国文化产业安全的影响因素 / 120
第一节 产业安全形成原因的文献综述 / 120

第二节　中国文化产业安全的影响因素 …………………… / 122
第六章　中国文化产业安全形势分析 ……………………………… / 128
　　第一节　我国文化产业的安全状况分析 …………………… / 128

第三部分　经验篇

第七章　法国的文化产业保护政策及其启示 ……………………… / 177
　　第一节　法国"文化例外"提出的背景 …………………… / 177
　　第二节　法国"文化例外"原则的提出及发展 …………… / 179
　　第三节　法国的文化保护政策 ……………………………… / 183
　　第四节　法国文化产业保护政策对我国的启示 …………… / 202
第八章　加拿大的文化产业保护政策及其启示 …………………… / 209
　　第一节　加拿大的"文化主权"及其提出的背景 ………… / 209
　　第二节　加拿大的文化保护政策 …………………………… / 215
　　第三节　加拿大捍卫文化主权的尝试：美国－加拿大期刊争端案例两则 ……………………………………………… / 238
　　第四节　加拿大文化保护政策对我国的启示 ……………… / 243

第四部分　管理篇

第九章　中国文化产业安全评价 …………………………………… / 251
　　第一节　中国文化产业安全评价的方法 …………………… / 251
　　第二节　维护中国文化产业安全的政策建议 ……………… / 262

参考文献 ……………………………………………………………… / 269
后　记 ………………………………………………………………… / 277

第一部分

理 论 篇

第一章 安全的一般理论

安全问题一直是人类普遍关注的话题之一。在早期，安全的主体是个人，伴随着民族和国家的出现，安全的主体从个人拓展到国家。尤其是第二次世界大战以后，国家安全成为一个使用频率越来越高的词汇，安全的内涵从最初的军事领域也逐步向政治、经济、文化、网络等领域扩展，呈现出日益深入和细化的趋势。在全球一体化加速推进的过程中，作为一个快速发展的社会主义国家，国家安全对于中国具有十分重要的意义。

第一节 安全和国家安全

一、国家安全问题的提出

在一般意义上，安全是指不受威胁，没有危险、危害、损失。在中国的古代汉语中，并没有"安全"一词，但"安"字却在许多场合下表达着现代汉语中"安全"的意义，表达了人们通常理解的"安全"这一概念。例如，《易·系辞下》中有记载，"是故君子安而不忘危，存而不忘亡，治而不忘乱，是以身安而国家可保也。"与此类似，《左传·襄公十一年》也明确提出，"《书》曰：居安思危，思则有备，有备无患。""安全"作为现代汉语的一个基本语词，在各种现代汉语辞书中有着基本相同的解释。《现代汉语词典》对"安全"的解释是："没有危险；不受威胁；不出事故"。

现代意义上的安全概念产生于西方。当汉语的"安全"一词用来译作英文时，可以与其对应的主要有 safety 和 security 两个单词，虽然这两个单词的含义及用法有所不同，但都可在不同意义上与中文"安全"相对应。在这里，与国家安全联系的"安全"一词，是 security。按照英文词典解释，security 也有多种含义，其中经常被研究国家安全的专家学者提到的含义有两方面：一方面是指安全的状态，即免于危险，没有恐惧；另一方面是指对安全的维护，指安全措施和安全机构。西方学者普遍认为，法国大革命后，由于完整的国家概念和实体的出现，安全概念的主体才从个人拓展到了国家。相比之下，国家安全作为国家的基本需求在国家产生之后就已存在，但并未作为一个明确的概念提出，国家安全作为完整的词汇概念首次出现要比安全概念晚很多。根据英国学者彼特·曼戈尔德（Peter Mangold）的具体考证，从时间上讲，国家安全一词最早出现在 1943 年；从地域来看，国家安全一词最早出现在美国；从代表人物来看，国家安全一词是美国报纸专栏作家沃尔特·李普曼（Walter Lippmann）在其主要著作《美国外交政策：共和国的盾牌》（US Foreign Policy: Shield of the Republic）一书中首先提出的。李普曼借助战争对国家安全进行界定，他认为，一个国家的安全就是当一个国家不牺牲其合法利益就可以避免战争，而一旦国家的合法利益面临挑战，它能够借助战争保护它们。[1]第二次世界大战后，国家安全就已逐渐成为国际政治领域一个使用频率较高的词汇。1947 年 7 月，美国总统杜鲁门正式签署《国家安全法》，这是"国家安全"这一概念第一次出现在政府法律文件中。自此以后，国家安全一词相继出现在世界各国政府的法律条文、政策性文件和政府机构名称中，其内涵和外延也在不断地扩展，并逐渐成为现代政治学和国际关系以及军事战略中的一个常用规范概念。

二、国家安全的含义

由于安全关涉人类生存与发展的方方面面，除了军事问题、政治问

---

[1] Walter Lippmann, *US Foreign Policy: Shield of the Republic*, NewYork: Johnson Reprint Corp, 1971, p. 8.

题、经济问题、科技问题外，也涉及人口问题、生态问题、资源问题和环境问题等，对于安全界定过于宽泛和过于狭窄都会失去实际意义。不同的安全主体面临不同的安全环境挑战和追求不同的安全利益，考虑安全的角度会随着自身价值判断的不同而不同，很难找到界定安全的共同标准。因此，安全是一个弹性很强的概念，对它的界定是件非常困难、极其复杂的事情，国际学术界对安全界定的争议主要集中在安全是否可以确切地进行界定及如何根据不同层次界定等问题上。学界对于安全的界定可以归纳为三种类型：

第一种观点主张安全不可定义，无法形成一个统一被认同的概念。巴瑞·布赞在其关于安全研究的经典著作《人、国家与恐惧：后冷战时代的国际安全研究议程》一书中直率地指出，迄今为止安全是一个"未被深入分析的概念"、一个"发展得非常不全面的概念"和一个"极具争议性的概念"。[1]布赞在书中归纳了安全研究领域的12个关于安全的不同定义，最后他对安全的界定形成了新的认识，即"安全的本质决定了寻求统一的安全定义的努力将会徒劳无功。"

第二种观点认为，安全的界定比较复杂，应该从不同层次或范围给安全以不同的定义。曼戈尔德认为，国家安全与国家利益密切相关，过于宽泛和过于狭窄的安全界定都不能正确地揭示安全的本质。安全会随着时间、地点和条件的变化而有不同的内容。[2]美国学者卡尔·多伊奇（Karl Deutsch）也认为，安全的含义是不固定的，无法形成明确的概念，原因在于作为一种价值，安全同时受到其他关于价值的很多条件和各种方式的具体限制。[3]

第三种观点认为安全完全可以有明确的定义。尽管安全的内涵看起来有些模糊，但可以在最基本的层面上形成简约化的理解。哈罗德·布朗

---

[1] Barry Buzan, *People, State and Fear, An Agenda for International Security Studies in the Post-cold War Era*, 2nd edition, Boulder Co., Lynne Rienner, 1991, pp. 3~8.

[2] Raymond Aron, *Peace and War: A Theory of International Relations*, Translated by Richard Howard and Annette Barker Fox. NewYork: Doubleday, 1966, p.4.

[3] 卡尔·多伊奇：《国际关系分析》，周启朋等译，世界知识出版社1992年版，第283页。

(Harold Brown)和阿诺德·沃尔弗斯（Arnold Wolfers）等学者认为安全是可以明确界定的，即安全就是使国家具有抗击外来颠覆和军事威胁的能力[1]。沃尔弗斯把安全简洁地概括为"获得价值时威胁的不存在"。[2]

目前国内外绝大多数学者认为，安全具有二元性，即安全的客观性和主观性，这也被看作是认识安全的两种主要路径。沃尔弗斯认为，"在客观意义上，安全意味着对所获得价值不存在威胁，从主观意义上，安全表明不会有价值受到攻击的恐惧感。"[3]沃尔弗斯对安全从客观和主观路径的理解可以简单地概括为不存在客观威胁和主观恐惧。这一观点已经被国内外的大部分专家和学者所认同。在界定国家安全概念之前，有必要对中西方学者关于国家安全的典型研究成果进行归纳，主要有以下三种，见图1.1：

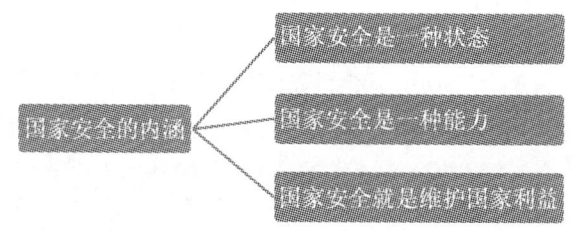

图1.1 国家安全的内涵

第一种是状态说，认为国家安全是一种客观状态或包含主观性的一种状态。有些学者从安全的界定中引申出一个概念，国家安全（National Security）就是国家安全利益免受威胁、侵害或破坏的一种客观的状态。俄罗斯学者A.X.沙瓦耶夫等在《国家安全新论》一书中指出，"国家安全就是国家利益免受内部和外部的威胁并受到保护的一种状态，正是有了这一状态，个人、社会和国家才能被确保不断向前发展。"[4]国家安全除了客

---

[1] 王逸舟：《全球化时代的国际安全》，上海人民出版社1991年版，第40页。
[2] Terry Terriff, *Security Studies Today*, Cambridge: Polity Press, 1999, p.2.
[3] Arnold Wolfers, *Discord and Collaboration. Baltimore*, Johns Hopkins University Press, 1962, p.158.
[4] A.X.沙瓦耶夫等：《国家安全新论》，魏世举、石陆原译，军事谊文出版社2002年版，第23页。

观性外,还包含主观性的因素。这一观点与安全具有二元性的主张一致。"对于国家来说,它的目标不单于要造就一种安全的现状,还要造就一种安全的心态。一个国家没有安全的现状,是不安全,而没有安全的心态,也是不安全"。[1]

第二种是国家实力或国家能力说,认为国家安全是一种能力,即一个国家在面临威胁或可能面临威胁时所具有的维护和获取重大国家利益的能力。布朗认为,国家安全是维持国家的统一和领土完整,加强与世界各国的经济联系并能防止外来力量干涉的能力。[2]美国麦克米兰出版公司和自由出版社联合出版的《国际社会科学百科全书》(International Encyclopedia of the Social Sciences)认为"现代社会科学家所提及的国家安全概念,通常意味着一个国家捍卫其内部的社会制度免受外来威胁的能力。"

第三种是国家利益说,认为国家维护安全,本质上是对国家利益的维护。国家利益与国家安全可以被视作同一枚硬币的正反两面。关于对国家利益的界定,中外学者对此有不同的理解。西方学者中对国家利益理解具有代表性的学者首推汉斯·摩根索,他认为,国家利益包含两个因素,一个是由环境决定的并处于不断变化中,另一个是逻辑上要求的相对永恒存在的必然性,这是国家利益的内核,对国家生存最为重要,内容包括国家领土、政治制度及文化的完整性,这也是民族国家生存的最低要求。[3]中国学者对国家利益的界定以著名国际政治学者阎学通教授的观点最具代表性,他认为,国家利益是指"一个民族国家的整体利益",是由"统治者和被统治者共享的利益",是"一切满足民族国家全体人民物质与精神需要的东西",是"政治利益、安全利益和文化利益的集合体"。[4]

综上分析,"国家"和"国家主权"是国家安全概念形成的认识基点。国家安全的最高价值要素是保卫国家的主权,而其目的要素是国家的生存

---

[1] 李少军:《国际政治学概论》,上海人民出版社2002年版,第169页。

[2] Harold Brown, *Thinking about National Security*, Westview Press, 1983, p. 4.

[3] Hans J. Morgenthau, *The Dilemmas of Politics*, Chicago: Chicago University Press, 1959, pp. 66~69.

[4] 阎学通:《中国国家利益分析》,天津人民出版社1997年版,第6~25页。

和发展利益得到保障和维系。可以说,国家利益及利益的威胁是国家安全形成的动因。可见,无论从哪个角度界定,国家利益的实现都必须建立在国家安全的基础上,只有国家安全得到保障,一个国家绝大多数居民的共同生存与进一步发展才有可能变成现实。

三、传统国家安全观和新国家安全观

国家安全观是国家安全战略的思想基础。国家安全战略是国家安全观的具体化和主要载体,因而更接近国家安全的实际。国家安全观就是一个国家对国家安全的主观认识,对国家安全的基本构成要素以及基本问题的根本态度和观点。根据思想内容的不同,国家安全观可分为"传统国家安全观"与"新国家安全观"两个思想内容不尽相同的发展阶段。以"冷战"的结束作为划分的分水岭,传统的国家安全观是指自从国家诞生以来一直到"冷战"结束这一历史时期中所形成的和发生重要历史作用的各种国家安全观。"冷战"以后内在和外在的挑战给传统的国家安全观带来极大的冲击,客观上需要人们以全新的思维视角对国家安全观进行理解和界定。在这种背景下,各种新的国家安全观应运而生。传统国家安全观与新国家安全观之间的对比见表1.1。

表1.1 传统国家安全观与新国家安全观对比

项目	传统国家安全观	新国家安全观
安全主体	单一主体,国家	多元主体(国家、个体、集体、全球等)
安全内容	政治安全和军事安全	从军事安全拓展为经济安全、科技安全、信息安全、文化安全、生态安全、社会安全等非军事领域
安全观念	安全具有绝对性,认为安全与实力成正比	安全具有相对性,国家实力和安全并无必然联系
安全威胁	外部威胁	外部威胁与内部威胁共存
安全路径	零和博弈	合作共赢

来源:根据以下内容整理。王柏松:"中国新安全观及其安全战略选择",东北师范大学2013年博士学位论文,第20页。

与传统安全观相比,新国家安全观的内涵得到了极大的拓展,从传统的政治安全和军事安全拓展到经济、科技、信息、文化、生态、社会、网络诸多领域,见图1.2。

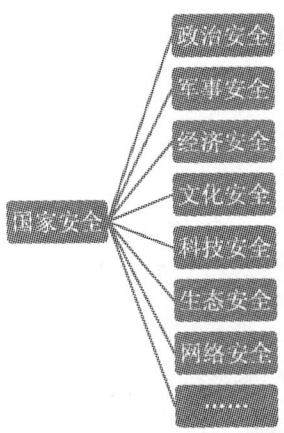

图1.2 国家安全的内涵

根据本书的研究主题,我们将国家安全的研究范围主要限定在经济和文化相结合的领域,即中国文化产业的安全问题,因此下述内容我们将分别从经济安全和文化安全展开分析。

第二节 经济安全和产业安全

随着商品和生产要素在国际自由流动的加快,民族国家经济发展面临的风险性和不确定性大大增加。产业安全作为经济安全的重要组成部分,对维护国家的整体安全利益起着举足轻重的作用。

一、国家经济安全

经济安全是自有国家以来即已存在的最基本的战略问题。马克思主义认为,经济是政治的基础,是一个国家生存发展的基本条件。因此,经济安全很早就成为国际关系当中最引人注目的焦点。国家经济安全是指国家的经济发展、经济利益不受外部或内部威胁和侵害。具体而言,传统的国家经济安全观主要是指资源供给安全,涉及农产品、矿产品、能源和高技术产品等领域。在经济全球化时代,国家经济安全观是指一国经济免于因生态危机、经济不稳定、失业、金融市场紊乱、通货膨胀、大规模的贫困、商品不安全等的冲击而处于一种稳定、均衡和持续发展的状态,既包括一国内部经济发展所依赖的国外资源供给得到有效保障,免于供给中断或价格暴涨而产生的突然打击,同时也包括该国分布于世界各地的市场和投资等商业利益不受威胁,以及受外部影响引发的全局性、系统性金融风波。

经济安全根系于经济竞争力的强弱,包括较为稳固的国民经济发展基础、金融体系、合理的产业结构、企业核心竞争力等。国家经济安全主要是由金融安全、产业安全、贸易安全、战略物资和能源安全、经济信息安全、决策安全等构成,见图1.3。

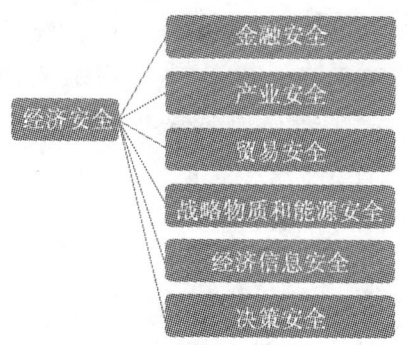

图1.3 经济安全的构成

早在20世纪60年代后期,美国就有学者关注国家经济安全问题。到了70年代,日本便有学者开始关注日本的生存空间和国家经济安全问题。日本的经济企划厅就明确提出将确保国家经济安全作为日本的基本国策之一,如1982年4月,日本内阁的"国家经济安全特别保障小组"在所发表的国家经济安全战略报告中称,国家经济安全战略是遏制和排除外部的经济或非经济威胁并以经济手段为中心维护国家经济安全的方略。

美国总统克林顿在1993年便表示要"把国家经济安全作为对外政策

的主要目标",并在政策上将"国家经济安全"定为国家安全战略的三大目标之一。其战略目标包括加强自身经济实力的建设和积累,为国家安全目标的实现奠定坚实的物质基础,保持与欧盟经济竞争的主导地位,通过经济一体化制约与盟国的经济关系,通过"和平投资"巩固在前苏联、东欧的成果,运用经济制裁、经济援助等手段加强对各种国际矛盾的调控,尤其是影响和控制第三世界国家。

1996年,俄罗斯也明确提出了"国家经济安全战略"和"国家安全基本构想",力求通过保障国家经济安全来保证俄罗斯经济在世界上的独立性,减少对西方发达国家的依赖,保证俄罗斯在经济利益不受威胁的状态下持续发展。除此之外,英国、法国、印度等也提出了本国的国家经济安全思路。

二、产业安全

西方经济学鼻祖亚当·斯密是最早提出产业安全观点的人。在其《国民财富的性质和原因研究》一书中,尽管亚当·斯密大力主张进行自由放任的公平竞争,但他还是提出要对涉及国家安全的国防工业进行保护和扶持。19世纪以美国第一任财政部长亚·汉密尔顿和德国经济学家弗·李斯特为代表的幼稚产业保护论的提出,使产业安全理论趋向成熟。

在国外,"产业安全"一词有两种含义:一是指某产业中生产过程的安全性和事故防范,这实际上把产业安全等同于生产安全,划归为技术操作问题,多见于制造业中,如日本的一些以产业安全为标题的书实际上是指此类含义;另一种广为接受和应用的含义是在国际贸易领域中提出的,是指在开放的经济体系中,一个国家或地区的特定产业如何在国际竞争中保持独立的产业地位和产业竞争优势。如早期的重商主义从贸易角度论述对国内产业施以保护,可以说是维护产业安全思想的萌芽。[1]对产业安全问题的关注是随着国际贸易的不断发展以及跨国投资的增加而逐渐

---

[1] 王发明:"国外产业安全理论研究:脉络、前沿与启示",载《重庆大学学报》(社会科学版)2008年版。

加深的,在产业安全问题的研究中大量应用了国际贸易和产业经济学的一般理论。

随着我国对外开放力度的加大,特别是入世后,我国的产业正面临越来越大的挑战,国内产业安全问题成为近期国内官方机构和学者共同关注的焦点问题之一。对于产业安全的概念界定,国内学术界的观点大致可以分为四种学说,见图1.4。

第一类产业控制力说。何维达和宋胜洲等给出的产业安全定义是:在市场开放条件下,一个国家影响国民经济全局的重要产业的生存发展以及政府对这些产业的调整权或控制权受到威胁的状态。[1]张碧琼认为,国家产业安全问题最主要是由外商直接投资产生的,指的是外商通过合资、直接收购等方式控制国内企业,甚至控制某些重要产业,由此对国家经济构成威胁。[2]

第二类产业竞争力说。许铭认为,产业安全作为国家经济安全的重要组成部分,指的是在开放条件下,一国产业抵御外来干扰或威胁并不断获得持续发展的状态。[3]产业安全很大程度上体现了本国产业的主导地位与竞争力,是一国产业综合素质在不同发展阶段的集中反映。

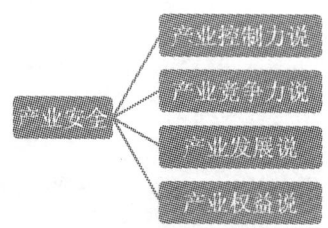

图1.4 产业安全的基本观点

第三类产业发展说。张立指出,产业安全是指一国在对外开放的条件

---

[1] 何维达等:《开放市场下的产业安全与政府规制》,江西人民出版社2003年版,第73页。
[2] 张碧琼:"国际资本扩张与经济安全",载《中国经贸导刊》2003年第6期。
[3] 许铭:"中国产业安全问题分析",复旦大学2005年博士学位论文。

下，在国际竞争的发展进程中，具有保持民族产业持续生存和发展的能力，始终保持着本国资本对本国产业主体的控制。[1]景玉琴把产业安全分为宏观和中观两个层次并分别进行定义：宏观层次的产业安全指的是，一国制度安排能够导致较合理的市场结构及市场行为，经济保持活力，在开放竞争中本国重要产业具有竞争力，多数产业能够生存并持续发展；中观层次上的产业安全可以定义为本国国民所控制的企业达到生存规模，具有持续发展的能力及较大的产业影响力，在开放竞争中具有一定优势。[2]李孟刚认为，产业安全是指特定行为体自主产业的生存和发展不受威胁的状态。该定义包含三层含义：第一，安全的主体是特定行为体的自主产业；第二，产业安全包含生存安全和发展安全两个方面；第三，产业安全度，可以通过评价产业受威胁的程度加以反推。[3]

第四类产业权益说。吕政认为，产业安全是指在对外开放和国际竞争的条件下，国家的重要产业能够保持相对优势，在资本、技术和市场等领域，不受跨国资本的左右，从而实现本国利益的最大化。[4]

上述四种分类大致概括了产业安全的全部内涵。近年来，学术界开始转向产业安全问题应该保护的范围和内容等更深层次的内容。

三、经济安全和产业安全的关系

产业安全是国家经济安全的重要组成部分。与国家经济安全概念相比，产业安全以更加具体的产业为研究对象，因而更加具有针对性和指导性。产业安全是经济安全乃至于国家主权安全的重要组成部分，我们必须从系统论的角度来认识产业安全。产业安全的宏观层面是国家经济安全，微观层面是企业安全，主要是指企业的资本安全和技术安全。技术安全涉及企业的市场竞争力，资本安全涉及企业的控制权。这三个维度是相互交融的，对于产业安全的理解也只有放在这个框架中才能得到准确理解。

---

[1] 张立："经济全球化条件下的中国产业安全问题"，四川大学2002年博士学位论文。
[2] 景玉琴："产业安全概念探析"，载《当代经济研究》2004年第3期。
[3] 李孟刚："产业安全理论的研究"，北京交通大学2006年博士学位论文。
[4] 吕政："自主创新与产业安全"，载《中国国情国力》2006年第8期。

（1）宏观维度：国家经济安全。宏观维度的国家经济安全，是指主权国家的经济发展和经济利益不受外部和内部的威胁而保持稳定、均衡和持续发展的一种经济状态。它包括两个方面：一是指国内经济安全，即一国能够化解各种潜在风险，保持经济稳定、均衡、持续发展的状态和能力。二是指在国际关系中的经济安全，即一国经济主权不受侵犯，经济发展所依赖的资源供给不受外部势力控制，国家经济发展能够抵御国际市场动荡和风险的冲击。

（2）中观维度：产业安全。产业安全主要是伴随着外资进入国内市场和"走出去"战略的实施而出现的一个重要问题。它同样包括两个方面：一是因引进外资而被外资所利用，进而发展到外资控制甚至垄断国内某些产业，从而对国家经济安全产生威胁而出现的产业风险。它涉及的范围如金融安全、信息安全、人才安全、幼稚产业保护、经济结构与产业结构调整等。二是随着"走出去"战略的实施，中国进出口相关产业因受到国际市场挑战与冲击而出现的产业利益受到侵害。它涉及能源安全、资源安全、贸易安全等范围。产业安全的本质是在经济全球化市场让渡与分享过程中，一国产业适应内外部环境变化并能稳定持续发展与提升的能力。

（3）微观维度：企业安全。资本和技术是经济全球化时代两种具有根本决定性的力量。经济全球化本质上是资本的全球化。在引进外资的过程中，跨国资本往往会凭借其雄厚的实力控制企业的所有权，从而对本国资本形成排斥和挤压，影响到本国资本的安全。技术安全是指企业在经营发展过程中不受外部技术控制与垄断及内部研发能力影响而保持稳定、持续发展并做强做大的一种技术提升状态。技术安全也包括两个方面：一是企业自身技术自主创新能力比较弱而出现的自身技术供给不足。二是来自外部的技术控制、封锁与垄断及企业被并购而出现外部技术供给短缺和本国技术、品牌、人才流失等。

经济安全与产业安全有着极为密切的关系：

首先，一个国家要获得经济安全，既要考虑到国内各类产业先天条件的优势与不足，又要从安全角度对各类产业发展予以适当的协调、支持并制定符合具体国情的发展计划，明确未来的成长方向，以避免遭受大的经济风险。

其次，一个国家要获得确实能够维护经济安全乃至整个国家安全的有效手段，必须对某些重要产业给予特别的扶植与保护。

再次，一国经济安全战略及具体策略的实施，在很大程度上由产业安全状况决定，不能脱离产业发展的实际。

最后，从经济安全的角度思考产业发展，可以为一国政府制定更加合理的产业政策提供新视角。需要进一步明确的是，研究经济安全必须研究产业安全及其相关的产业竞争力问题。实际上，一个国家经济是否安全，是由其在一定历史阶段主要产业的竞争力决定的。

从另一个方面来看，出于维护国家经济安全的考虑对有关产业进行划分，可以清晰地体现出经济安全与产业安全的关系，即哪些产业对国家经济安全至关重要，必须切实采取措施做好相应的产业安全工作。

第三节 文化安全和文化产业安全

伴随着经济的全球化，文化也出现了全球化的趋势，以美国为代表的强势文化对其他弱势文化形成严峻的威胁，从而产生了文化安全的话题。当今时代，文化已经成为人类社会财富创造的崭新形态和综合国力的重要指标体系之一，文化国力作为软实力已经成为国际力量平衡对比的重要因素。文化安全已经成为与传统的军事安全、经济安全、政治安全同样重要的国家安全的一个方面，是关乎国家安全的重要因素。在市场经济条件下，文化的安全主要表现为文化产业的安全。

一、文化安全

经济全球化作为当今世界发展的一个趋势，不仅深刻地影响着世界各国的经济政策和经济运动，而且还深刻地影响着世界各国的文化政策、文化运动和文化产业发展走向，影响着国际文化秩序的变动和文化力量格局的重组。[1]由于经济全球化带来了资本的自由流动和信息传播的自由交流，全球性资源的再分配拉动和刺激了规模空前的文化商品流动和文化形态对撞，传统意义上的文化传承在全球化的语境下正越来越失去固定的空间，国家和民族文化边界正在被消解，国家文化主权受到严重的威胁和挑战，这就使得全球化最终将不仅是经济战略问题，而且也是文化战略问题。以美国为代表的西方文化强国利用其资本、技术和市场优势对其他弱势文化进行渗透和控制，推行"文化帝国主义"和"文化霸权主义"，以产业化形态对包括中国在内的第三世界国家进行文化殖民，直接威胁着各民族国家文化产业的生存与发展，对本国民族文化产业及其利益的保护已经成为当今世界各国的一个共同主题。美国《政策评论》就曾宣称："美国文化软实力是美国主宰世界的最深广的力量源泉。"文化手段已经成为美国增加其国际影响力，扩张霸权的重要渗透工具。在此种背景下，世界上许多国家在对外交往过程中越来越重视维护本国文化安全。例如，法国就在其贸易进口中提出了"文化例外"原则，对本国文化实施特殊保护政策和制度，澳大利亚政府则严格规定了外来影视节目的播出数量，加拿大政府专门颁布了 C-55 法案限制外国期刊发展。

所谓国家文化安全是指一国的观念形态的文化（如民族精神、政治价值理念、信仰追求等）生存和发展不受威胁的客观状态。它是国家安全的重要组成部分。潘一禾认为将国家体系中的文化安全主要包括政治文化安全、语言和信息安全、国民教育体系安全三个方面（潘一禾，2005），见图 1.5。

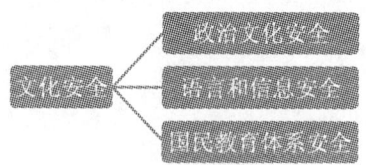

图 1.5 文化安全的构成

---

[1] 胡惠林："国家文化安全：经济全球化背景下中国文化产业发展策论"，载《学术月刊》2000 年第 2 期。

首先，当代国家体系中的"文化安全"主要指政治文化安全，包括基本政治价值观和社会管理制度两个主要方面的安全。政治文化是国家意识形态的基础，是国民身份认同的基础。维护国家政治文化安全主要是维护一种适合本土自我组织和管理的价值观，以及与这种观念体系相配套的政治制度和社会管理机制。当代的政治文化安全问题主要集中在各国政府对本国现代化道路的选择和决定上，这种选择和决定比较集中地反映了国家文化主权的牢固和稳定程度。从理论共识上讲，每个国家都有权选择和维护自己认为最合适的政治文化和政治现代化道路，如价值观念体系、制度变迁、发展规划、改革进程时间表等。但在现实中，许多国家仍然感到这种文化主权因为各国军事、政治和经济等硬实力的差异，以及全球网络带来的信息流动、经济全球化引发的文化多元化发展趋势等原因，而出现威胁本土文化的各种形式；与之相对应的国家"文化安全战略"，一般是指弱国针对强势国家可能的"文化渗透"或"文化控制"采取相应的"反渗透"和"反控制"，以免本国和本民族的价值观、行为模式和社会制度被干扰、重塑和同化。反之，强国的"文化安全战略"则是向外推广或扩张自己的意识形态和生活方式。作为世界头号强国，美国人的文化中心主义及扩张思想由来已久。美国化的基本理念是"唯我独尊"的中心主义，其目的是按照美国的意志和准则来塑造世界。用美国一位前高官的话来说，"如果世界趋向一种共同的语言，它应该是英语；如果世界趋向共同的电信、安全和质量标准，那么它们应该是美国的；如果世界正由电视、广播和音乐联系在一起，节目应该是美国的；如果共同的价值观正在形成，它们应该是符合美国人意愿的价值观。"[1]

其次，文化安全问题也体现为语言安全和信息安全。语言从来就是政治、文化斗争的有效工具，是获取民族和国家经济发展的重要手段，是保持和发展国家、民族共同文化的重要内容。在19世纪前后的两百多年中，西班牙语、荷兰语、法语、英语和德语都曾在比自身国土更大的范围内广

---

[1] David Rothkopf, "In Praise of Cultural Imperialism?", *Foreign Policy*, Summer 1997.

泛传播，用语言"征服和清洗"异族文化的行为此起彼伏。到20世纪，英语（也包括美语）因为美国的技术和经济领先，文化、学术产品的大量输出，而持续占据强势地位。专家们估计，与世界上大约两百个独立国家相对应，存在着大约一千个主要基于语言差异的不同的民族群体。[1]人们担心：如果英语成为唯一的国际性语言，那么，与之对应的是不是少数民族语言和文化的继续消失？英语的长期进入，会不会使一些国家的语言文化的纯洁性和独立性受到冲击？好莱坞电影的世界性扩散，会不会导致混杂着英语的表述方式，在各国媒体和日常生活中普遍存在？CNN新闻机构的遍布四海和24小时滚动式播报，会不会让西方式问题评说被新一代年轻人普遍接受？当今世界的四大通讯社：美联社、合众国际社、路透社和法新社都属于发达国家，西方国家可以利用信息技术上的优势轻而易举地对发展中国家进行有选择的信息输出，控制、影响发展中国家的信息。

最后，文化安全问题也体现在国民教育体系安全上。对任何一个现代国家、民族而言，本土精神的延续和传统文化的继承主要是通过国民教育体系和媒介宣传两大渠道完成的。现代国民教育体系更是每个追求现代化的国家、团体和个人都从中受惠的社会管理机制之一。无论是关系政府合法性的政治意识形态，还是关系每个公民个体生活质量的职业设计和精神发展，教育领域对一个国家和民族的文化安全而言，都是根本保障和基础设施。但经济贸易的全球化进程，已经不同程度地影响了各国的教育体系和人们对受教育方式的选择。一方面，全球共同市场的社会化标准导致各国经济运作、资本流通和社会管理模式的趋同；另一方面，全球范围内的跨国贸易和交往要求各国在通讯技术方式上统一对接，专业人员在基础知识能力上符合相似的评价标准。由此及彼，今天的各国教育在理工科方面出现越来越明显的趋同，工商管理也与计算机专业一样，出现了国际通用技术的培养模式。

---

[1] [挪威]艾德、[芬兰]C.罗克斯、[比利时]A.罗萨斯：《经济、社会和文化的权利》，黄列译，中国社会科学出版社2003年版，第101页。

二、文化产业安全

在市场经济下，经济活动对经济财富的追求，资本对利润的追逐，市场对文化的需求，引起企业和资本进入文化领域，促使文化经济化、产业化，文化产品和服务进入流通市场，成为经济贸易的一部分；随着经济、科技、信息与市场全球化，产业组织、产业布局和市场运营得以全球性地进行，使文化生产、贸易、消费不可避免地全球化，带来文化产业全球化。因而，以经济手段、产业手段进行国家间的文化竞争成为主要的手段，文化竞争上升到文化产业竞争地位，文化产业的强弱成为一个国家文化竞争力大小的标志和反映。自20世纪90年代以来，文化产业已成为全球发展最快的产业之一，目前文化产业已成为许多发达国家国民经济的重要支柱产业。

文化产业国际竞争影响国际文化、经济、政治格局战略重组。随着国际竞争态势和安全重点的转移，文化产业作为国家综合国力的新形态已经成为国际力量平衡对比的重要因素。在以和平与发展为主题的当今世界，文化安全对于国家安全的重要性，在一定意义上已远远超过了经济安全和军事安全，文化软实力已经成为各国政府的重大关切。发展文化产业并不是一般地满足经济文化发展的需要，而是对一种新的战略资源的掌握，是对一种战略市场的争夺，是对一种新的文化存在主导权的争夺。这种争夺的结果将直接决定一种文化在经济全球化背景下的前途与命运，因而成为国际战略竞争的重要内容（胡惠林，2000a，2000b，2011）。一国文化产业的强弱，不仅影响着国内居民文化需求的满足程度、文化产业在国民经济中的地位和本国产业结构的变化，而且在一定程度上关乎世界文化格局的战略重组，促使新的国际文化秩序的建立和文化力量格局的重组，并决定着该国在国际经济、贸易、政治中的地位和在国际产业结构中的位置。因此，一方面，各国沿着文化产业这条线展开竞争，加快了文化产业的发展；另一方面，各国文化产业发展不均衡导致非对称的竞争，加剧了国际经济、贸易、政治格局的不平衡。当前，美、英、日等国的文化产业高度发达，引领国际经济贸易、产业结构升级以及文化先潮，占据国际经济、文化、政治等重要而有利位置，制约着发展中国家国际地位与作用的提升。

发达国家文化产业处于强势地位。当代世界，发达国家凭借其在国际上的地位和优势，构筑产业发展的经济贸易自由规则，掌握产业升级、国际产业转移，处于世界产业高端；以其科技、经济、产业领先的基础率先发展文化产业，主导文化产业发展潮流，处于文化产业强势地位，其中以美国最为强势，而发展中国家则处于弱势地位。美国文化产业年产值约占美国GDP的25%，其产品出口已经超过航空航天业，成为全美第一大贸易出口产品。日本的娱乐业产值也仅次于汽车工业；加拿大的文化产业规模超过农业、交通、通讯及信息产业。即使在金融危机席卷全球的同时，全球的文化产业仍然逆势上扬，文化创意产品与服务的世界出口额仍保持自2002年以来每年14%的增长态势。从世界范围来看，西方文化在当今世界文化市场上占据着主流地位：美国占据世界文化市场42.6%，欧洲国家占33.9%，亚洲和南太平洋国家仅占19%，在亚洲国家中日本、韩国所占比例分别是10%和3.5%。源于这种市场格局，西方的强势文化不断侵蚀着非主流的民族传统文化，形成一种事实上的文化霸权。美国前国务卿奥尔·布赖特在告别20世纪、进入21世纪的讲话中曾向美国人民、向全世界宣称，美国在20世纪的伟大胜利不在于它的航天飞机、导弹等高科技，而在于民主、自由、平等等价值观的输出。文化产业的全球化和文化霸权的形成，使得民族国家的文化主权不断弱化。在全球化背景下，这种强弱造成强势国家的文化流向弱势文化地区，而且文化流的数量和内容掌握在强势文化一方，超出弱势方的控制范围。如发达国家的时代华纳、迪士尼、贝塔斯曼等全球50家最大的跨国文化公司，占据了当今95%的国际文化市场。发展中国家面临着发达国家利用文化产业的优势进行文化渗透所带来的文化安全问题，面临着发达国家通过经济操作、产业植入等带来的经济安全、产业安全问题。

在很长一段时间，我们国家把文化作为一种事业来对待，忽略了文化的产业属性。进入新世纪以后，党和政府发展文化产业的思路逐步明晰，公益性文化事业和经营性文化产业的划分，以及文化管理体制的市场化转型给我国的文化产业带来了勃勃生机，在政策的大力推动下，我国的文化产业正在以迅猛的速度发展。但是，与我国其他产业门类相比，我国文化产业起步晚、起点低，计划经济的色彩浓厚，在国际文化市场上处于明显的劣势地位。中国文化市场巨大的发展潜力、迅猛的发展速度和丰富的文化资源对于西方发达国家具有莫大的吸引力，西方的文化企业纷纷寻求进入中国文化市场的机会。加入世贸组织这十几年来，国内文化市场获得了飞速发展，外资通过参股、合资、项目合作、投资影院和剧场等硬件设施等方式，已经进入了演出、影视、出版、游戏、艺术和旅游等多个文化领域，为未来全方位进军中国文化市场进行布局。伴随着经济的全球化，发达国家凭借经济、军事、政治等优势，大力输出本国的价值观念、意识形态、政治文化等，给中国的文化产业带来巨大冲击。作为弱势方，中国在被动地接受西方信息与技术、对抗西方单一文化的渗透、防范信息与技术霸权方面显得力不从心。在规模经济及技术垄断日益占据首要地位的全球化过程中，中国无法充分实现世界贸易组织成员方所应该享有的对等性进入其他国家文化产业领域的目标，文化产业准入的非对称性使得中国文化产业在成长阶段就面临被扼杀在摇篮中的威胁，中国的文化市场面临着被西方跨国文化产业集团垄断的危险。在开放经济条件下，中国的文化资源不再为中国文化产业所独有，全球化的生产方式使传统上对物质资源的争夺转变为对文化资源的争夺。我国文化产业安全问题逐渐显现：一是文化产业自身的泡沫化现象严重，效益非常低，投入与产出不成比例。二是文化产业有效供给严重不足，总量上供需缺口较大。这为外国资本和外国文化产品的进入提供了需求空间。三是文化贸易的安全隐患突出。我国文化贸易一直有很大的贸易逆差，出口多为文化用品、设备及相关产品，对文化的承载力有限；进口的却是出版、表演艺术、电影电视等文化内容，极大地宣传了西方文化。

因此，在经济全球化的背景下，文化安全在很大程度上体现在对承载不同价值观的文化产业资源的争夺，文化产业的安全成为维护国家文化安全的核心内容。以美国为首的西方文化产业大国的"文化帝国主义"和"文化霸权主义"的全面入侵，西方文化以产业形态对中国的殖民化，构成了现实的中国国家文化安全问题。事实上，文化领域已经成为国际政治斗争和意识形态较量的主战场。如何在融入现代世界体系的过程中保持和发扬本民族的优秀文化，提升国家文化软实力，建设社会主义文化强国，自然成为中国文化产业发展必须面对的首要问题。

三、文化安全与文化产业安全的关系

文化产业安全是基于文化安全的一种产业发展状态。[1] 文化产业的本质是文化的产业化，既具有产业经济功能，也具有意识形态属性。在经济功能方面，文化产业安全强调产业经济系统的发展安全，即在生产要素、需求条件、产业配套、企业战略与同业竞争、政府支持这五个方面都能在国内环境下实现耦合共生。进而，一些外来要素如外商直接投资、外来文化产品等对本国文化产业不会构成威胁，本国资本拥有文化产业发展的控制权。在2008年~2009年国际金融危机背景下，我国文化产业逆势上扬的现象表明，文化产业是工业化中后期阶段的经济发展方向。从这个意义上说，确保文化产业的安全，就是在未来实现支柱产业安全和国家经济安全。

在意识形态功能上，文化产业安全是指通过产业层面构筑安全防护机制以确保国家主流文化安全。文化产业直接指向人们的精神文化需求，必定会影响到国家主流文化和核心价值观。在全球化的背景下，伴随着发达国家文化商品、资本和技术在全球的流动，西方发达国家的文化将在全球传播。而目前我国正处于经济体制深刻变革的时期，各种社会矛盾凸显，思想观念发生深刻变化，主流价值观受到强烈冲击。因此，文化产业发展必须要服务于文化安全这一目的，建立文化产业安全"防火墙"。

---

[1] 王耀中、彭新宇：" 文化产业安全不容忽视"，载《光明日报》2011年8月20日。

第四节　文化产业安全文献综述

一、国内外研究现状评述

关于中国文化产业安全问题的研究涉及文化安全、产业安全。我们先分别对文化安全和产业安全方面的研究进行述评，再综述文化产业安全方面的有关研究。

1. 对于文化安全问题的研究

国外学术界在这个领域相关的研究成果主要有"历史终结论"（Fukuyama，1989）、软实力理论（Nye，2004）、"文明冲突论"（Huntington，1996）等，这些研究大都坚持经济全球化就是资本主义及其文化的全球化（Rosenau，1990）。美国由于在文化领域处于强势和霸权地位，所以鼓吹文化自由贸易，反对国家对文化经济活动的干预（Leeso - Yon，1999；Wildman，1988）；而法国、加拿大等国家由于文化产业的相对弱势则强调"文化例外"（后发展为"文化多样性"理论），主张国家有权对本国的文化进行保护（Prowda，1996；Frederick Scott，2004；Divina Frau - Meigs，2002；Anna Herold，2005；Peter Jackson，2011）。面对这种争论，有学者提出，为了让其文化产业进入全球市场，美国应该在 WTO 框架内对文化例外适当妥协（Kevin Scully，2011）。

在全球化背景下，文化安全日渐成为受到广泛关注的热点议题。作为应对西方文化霸权的手段，"文化主权"构成了文化安全的理论基础（王沪宁，1994；朱健刚、张来治，1998；王公龙，2001）。1999 年 8 月，林宏宇（1999）的论文"文化安全：国家安全的深层主题"的发表开启了研究文化安全问题的大门。刘宽亮、岳澎（2004）认为文化安全追求的目标是：在跨国文化关系中，特定国家文化的体系不被瓦解，创新机制不被破坏，价值功能不被消解，民族风格不被改变，主权地位和国际影响力不被取消。宋效峰（2005）认为，在文化的全球化背景下，中国应该从国家的根本利益出发，在"和而不同"原则的指导下，制定积极防御型的文化战略，以维护自己的文化安全。2005年，胡惠林的《中国国家文化安全论》一书对国家文化安全问题进行了系统、深刻的论述，将文化安全问题提到国家文化战略的高度来认识，掀起了学术界研究文化安全问题的热潮。解学芳（2007）认为，维护文化安全与发展文化产业这一命题存在四大悖论，即文化安全与发展文化产业定位的不同与耦合，文化安全与文化产业"走出去"目标的偏差与背离，文化安全与发展文化产业矛盾性与和谐性的交融以及维护文化安全与发展文化产业"度"的难以定量。钱志中（2010）认为，国家间文化产业发展的严重失衡可能引致发展中国家的文化资源被侵蚀、意识形态被过滤、社会主流价值观被扭曲，文化贸易的单向度流通威胁着发展中国家的文化安全。鲍铭言认为，从非传统安全角度看，"文化安全"确是国际安全的一种视角，这里文化被提到一个新的高度。但是，"安全"意味着进攻与防御，"文化安全"很容易被理解为一种防御性手段（褚国飞，2011）。

从目前文献资料分析来看，对产业安全的研究大多集中在宏观层面的探讨，而对中观、微观层次的具体国民产业安全现状分析并不多见，对产业安全的概念及成因的论述很多，而对某个具体产业安全的分析少见，没有将产业安全理论很好地应用于具体产业的生存和发展上来。因此没有充分发挥产业安全理论对各产业发展的指导意义。

2. 对于产业安全问题的研究

现代产业安全理论的研究是随着20世纪60年代后期，美、日、俄等国对国家经济安全问题的研究而开始的。1997年东南亚金融危机爆发后，国家经济安全理论的研究逐步趋向于成熟。对于产业安全问题的研究国外学者主要围绕两条主线展开：一是考察产业国际竞争力；二是考察跨国公司直接投资对产业安全的影响。前者以波特为代表。波特（1990）从产业国际竞争力进行考察，认为如果产业面临国外更高生产率的竞争对手，其产业发展与安全将受到威胁；后者包括布雷（Burnell, 1986）、阿明（Amin, 1990）以及联合国跨国公司中心，该派观点从跨国公司直接投资对产业安全的影响来考察，认为发达国家试图将落后的发展中国家变为自己附庸的时候，跨国公司也正忙于将这些国家中的经济或产业变成自己的产业附庸。

我国学者对产业安全的专门研究始于20世纪90年代中期，关于产业安全的研究可归纳为产业安全的影响因素、产业安全评价指标和产业安全的维护等著述。

(1) 产业安全影响因素研究：黄建军（2001）提出了产业安全的基本特征和产业安全的形成机理，认为引发产业安全的原因包括跨国公司战略的实施、产业国内生存环境的恶化、市场集中度的下降、行业规模不经济、错误的国内产业政策和制度安排等五个方面；而孙瑞华、刘广生（2006）将产业安全因素概括为国际直接投资、市场竞争环境、贸易环境、金融环境、产业政策和产业国际竞争力等六个方面因素。

(2) 产业安全的评价指标研究：李海舰（1997）是国内较早对产业安全指标体系进行研究的学者，李海舰从外商直接投资的角度设立了四个指标用以监控外商直接投资对我国产业安全的影响：①外资市场占有率；②外资品牌拥有率；③外资技术控制率；④外资控股率。何维达（2002）对我国的产业安全进行了比较全面的论证，他设立的产业安全评价指标体系具有较大的代表性：①产业国际竞争力评价指标，包括产业世界市场份额、产业国内市场份额、产业集中度、相对市场绩效指数、产业国内竞争度。②产业对外依存评价指标，包括产业进口对外依存度、产业出口对外依存度、产业资本对外依存度、产业技术对外依存度。③产业控制力评价指标，包括外资市场控制率、外资品牌拥有率、外资股权控制率、外资技术控制率、外资经营决策权控制率、某个重要企业受外资控制情况、受控制企业外资国别集中度。孙瑞华、刘广生（2006）从产业生存环境、产业国际竞争力、产业对外资依存度及产业控制力等四个方面建立了产业安全评价的三级指标体系；景玉琴（2006）则从产业国内环境、产业竞争力和产业控制力等三方面，从影响因素、影响因子和可量化指标三个层次，建立起产业安全定量分析指标。

(3) 关于维护产业安全理论：于新东（1999）从跨国公司战略和东道

国关系角度提出了产业保护的必要性和方法；何维达（2001）针对入世后带来的挑战对维护我国产业安全提出相应的对策；李孟刚（2006）将产业安全理论体系总结为：产业损害、产业控制、产业保护、产业国际竞争力和产业安全评价与预警等理论，构建了产业安全理论模型。

3. 对于文化产业安全问题的研究

文化产业安全是基于文化安全的一种产业形态，文化产业的双重属性决定了文化产业的安全有别于文化的安全，也有别于一般意义上的产业安全（王耀中、彭新宇，2011）。国内对于文化安全的研究是在中国加入WTO的背景下展开的，并逐步成为学术界关注的热点和焦点（王沪宁，1994；胡惠林，2000、2005、2011、2013；石中英，2004；王公龙，2001；于炳贵、郝良华，2002；沈红波，2004等）。这些研究主要是从文化学、政治学的视角展开的，关注点主要是文化的安全。国内关于一般产业安全已经有很多的研究（何维达，2002、2007、2013；景玉琴，2003、2005、2013；李孟刚，2006、2008、2012，等等），但这些研究主要都是对纯粹经济领域的研究，鲜有针对文化产业的研究。对于文化产业安全问题的研究，国内学术界主要沿着以下几个方面展开：①探讨中国文化产业发展与文化安全的关系（胡惠林，2000；解学芳，2007；黄旭东，2009；钱志中，2010）。胡惠林（2000）教授高瞻远瞩，最早将文化产业的发展和文化安全联系了起来，提出要重视文化产业的安全，建立文化产业安全预警。②分析开放环境中中国文化产业面临的安全威胁（王耀中、彭新宇，2011；黄欣欣，2011；李毅等，2012；盛京京，2013）。这一方面的研究主要是面上的分析，缺乏系统的研究。③分析文化产业安全的影响因素，对文化产业安全状况进行评估（王耀中、彭新宇，2011；廖倩，2012；李毅，2012）。廖倩（2011）对于文化产业安全影响因素的分析和李毅等（2012）对于中国文化产业安全度的分析运用了定量的分析方法，做了初步的探索。④研究中国文化产业的竞争力（康小明，向勇，2005；花建，2005；祁述裕，2001、2005；赵彦云等，2006；靳晓婷，2013）。这一方面的研究借用了竞争力评价的相关理论和方法，定量研究较多，有很多研究涉及对于各个省市文化产业竞争力的评价和对比。⑤介绍美国、法国、加拿大的文化保护政策及其对中国的启示（李宁，2006；王晓德，2007；黄旭东，2009；任一鸣，2011；吴承忠、牟阳，2013）。

综上所述，学术界对于文化安全和一般意义上的产业安全已经有很多的研究，也已经有不少学者关注到文化产业安全的问题，甚至还成立了专门的研究机构[1]，但总的来说，对于文化产业安全的研究没有引起应有的重视（王耀中、彭新宇，2011），尚处于刚刚起步的阶段。现有的研究存在以下几个方面的不足：一是从哲学、政治学、文化学的角度展开的定性研究较多，运用经济学、管理学和统计学的理论和方法开展定量研究较少，大部分尚停留在趋势性分析和定性论述上，缺乏坚实的理论基础，研究不够深入、系统。二是研究视角和研究范式单一。由于文化安全问题是在中国加入WTO的背景下提出的，绝大多数的研究是把研究对象设置在"全球化"和"WTO"的语境下进行的，属于决策范畴研究，而不是基本理论和基本范式研究，研究的方法和路径的限制性使得这一重大课题的研究成果尚不能满足中国国家文化安全战略学建构的需要（胡惠林，2012）。三是理论基础研究欠缺，使得现有的对于文化产业安全的研究，要么偏向文化安全的探讨，要么偏向一般产业安全的研究，比如李毅等（2012）对于中国文化产业安全度的研究就把文化产业安全等同于纯粹的经济性产业安全。

二、研究的意义

本课题在理论和实践上都具有重要的意义。从理论上讲，研究中国文化产业安全的意义主要表现在以下几个方面：

第一，能够丰富和充实文化安全理论，促进对国家文化安全理论研究的进一步发展。目前学术界对于经济安全的研究已经比较深入，对于文化安全的关注正在升温。我们的研究集中探讨文化产业的安全问题，是对文

---

[1] 侯雪静："北京印刷学院成立文化产业安全研究院"，http://news.xinhuanet.com/book/2013-04/11/c_124568331.htm，载新华网，2013年4月11日访问。

化安全理论的进一步深化。

第二，由于过去我们更多地把文化看作一种事业，相较于产业安全研究对经济领域的集中，对文化领域则缺乏关注。文化体制改革的深入使得我们对文化产业安全的探讨成为可能。目前学术界对于经济安全和文化安全的研究彼此独立，事实上，经济和文化是不可分离的，从广义上来说，经济镶嵌在文化之中；从狭义来讲，文化产业是经济的一部分。我们的研究将这两部分的内容联系了起来。

第三，本课题将基于安全理论的中国视角研究中国文化产业的安全问题，这是文化产业安全问题研究的一个新视角。从安全哲学的角度分析，理解安全内涵的视角本身制约着安全实现的可能性限度。在国际关系领域，"实力—安全困境"是一种主流研究范式，历届中国领导人都作出了宣誓，从毛泽东的"中国绝不称霸"到习近平的"中国崛起应避免陷修昔底德陷阱"，中华民族的复兴和崛起遵循的是和平崛起。通过对"复兴困境"与"崛起困境"这一中国特有的双重安全困境研究，着重分析、研究和回答在实现民族复兴和国家崛起"双重历史任务"的背景下，"中华民族复兴如何避免文明冲突"和"中国崛起如何避免大国冲突"两大命题，突出强调两类不同性质的文化安全问题相互作用、相互影响共同构成中国国家文化安全，需要对中国国家文化安全战略进行理论和政策研究，找出融入现代世界体系后的中国国家的整体发展与国家文化安全的内在联系与变化特征，并提出和建构复杂文明进程中的中国国家文化安全战略的研究范式。

十八大指出，提高国家文化软实力，建设社会主义文化强国。这意味着国家必然会通过更加强有力的手段来促进文化产业的发展。本课题的研究将对中国文化产业的发展产生以下两个方面的影响：

第一，基于产业安全理论分析中国文化产业的监管和规制，能够为政府规制确立正确的方向，有助于政府重新审视扶持文化产业发展的监管措施，把握好规制和监管的定位。

第二，对于文化产业政策的研究能够为政府制定正确的监管和规制政策提供参考。

第二章 产业安全的一般理论

第一节 产权视角的产业安全

一、关于产业安全的基本观点

随着中国经济逐步融入世界经济,参与国际竞争,产业安全问题成为学术界关注的热点。尽管大家都在谈论如何在激烈的国际竞争中维护一国的产业地位,但是对于在什么样的情况下维护一国产业安全却众说纷纭。目前,学术界对于产业安全主要有四种看法,产业控制力说(张立,2002;张碧琼,2003;何维达、李冬梅,2006)、产业竞争力说(杨公朴,2000;夏兴园,2001;景玉琴,2004)、产业发展说(张玉波、李连成,2001;李孟刚,2006)和产业权益说(赵世洪,1998)。

目前产业安全研究方面的问题有:第一,缺乏坚实的理论根基,大多是从安全的内涵出发来分析产业安全。由于安全是一个具有多义性的综合概念,从而导致人们对于产业安全认识的分歧。第二,缺乏系统的思考,抽象地谈论产业安全,没有深入分析产业安全和经济安全的关系与实质。第三,对于国民经济各个产业的安全问题的研究还不充分,比如蓬勃发展的文化产业安全问题。

二、产权与产业安全

尽管学术界对于产业安全的界定存在分歧,但在这一点上是有共识的，即产业安全与国民的产业权益现实或者潜在地受到损害有关。产权问题是经济学的一个古老话题，产权一般有两个最基本的权能：一是支配权能，即在合法范围内，产权主体不受任何干扰，自主支配财产的权利。二是收益权能，即分享财产运营所带来的收益的权利，由此带来的产权收益是所有权在经济上的实现。德姆塞茨认为产权是界定人们如何受益及如何受损，因而谁必须向谁提供补偿以使他修正人们所采取的行动[1]。从概念界定上我们可以发现，产权和产业安全之间存在内在的、必然的联系。

著名的《新帕尔格雷夫经济学大词典》对产权的定义为：产权是一种通过社会强制而实现的对某种经济物品的多种用途进行选择的权利。改革开放以来国内经济学界对于产权问题给予极大的关注，但存在着把产权制度的内容看得过于狭窄，只注重微观产权（企业产权）问题的研究，而忽视了更广义产权的问题（王诚，1997；曾繁华，2002；常修泽，2004，2008，2009，2010）。常修泽（2004）明确指出，要超越"现代企业产权制度"，建立"现代产权制度"。

根据笔者的检索，王诚（1997）最早提出了广义产权的思想，认为产权中的财产，应该做广义理解，人们无论从事任何一项行为或活动所必须依赖的任何一种资源，都可以称之为一种财产。曾繁华（2002）提出市场产权的概念，认为市场本身也具有产权界定的问题。常修泽（1969）认为对于"经济物品"不仅要做广义的解释，而且也需要进行新的拓展，从而使要素产权体系完整化。他建立的广义产权理论框架中的产权包括四类：①企业产权；②包括企业在内的整个经济领域产权，即物权、债权、股权，等等；③与人有关的产权：劳动权、知识产权、管理产权；④资源环境产权（常修泽，2009、2010）。广义产权的概念提出之后，引起了国内经济学界的关注，尤其是常修泽的专著出版后，张卓元、高尚全等著名学者撰

---

[1] [美] R. 科斯等：《财产权利与制度变迁——产权学派与新制度学派译文集》，刘守英等译，上海三联书店、上海人民出版社1994年版，第97页。

文予以评论〔1〕。但也有一些学者提出了不同的看法，如刘瑞娜对市场产权理论的质疑〔2〕，宋晓梧对于劳动力产权提出不同的看法〔3〕。

广义产权的观点对于我们研究产业安全具有很大的启发。对于产业安全，我们要从系统的角度来认识和看待。随着时代的演变，国家安全的内涵已经从最初的军事安全延伸至包括经济安全、科技安全、信息安全、文化安全等诸多方面。国家经济安全的宏观层面是国家经济安全，中观层面是产业安全，微观层面是企业安全。国家经济安全实际上代表并反映了一个国家的综合经济实力，包括国际市场上的竞争力、抵御内外风险和实现可持续发展的能力，也就是国家的根本经济利益不受损害。产业安全是经济安全乃至于国家主权安全的重要组成部分。国民经济是由许许多多个产业构成的，只有构成国民经济的主导产业和战略性产业的利益不受损害，国家经济才是安全的。基于宏观产权理论，我们提出产业要素产权的概念，产业安全本质上是产业生产要素产权的安全。

受西方产权经济学家早期思想的影响，在我国存在严重的"实物产权观"，大家普遍认为似乎只有实物资产才拥有产权。如，阿尔钦（Alchian）认为，产权只包括人们在物质形态上的商品以及使用中体现的权利，而不包括交换价值上和主观情感上的权利〔4〕。广义的产权观把产权从实物扩展到包括实物和无形资产、企业家管理才能等全部的生产要素，从而使产权要素体系完整化。广义产权观是一种价值形态的财产权利体系（常修泽，2004），产权的载体可以建立在有形资产的占有基础上，也可以建立在无形资产的占有基础上，其核心是产权主体独立拥有的一切使自己或他人从价值角度受到损益的权利。按照产权理论的基本观点，产权是人们围

---

〔1〕 张卓元："开拓产权理论研究新领域——评广义产权论"，载《人民日报》2009 年 10 月 17 日；高尚全："一部带有开创性的产权理论著作——评常修泽教授的新著《广义产权论》"，载《中国经济时报》2009 年 10 月 27 日。

〔2〕 刘瑞娜："'市场产权'理论质疑"，载《马克思主义研究》2011 年第 8 期。

〔3〕 参见《中国改革报》2010 年 3 月 15 日。

〔4〕 Alchian, Armen, "Property Rights", in *The New Palgrave: the World of Economics*, edited by John Eatwell, Murray Milgate and Peter Newman, Macmillan Press, 1991, pp. 584~590.

绕"经济物品"形成的经济权利关系。E. G. 菲吕博腾和 S. 配杰威齐（1994）认为："产权不是指人与物之间的关系，而是指由物的存在及关于他们的使用所引起的人们之间相互认可的行为关系。"他们还特地声明："罗马法、普通法、马克思和恩格斯以及现行的法律和经济研究基本上同意这一产权定义。"[1]作为产权主体的"经济物品"必须具备三个特征：第一，必须有一定的财产作为参与社会再生产的前提；第二，必须直接参加社会再生产活动；第三，有自己独立的经济利益，并且参加社会经济活动的主要目的是实现自己经济利益最大化。现代西方经济学认为生产要素包括劳动力、土地、资本、企业家才能四种，随着科技的发展和知识产权制度的建立，技术和信息也作为相对独立的要素投入生产。对于任何一个产业而言，都必须具备一定的生产要素，但对于不同的产业来说，这些生产要素的组合是不同，从而不同的产业履行不同的社会生产职能。这些产业生产要素的拥有者参与社会生产活动的目的是实现自身利益的最大化。因此这些产业生产要素是符合产权客体的基本特征的。

曾繁华教授将产权的概念引入到经济安全的讨论是非常有意义的，但是他的市场产权论（曾繁华，2002；曾繁华、曹诗雄，2007）确实值得进一步商榷（刘瑞娜，2011）。以财产作为客体，是产权区别于其他权利的根本所在。市场本身不能作为产权的客体，是因为市场不是生产要素，而是生产要素配置的场所。事实上，在曾繁华教授那里，市场本身的含义是不明确的，他认为，市场是一个有着丰富含义与本质规定性的复杂有机体，他将市场的本质属性总结为五个方面：①市场是商品交换与资源配置场所；②市场是商品供求关系的总和，体现着商品生产经营者的经济关系；③市场是最基本的经济生活组织与经济调节机制或体系；④维护市场交换活动需要一整套市场规则及其制度安排（包括正式制度与非正式制度）；⑤市场是国家（经济）利益的孵化器，等等（曾繁华，2002）。市场

---

[1] R. 科斯等：《财产权利与制度变迁——产权学派与新制度学派译文集》，刘守英等译，上海三联书店、上海人民出版社 1994 年版，第 204、232 页。

既是场所，又是供求关系总和，又是调节体系，一个本身都不确定的东西是无法界定其产权的。事实上，拥有产权是属于"经济物品"的生产要素，市场只是这些生产要素配置和交换的场所或者交换关系的总和。

从产业生产要素产权的角度看待产业安全问题，使我们具有一种不同以往的视角。从产权的角度来看，因为一国国民拥有对本国产业生产要素的占有权，所以本国资本应该掌握本国产业的控制权，政府作为国家的代表和委托者，有权利按照自己的经济发展战略，自主决定产业市场的结构和发展方向（产业控制力说）。正是因为一国国民拥有对本国产业生产要素的使用权，所以在开放环境中，一国产业应该具有竞争能力，能抵御和抗衡来自国内外不利因素的威胁，保持产业部门的均衡发展（产业竞争力说）。正是因为一国国民拥有对本国产业生产要素的处分权，因此外资可以通过合资、直接收购等方式参与国内企业的运用，但不能影响一国国民对于涉及国家安全的产业和战略性产业的控制力以及在国际上比较意义上的发展力（产业发展说）。正是因为一国国民拥有本国产业生产要素的排他性收益权，外国国民在东道国内取得的任何产业权益，都是对东道国国民权益在机会成本意义上的侵占，应得到东道国国民根据其自身利益的需要而做出权益让渡的许可（产业权益说）。我们的观点是对"控制说"、"竞争力说"、"产业发展说"、"国民权益说"的综合，可以称之为"产权说"，或"整合说"，见图2.1。

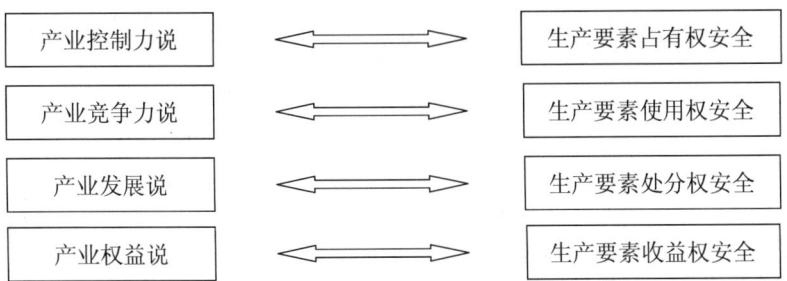

图2.1 产业安全的各种观点与产权的关系

基于以上讨论，我们可以给产业安全下如此定义：产业安全是指在国际竞争中一国国民对该国产业生产要素拥有不受干扰、自主支配的权利以及分享这些生产要素配置所产生收益的权利不受侵害的状态。这一概念包含以下几个方面的内涵：

（1）产业安全的主体。产业安权的主体是一国的国民，一国的国民对于本国的产业生产要素拥有排他性的占有权、经营权，并享有这些生产要素在市场上配置、交换而产生的收益。政府作为国家的代理人，有权利、有义务并有能力维护该国产业市场的安全。

（2）产业安全的客体。有人认为，产业不安全时受威胁的客体是关系国计民生的重要产业。这种观点没有抓住问题的实质，产权本质上不是人和物之间的关系，而是由于物的使用而引发的人和人之间的关系。产业安全的客体是一国国民产业的生产要素，安全问题的产生正是这些产业生产要素的使用引起的。

（3）产业安全的本质。产业安全在本质上是指一国的产业生产要素产权的安全，具体指一国国民对于产生要素的自主支配权和由此产生的收益权的安全。

（4）产业安全的产生原因。产业安全问题产生的原因可以分为外部因素和内部因素。内部因素包括国内的制度性因素、结构性因素、自然灾害等，外部因素包括外商投资、外国政府的法律法规限制、贸易壁垒等因素。

（5）产业安全的表现。产业安全的表现是该国国民产业拥有比较强的国际竞争力。具体体现在该国的产品在国内和国际市场上的市场占有率和盈利能力。

（6）产业安全的动态性。由于一国的产业环境（技术、消费者需求等）是不断变化的，国际竞争形势也在不断地发生变化，因此产业市场的安全状况也在不断地发生变化。

第二节 产业视角产业安全的维度

关于产权,我们这里沿用著名的《牛津法律大辞典》的"所有权"说,该词典解释说,产权亦称财产所有权,是指存在于任何客体之中或之上的完全权利。在产权的内容方面,我们沿用学术界普遍认可的占有权、使用权、处分权和收益权的观点。事实上,我国的物权法也采用了这种观点。2007年3月16日通过的《中华人民共和国物权法》第39条规定,所有权人对自己的不动产或者动产,依法享有占有、使用、收益和处分的权利。因为产业安全本质上是产业生产要素产权的安全,因此我们将产业安全划分为:产业生产要素占有权安全、产业生产要素经营权安全、产业生产要素处分权安全和产业生产要素收益权安全,见图2.2。

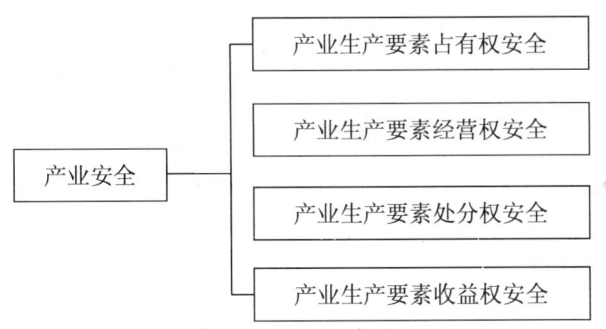

图2.2 产业安全的维度

一、产业生产要素占有权安全

产业生产要素占有权是指一个主权国家对于建立在其领土主权基础上的产业生产要素具有独享的排他性权利。作为从事经济生产活动必不可少的资源,产业生产要素不是自发形成的,它是由一国国民花费巨大的投资成本或代价,经过长时间的积累而形成的。这些资源具有经济价值,在市场上的配置能够产生一定的经济效益,因此一国国民必然拥有这些生产要素在法律上和事实上的占有权。

产业生产要素占有权安全是指在不经一国国民认可和同意的前提下该国的产业生产要素不能被他国在法律和事实上所占有。生产要素的安全主要包括资本的安全、人才的安全、技术的安全、生态环境的安全等。如果一个主权国家任由他国掌握这些生产要素和需求要素,那么必然会影响到产业的生产经营,势必会导致国家经济主权的丧失和国家利益受损。

二、产业生产要素使用权安全

在物权法中,使用权是指民事主体按照财产的性能对其加以利用,以满足生产或生活的某种需要。产业生产要素使用权是指一国国民和政府在拥有产业要素市场占有权的前提下,通过制定一系列规则把产业市场的经营权委托给与自身存在契约关系的企业具体开展生产经营活动。国家与企业之间契约关系的形态取决于具体的社会经济体制。在传统的计划经济体制条件下,国家的代表政府不仅拥有产业生产要素的占有权,而且通过自身对生产组织的计划与行政命令,直接控制与操纵着生产组织的经营权。国家与生产组织之间的契约关系主要是通过强制性的行政计划指令约束来维系的。在市场经济条件下,国家通过对市场运行制度与产业市场运行规则的构建,为产业市场运行确定基本秩序与运行规范,为产业市场发动机提供健康、可持续运转的制度框架,国家与企业之间的契约关系通过价值规律和产业市场机制来维系。

产业市场使用权安全是指产业的经营状况健康、运作规范有序,符合国家的整体发展战略。从国内市场来看,政府主要通过产业市场所有权内部结构的规制与调整,确立企业市场进入、运行与退出的市场运行条例与规范,如企业进入资本市场、证券市场等的市场准入与运行规范等。

三、产业生产要素处分权安全

在物权法中,处分权是指所有人对财产(生产资料和劳动产品)进行消费和转让的权利。产业生产要素处分权是指一国国民和政府对于其产业生产要素在法律规定的范围内拥有最终处理的权利,即决定生产要素在事实上或法律上命运的权利,包括对于产业生产要素的转让、消费、出售、封存处理等方面的权利。

产业生产要素处分权安全主要是指一国产业对生产要素消费或使用的可持续性，以及在经济全球化条件下按照对等原则与他国对于产业生产要素进行转让、消费、出售、封存处理等方面的权利不受侵害，其考核指标主要是指企业产品在国内产业市场的市场占有率高低、外资的控制力、产业市场的对外依存度和本国产业的国际竞争力。

四、产业生产要素收益权安全

产业生产要素收益权是产业生产要素所有权在经济方面的实现形式。生产要素收益权实现的形式与国家经济体制密切相关。在传统的计划经济体制下，整个社会只有一个产权主体即国家（政府是国家的代表）。在这种单一产权主体的制度下，根本排斥资本、技术、管理等生产要素参与分配的权力，自然也就不承认投资者、管理者和技术创新者作为资本产权、管理产权和技术产权拥有者参与分配的权利。在市场经济条件下，各生产要素主体（生产要素的拥有者）拥有按照各自的贡献参与分配的权利，按各种要素不同质量的贡献参与分配。国家通过对产业市场发动机的构造、产业市场制度的建立及市场运行的管理等，通过国家税费、海关关税等形式而取得的国家预算收益。

产业生产要素产权具有以下特征：

（1）产业生产要素占有权的排他性。产业生产要素在法律上归属于一国国民。

（2）产业生产要素经营权的准资本属性。产业的经营权是一种准资本商品，在产业内从事生产经营活动的交易主体（各类企业及自然人等），以市场产权为交易平台，能从市场经营与交易中获取市场经营权收益。

（3）产业生产要素处分权的可交换性。国家之间或地区之间产业生产要素可处分权是可以互相交换与相互转让的。

（4）产业生产要素收益的可计量性。产业生产要素收益无论是在相对量上还是在绝对量上，无论是从宏观上讲还是从微观上讲，都是可以计量的。例如，宏观上的市场所有权收益，从狭义上讲，主要是指一个国家或地区各种产业税费收入的总和等。在微观层面上,生产要素的收益权主要表现为各种生产要素按照贡献获得的收益,其配置的效率表现为企业税后利润或纯利润。

第 二 部 分

安 全 篇

第三章 全球化背景下的中国文化产业

当今时代,文化与政治、经济相互渗透,在社会经济政治生活中产生了巨大的影响,文化实力的竞争已经成为国家综合国力竞争的重要内容。作为21世纪的"朝阳产业",文化产业已经开始对新的国际文化秩序的建立和世界格局的重组产生前所未有的战略性影响,文化产业以当代人类社会财富创造的新增长点及其所产生的巨大的经济和文化效应,正日益成为世界各国广泛关注的焦点,更成为各国竞相争抢的战略高地。许多发达国家加快发展文化产业,致力抢占国际文化市场。中国文化产业的发展起步较晚,在国际文化竞争中处于明显的劣势地位,面临着严峻的威胁和挑战。

第一节 世界文化产业的发展态势及展望

一、世界文化产业概况

文化产业是一个发展中的概念,其范围随着国家管理体制的改革和社会经济的发展而不断变化。世界各国基于本国的不同特点以及对文化产业的不同认识,对此分别有着不同的界定。最早建立文化产业分类标准的是联合国教科文组织。联合国教科文组织最早把文化产业定义为:"按照工业标准生产、再生产、储存以及分配文化产品和服务的一系列活动"。1986年,联合国教科文组织率先制定了文化统计框架,并于1993年作了进一步修正。随着文化产业的飞速发展,各国政府纷纷开始采取措施,制定自己的文化产业分类体系，以应对文化产业的发展带来的机遇与挑战，见表3.1。

表 3.1 世界主要国家对于文化产业的界定

国别	名称	发布机构，文献	涵盖内容
美国	版权产业	美国国际知识产权联盟（IIPA），《美国经济中的版权产业》(2011)	版权产业是指生产经营具有版权属性的作品（产品），并依靠版权法和相关法律保护而生存发展的产业，包括核心版权产业（如影视产业、录音产业、音乐出版业、图书与报刊出版业、软件产业等）、部分版权产业（如纺织品、玩具制造、建筑等）、边缘版权产业（如发行版权产品的运输服务，以及批发商和零售商等）和版权关联产业（如计算机、收音机、电视机等的制造和销售）。
英国	创意产业	英国政府，2001年英国《创意产业发展报告》	创意产业是指源自个人创意、技巧及才华，通过知识产权的开发和运用，具有创造财富和就业潜力的行业。主要包括广告、建筑、艺术和文物交易、工艺品、设计、时装设计、电影、互动休闲软件、音乐、表演艺术、出版、软件、电视广播等13个行业；此外，旅游、酒店、博物馆和艺术馆、文化遗产以及体育，也被认为与创意产业有密切的经济联系。
法国	文化产业	法国政府	文化产业是指一系列经济活动，这些活动把文化的概念、创造、产品的特性与文化产品的制造与商业销售联系起来。文化产业包括由三个同心圆组成的产业链：外圈为相关产业，由文化遗产、通讯信息产业、画廊、博物馆和旅游业组成；内圈是创意产业，由表演艺术、创意设计、建筑、广告、摄影、服装等行业组成；内核是文化产业，由广播电视、出版印刷和音乐组成。
德国	文化经济	德国政府	文化经济主要指图书、电影、音乐以及其他视听产品、艺术品市场、私营戏院以及与以上三方面相关的网络信息系统。
日本	内容产业	日本政府	内容产业是指通过一定介质将信息化的内容作为产品提供的产业，包括游戏、媒体行业、音乐、漫画、动漫、印刷出版等六个方面。
韩国	文化内容产业	韩国政府	文化内容产业是指文化艺术商品制作和流通产业，包括动画、音乐、游戏、出版漫画、卡通形象、电视、电影等内容。

世界各国在发展文化产业的进程中逐渐意识到文化产业对于经济和文化的重大作用,因此纷纷通过政策制定等方式为文化产业发展确立地位。如加拿大在20世纪70年代通过决议,将多元文化政策作为政府的基本国策。日本、韩国分别于1996年、1998年确立了"文化立国"方针。见表3.2。

表3.2 韩国、日本对于文化产业的战略性表述

国别	提出时间	提出机构	表述内容
韩国	1998	韩国政府	提出"文化立国"方针
	2001	韩国政府	决心用5年时间把韩国文化产业产值在世界市场的份额从1%增加到5%,成为世界五大文化强国之一。最终目标是将韩国建设成21世纪文化大国、知识经济强国
	21世纪初	文化观光部	将文化产业标书为"知识经济新产业"、"知识经济核心产业"、"国际核心战略产业"、"国家经济新的成长动力"
日本	1996	文化厅	《21世纪文化立国方案》,标志着日本"文化立国"战略的确立。
	1998	文化政策促进会	提交《文化振兴基本设想——为了实现文化立国》的报告
	2002	日本政府	《e-Japan重点计划2002》,提出"IT"立国战略
	2003	日本政府	《知识财产基本法》,提出"知识财产立国"战略
	2004	内容产业专业调查会	发表《内容产业振兴政策——软实力时代的国家战略》,将内容产业定位于重要支柱产业,同时明确提出10年内把日本建成世界第一知识产权强国的目标
	2009	日本内阁官房知识产权战略推进事务局	《知识产权战略方案2009》

在发达国家的文化产业发展中,政府投入主要集中在提供公共文化产品和服务这个层面。世界各国都是通过政府公共财政来支持提供公共文化产品和服务的文化机构和设施,如图书馆、博物馆等。对于提供公共文化服务的机构,西方国家政府大多采用直接财政支持和间接支持的方式,如

免税、吸引其他投资等。日本、韩国等国家则是采取直接投入的方法。各国政府对文化产业的投入情况见下表3.3。

表3.3　世界各国对于文化产业的投入

国别	国有文化行业	政府文化管理机构	政府投入占财政比例
美国	博物馆、图书馆、剧院、纪念馆等	国务安全文化局	直接来自联邦政府的资金支持在文化艺术行业只占小部分。年度文化艺术投资：联邦政府11亿美元，地方政府和企业赞助50亿美元，各基金会9亿美元（2001）
英国	博物馆、图书馆、剧院、纪念馆、电视台、电台等	文化、新闻、体育部（创意产业特别工作组，首相任主席）	2003~2004年度文化、新闻和教育部资本预算统计显示，政府资金投入的重点是：博彩（83亿英镑）、艺术馆和图书馆（6亿英镑）、体育（4亿英镑）
法国	博物馆、图书馆、歌剧院、艺术院校、电视台、电台等	文化和通讯部	近年均不少于国家预算的1%。2000年文化方面的总投资为114.3亿欧元，一半由国家支付，一半来自地方政府。政府投资重视文化基础设施建设
德国	博物馆、图书馆、剧院、电视台、电台等	政府直属及州、市级部门	2000年，政府文化支出为71.77亿欧元，占公共预算的1.47%。联邦政府为公众艺术和文化提供的资金占8.7%，州政府提供47.5%，地方政府提供43.7%
韩国	博物馆、图书馆、剧院、纪念馆		2001~2005年占政府预算总额的比例依次为1.17、1.20、1.26、1.32、1.18，预算投入重点是从文化产业基础构成转向广告、影视和出版

在全球化的今天，文化产业作为朝阳产业，在各国经济发展中发挥着越来越重要的作用。上述国家的文化产业已经成为国民经济的支柱产业。所谓支柱产业，是在某个发展时期内，在经济中占主导地位，与其他产业关联性较强，不仅自身具有良好的发展前景，而且能够带动相关产业发展的产业。以2006年为例，在当年的世界文化产业排名中，美国以3 879.6亿美元遥遥领先于世界各国；其次是日本，产值为894.35亿美元；第三是英国668.31亿美元；第四是德国546.76亿美元；第五是法国416.74亿美元；中国位居第六位，产值为339.37亿美元；韩国位于第九位，产值为

219.11亿美元,见表3.4、图3.1。因此,美国和上述五国在文化产业方面是一种"一强多元"的格局。

表3.4 2006年世界文化产业产值排名

排名	国家	产值(亿美元)
1	美国	3 879.60
2	日本	894.35
3	英国	668.31
4	德国	546.76
5	法国	416.74
6	中国	339.37
7	意大利	322.78
8	西班牙	231.92
9	韩国	219.11
10	澳大利亚	154.71

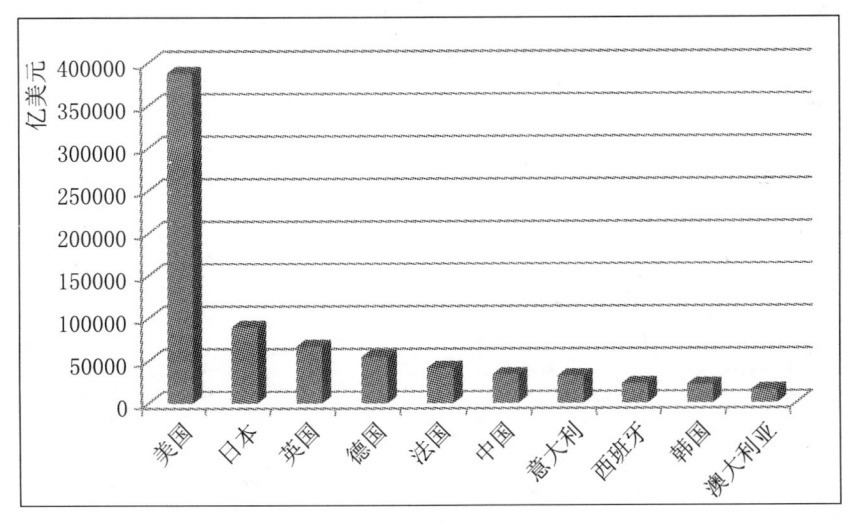

图3.1 2006年世界文化产业产值排名

资料来源:Price Waterhouse Coopers (2007),*Global Entertainment & Media Outlook* 2006.

事实上,从20世纪80年代开始,美国的文化产业随着经济全球化步伐的加快，对全球形成了一种强势辐射，近乎"单方面"的对外输出。据美国商务部的统计，1996年，文化产品（电影、音乐、电视节目、图书杂志及计算机软件）成为美国最大的出口项目，取得了601.8亿美元的成绩，首次超过其他传统行业，包括汽车、农业、航空和军火。1999年超过1 000亿美元，2001年高达1 600亿美元，位居美国所有出口产品之首。自1991年以来，美国此类产品增长率高达98%。美国凭借经济、技术和知识等方面的优势，大肆向世界其他国家特别是广大发展中国家进行文化产品的倾销。在全球7 240万个网站中，美国占了73.4%。美国的《读者文摘》以19种文字、48种国际版本在100多个国家发行近3 000万份。2009年的数据表明，美国不仅在电影产业方面，即使是广播、音乐、游戏等产业的产值也均远远高于世界各国，雄踞榜首。与美国在文化产业领域的霸主地位相比，其余五国则是在本国文化产业的某些领域一枝独秀，成为该国经济的支柱产业。如英国的创意产业、法国的出版产业、德国的会展业、日本的动漫、韩国的影视和游戏等。世界主要国家（地区）内容产业的市场规模情况见表3.5。

表3.5　世界主要国家（地区）内容产业的市场规模情况（单位：百万美元）

		日本	美国	英国	法国	德国	中国	韩国	台湾
电影	剧场	2 143	10 650	1 472	1 703	1 357	906	916	207
	录像	8 918	23 781	4 127	2 060	2 289	300	359	575
广播	有线电视	11 183	72 780	11 367	9 897	12 134	5 393	2 429	1 268
	电视广告	14 651	62 079	4 896	3 361	5 028	7 669	1 338	807
音乐	音乐发行	4 395	4 562	1 388	961	1 949	48	41	42
	CD销售	1 263	2 972	741	211	178	105	234	12
游戏	掌上游戏	3 484	9 881	2 528	2 190	1 638	94	1 671	257
	在线游戏	3 753	3 094	1 224	1 034	940	4 379	2 400	273
	游戏广告	129	750	111	82	67	29	35	6

资料来源：Pwc（2010），*Global Entertainment and Media Outlook*：2007~2014，转引自三菱UFJ调查与指导：《日本促进内容产业的海外进展的基础调查》2011年，第8页。

根据普华永道的统计，2005年世界内容产业的市场规模为4 000多亿美元，2008年达到5 000亿美元，2009年受全球金融危机的影响略有下降，但是根据预测，在未来的几年之内，世界内容产业将有更加坚挺的增长趋势，见图3.2，其中北美洲和亚洲均还将会有不俗的表现。

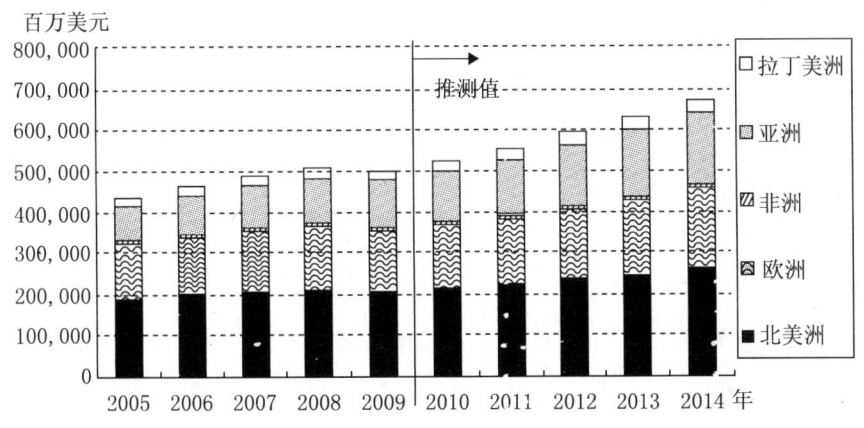

图3.2 世界内容产业市场规模的变化与预测

资料来源：Price Waterhouse Coopers LLP（2010），*Global Entertainment and Media Outlook*：2010~2014，转引自三菱UFJ调查与指导：《日本促进内容产业的海外进展的基础调查》2011年，第7页。

二、世界主要国家文化产业发展形势分析

（一）美国的版权产业

1. 管理机构

美国没有统管文化事务的文化部，也没有针对版权产业成立任何管理机构，但美国在中央政府一级设有国家艺术基金会，在各州设有艺术理事会。这些机构的使命是促进各种优秀艺术的发展，为美国人民提供接触艺术的机会。它们的主要工作是受政府委托审理艺术团体、个人的赞助申请，以及实施文化艺术活动项目。

2. 美国版权产业概况[1]

美国是世界上第一个进行文化立法的国家。早在1990年，美国国际知识产权联盟（IIPA）已利用"版权产业"的概念来计算以版权为基础的产业对于美国经济的贡献。

（1）电影产业：美国的影视产业在世界范围处于绝对优势地位，美国的电影在世界150个国家和地区放映，已占有欧洲票房收入的70%，在加拿大、拉丁美洲、大洋洲、亚洲的竞争优势也非常明显。美国影视业主要集中在好莱坞，基本上由7家大企业所主导，分别是迪士尼、索尼、米高梅、派拉蒙、二十世纪福克斯、环球、华纳兄弟。

（2）图书出版产业：自20世纪90年代以来，美国的出版业在世界图书出版业中处于霸主地位。美国人口虽少，但出版社数量众多，约有3万余家，其中约20家大公司占据主要市场份额。美国的商业性出版集团主要有：西蒙与舒斯特公司、兰登公司、麦格劳－希尔公司、读者文摘公司等。著名的专业出版社有：约翰·威利父子出版公司、学术出版公司、鲍克出版公司、不列颠百科全书出版公司。2009年，美国出版行业的市场销售额为239亿美元。美国的图书及其他媒体的销售主要集中在Barnes & Noble, Amazon, Borders/Waldenbooks，三家销售商的市场份额超过了90%。

（3）报业。美国的报业非常发达，凡是有城镇的地方，必然有自己的报纸，而且这些报纸市场定位和目标群体非常明晰，很少相互重叠。2009年美国报纸总数是9 169家，其中日报1 456家，周报7 689家。这些报业集团规模庞大，报纸发行量高，但受多媒体技术和网络基础的冲击，20世纪90年代以来发行量呈逐步下降趋势。

（4）广播电视业。美国的广播电视市场运作程度非常高，全国有电视台1 000多家，有线电视网7 900家，广播电视台8 807家，对外广播电视台19家。自1996年《联邦电信法》出台后，广播电视业的兼并重组导致广播电视业走向集中和垄断。美国25家最大的传媒集团都是囊括了广播、

---

[1] 张昌兵："美国版权产业发展战略探析"，载《商场现代化》2010年第9期。

电视、有线电视、卫星广播、报纸、杂志、出版、娱乐、互联网、广告等众多产业的超级传媒集团。

(5) 流行音乐产业：美国流行音乐产业为最典型的美国文化产业之一。全美有约1 000家唱片发行公司，主宰唱片业的主要是华纳兄弟公司、索尼音乐娱乐公司、BMG娱乐公司等十几家。据统计，由美国公司生产的音乐唱片已占世界音乐唱片消费总量的60%。

3. 美国经济中的版权产业

(1) 版权产业对美国经济的贡献日益突出。20世纪70年代以后，版权产业在美国经济中的重要性开始逐步显现，并呈现快速发展态势。2001年，美国的核心版权产业新增产值为5 950亿美元，核心版权产业产值占GDP的比重为5.89%，全国版权产业的新增产值为12 060.9亿美元，占GDP的比重为11.95%。到2007年，美国核心版权产业新增产值增长到9 205.8亿美元，占GDP的比重为6.44%，全部版权产业新增产值为17 455.8亿美元，占GDP的比重为11.05%。见表3.6。

表3.6 2001年~2007年美国版权产业的情况（单位：十亿美元）

	2001	2002	2003	2004	2005'	2006	2007
核心版权产业新增产值	595.0	626.2	698.72	765.88	810.84	858.28	920.58
全部版权产业新增产值	1 206.9	1 254.0	1 272.79	1 392.13	1 499.63	1 617.57	1 745.58
美国GDP	10 100.8	10 480.8	10 301.0	10 675.8	10 989.5	11 924.8	11 523.9
核心版权产业产值占GDP比重	5.89%	5.98%	6.39%	6.48%	6.36%	6.35%	6.44%
全部版权产业产值占GDP比重	11.95%	11.97%	11.06%	11.18%	11.02%	11.04%	11.05%

资料来源：Copyright Industries in the U.S. Economy: The 2002 Report, IIPA April 2002.

Copyright Industries in the U.S. Economy: The 2003~2007 Report, IIPA, June 2009.

根据国际知识产权联盟于2011年11月2日发布"美国经济中的版权

产业"2011年版。根据其中相关数据显示,版权产业的核心内容产业,包含图书期刊出版业在内,为美国经济创造了9 310亿美元的产值,约占美国国内生产总值的6.4%。

2010年,核心版权产业创造整体产值达931.8亿美元,占美国经济的6.36%;整个版权产业的总产值,即除核心产业之外还包括依赖于核心产业的相关产业领域,如造纸业等在内,共达16 270亿美元,占2010年美国国内生产总值的11.10%。见图3.3。

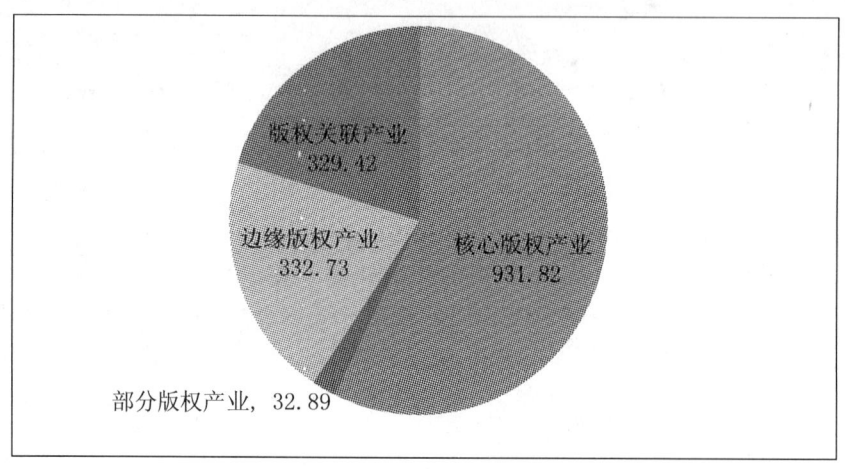

图3.3　2010美国版权产业的构成(单位:十亿美元)

资料来源:*Copyright Industries in the U. S. Economy*:*The 2007~2010 Report*,IIPA,November 2011.

从2007年至2010年,美国虽然经过了经济萧条,核心版权产业仍然以年增长率1.10%的速率稳步增长,超过了美国经济的总体增长速度。同比而言,美国经济同期的年平均增长率为0.05%,而同期间版权产业的年收益增长率达到1.47%。见图3.4、图3.5。

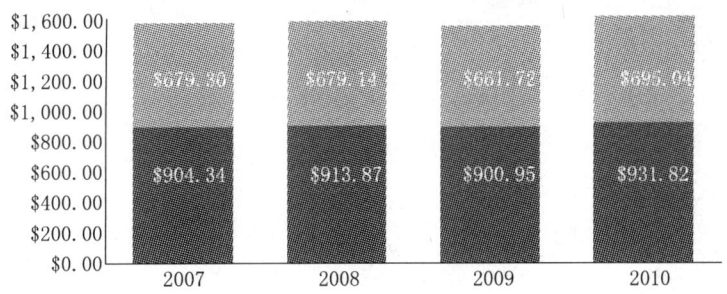

图 3.4　2007 年~2010 年美国版权产业的增加值

（注：黑色为核心版权产业，灰色为其他版权产业。单位是十亿美元）

资料来源：*Copyright Industries in the U. S. Economy*：*The 2007~2010 Report*，IIPA，November 2011.

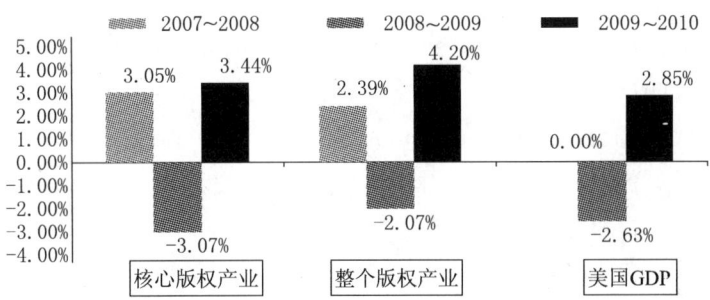

图 3.5　2007 年~2010 年美国版权产业和美国 GDP 每年真实的增长率

资料来源：*Copyright Industries in the U. S. Economy*：*The 2007~2010 Report*，IIPA，November 2011.

版权产业的产值占美国 GDP 的份额已举足轻重。从表 3.7 可以看出，无论是全部版权产业的新增产值还是核心版权产业的新增产值，都是呈逐年递增的变化趋势。2007 年全部版权产业新增产值达 15 836 亿美元，占当年美国 GDP 的 11.26%，其中核心版权产业新增产值 9 043 亿美元，占当年美国 GDP 的 6.43%。从 2007 年到 2011 年，全部版权产业新增产值从 2007 年的 15 836 亿美元，增长到 2010 年的 146 604 亿美元，尽管其占 GDP 的比重呈略有下降趋势，但仍各年份保持在 11% 以上。其中核心版权产业新增产值从 2007 年的 9 043 亿美元增长到 2010 年的 9 318 亿美元，其占 GDP 比重的变化趋势，略有下降，但基本保持稳定，由 2007 年的 6.43% 到 2010 年 6.36%。

表 3.7　2007 年～2010 美国版权产业增加值（单位：十亿美元）

	2007	2008	2009	2010
核心版权产业新增产值	904.3	913.9	901.0	931.8
全部版权产业新增产值	1 583.6	1 593.0	1 562.7	1 626.9
美国 GDP	14 061.8	14 369.1	14 119.0	14 660.4
核心版权产业产值占 GDP 比重	6.43%	6.36%	6.38%	6.36%
全部版权产业产值占 GDP 比重	11.26%	11.09%	11.07%	11.10%

资料来源：Copyright Industries in the U.S. Economy: The 2007～2010 Report, IIPA, November 2011.

版权产业对美国实际 GDP 增长的贡献率日益重要。从图 3.6 可以看出，从 2003 年～2007 年，全部版权产业对美国 GDP 的贡献率一路走高，从 2003 年的 28.49% 上升到 2007 年的 43.06%。核心版权产业对美国实际 GDP 增长贡献率虽在 2004 年～2005 年、2005 年～2006 年有所下降，但 2006 年～2007 年比上个年度上升了近 10%，达到 22.74%。

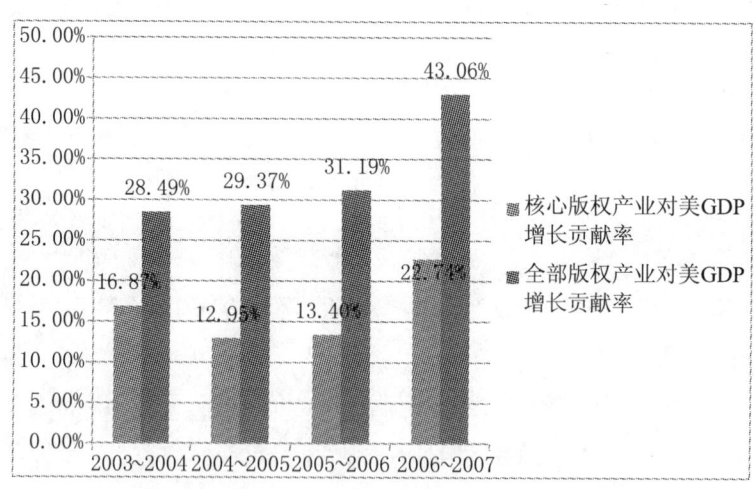

图 3.6　版权产业对美国 GDP 增长的年度贡献率

资料来源：Copyright Industries in the U.S. Economy: The 2003～2007 Report, IIPA, June 2009.

受金融危机的影响，从 2007~2010 年，全部版权产业对美国 GDP 的贡献在 2008 年~2009 年之间出现了大幅度的下滑，2007 年~2008 年为 2.39%，2008 年~2009 年下降为 -2.07%，2009 年~2010 年回升到 4.2%。核心版权产业对美国实际 GDP 的贡献也下降明显，2007 年~2008 年为 3.05%，2008 年~2009 年下降为 -3.07%，2009 年~2010 年回升到 3.44%。见图 3.7。

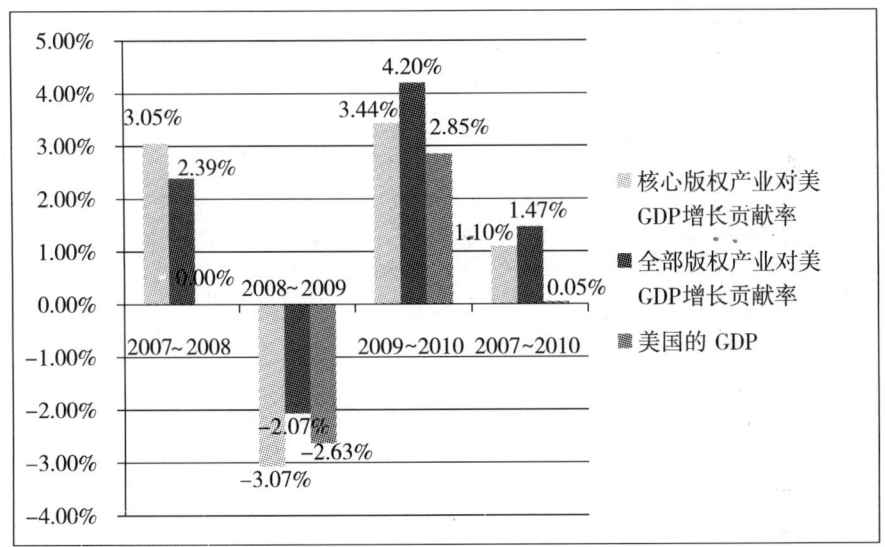

图 3.7　2007 年~2010 年版权产业对美国 GDP 增长的年度贡献率

资料来源：*Copyright Industries in the U. S. Economy*：*The* 2007~2010 *Report*，IIPA，November 2011.

（2）版权产业已成为美国吸纳大量就业人口的重要部门。2007 年，美国全部版权产业就业人数就已经达到 1 155.72 万人，占当年美国就业人口总数的 8.4%，其中核心版权产业的就业人数为 549.61 万人，占全部版权产业就业人数的 47.6%，占当年美国就业人口总数的 3.99%。到 2010 年，全部版权产业就业人数上升到 1 063.22 万人，占当年美国就业人口总数的 8.19%，其中核心版权产业就业人数为 509.76 万人，占全部版权产业就业人数的47.9%，占当年美国就业人口总数的3.93%。从1977年~2001年，美国全部版权产业就业年均增长率1.16%，其中核心版权产业就业年均增长率达1.28%。

2007年，美国全部版权产业雇员的年均薪酬是美国年均薪酬的1.18倍以上；其中核心版权产业雇员的年均薪酬是美国私营部门雇员的年均薪酬的1.30倍。2007年美国全部版权产业雇员的平均薪酬是66 498.80美元，其中核心版权产业雇员的平均薪酬为73 554.00美元，而当年美国平均薪酬为57 093.10美元。到2010年，美国全部版权产业雇员的年均薪酬是美国年均薪酬的1.15倍以上；其中核心版权产业雇员的年均薪酬是美国私营部门雇员的年均薪酬的1.27倍。2010年美国全部版权产业雇员的平均薪酬是70 512.84美元，其中核心版权产业雇员的平均薪酬为78 127.81美元，而当年美国平均薪酬为61 404美元，基本恢复到金融危机之前的水平。

2010年，整个版权产业解决了1 060万美国人的就业问题，占整个国家就业人口的8.19%，占民营企业雇佣人员的9.91%。2010年，美国核心版权产业的就业率是美国经济就业率的1.27倍，整合版权产业的就业率是美国经济就业率的1.15倍。见表3.8、图3.8、图3.9。

表3.8　2007年~2010年版权产业就业占美国整体就业比重（单位：千人）

	2007	2008	2009	2010
核心版权产业	5 496.1	5 474.8	5 176.1	5 097.6
整个版权产业	11 557.2	11 743.8	10 814.8	10 632.2
整个美国就业	137 598	136 970	130 807	129 818
核心版权占美国就业比重	3.99%	4.00%	3.96%	3.93%
整个版权占美国就业比重	8.40%	8.39%	8.27%	8.19%

资料来源：*Copyright Industries in the U. S. Economy*：*The 2007~2010 Report*，IIPA，November 2011.

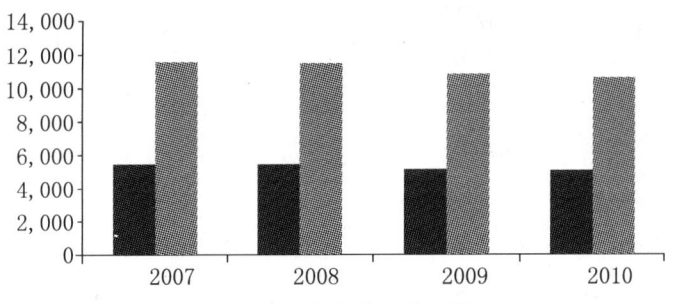

图 3.8 美国版权产业就业情况

(注:黑色线条为核心版权产业,灰色线条为整个版权产业。单位:千人)

资料来源:*Copyright Industries in the U. S. Economy*:*The 2007~2010 Report*,IIPA,November 2011.

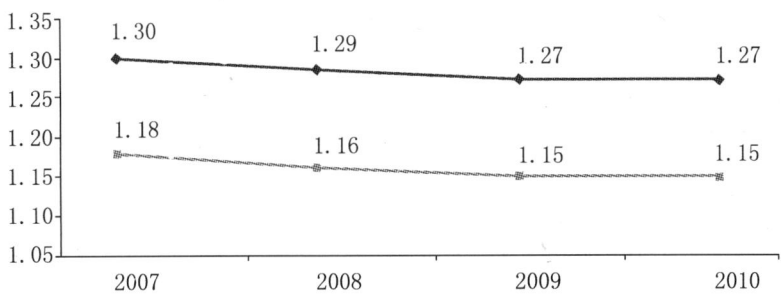

图 3.9 美国版权产业就业率与美国经济就业率对比

(注:黑色线条为核心版权产业与美国经济就业率对比,灰色线条为整个版权产业与美国经济就业率对比)

资料来源:*Copyright Industries in the U. S. Economy*:*The 2007~2010 Report*,IIPA,November 2011.

2011年,版权核心产业为雇员们发放的补偿金年平均数额高达78 128万美元,比全美雇员平均要高出27%。整个版权产业为雇员发放的补偿金年平均数额高达70 513万美元,同比超过了全美年平均补偿金数额的15%。见表3.9。

表3.9　2007年~2010版权产业员工平均薪酬（单位：美元）

	2007	2008	2009	2010
核心版权平均薪酬	74 450.18	75 852.89	76 015.33	78 127.81
整个版权平均薪酬	67 320.41	68 534.30	68 621.60	70 512.84
整个美国平均薪酬	57 093.10	58 983.20	59 678.60	61 404.20
核心版权占美国薪酬比重	1.30	1.29	1.27	1.27
整个版权占美国薪酬比重	1.18	1.16	1.15	1.15

资料来源：Copyright Industries in the U.S. Economy: The 2007~2010 Report, IIPA, November 2011.

（3）版权产业已成为美国出口的生力军。在美国的版权产业中，仅录音和录影制品、动画片和电视片、计算机软件以及报刊书籍四大类版权产品的对外销售和出口额，2007年为1 279亿美元，到2010年就增加到1 340亿美元。见表3.10。受金融危机影响，从2007年~2010年间，这四大类版权产品的对外销售和出口额年均增长率出现了下滑，从2008年的4.4%下降到2009年的-3.3%，2010年出现回升，达到了3.8%。见图3.10。目前，美国电影占全球85%的份额；美国公司生产的音乐唱片占世界音乐唱片消费总量的60%；美国传媒业控制着世界电视节目的75%和广播节目的生产与制作的66%；美国软件销售额约占全球软件销售额的2/3，几乎垄断了全球的操作系统及数据库市场。

表3.10　2007年~2010年美国部分核心版权产业出口收益

行业	2007	2008	2009	2010
唱片、磁带、光盘等（亿美元）	76.2	75.2	69.7	64.8
电影、电视、视频（亿美元）	226.2	232.4	232.5	238.9
计算机软件（亿美元）	918.6	965.7	941.1	986.0
报纸、书、期刊（亿美元）	57.8	61.4	47.9	50.5
总计	1 279	1 335	1 291	1 340

资料来源：Copyright Industries in the U.S. Economy: The 2007~2010 Report, IIPA, November 2011.

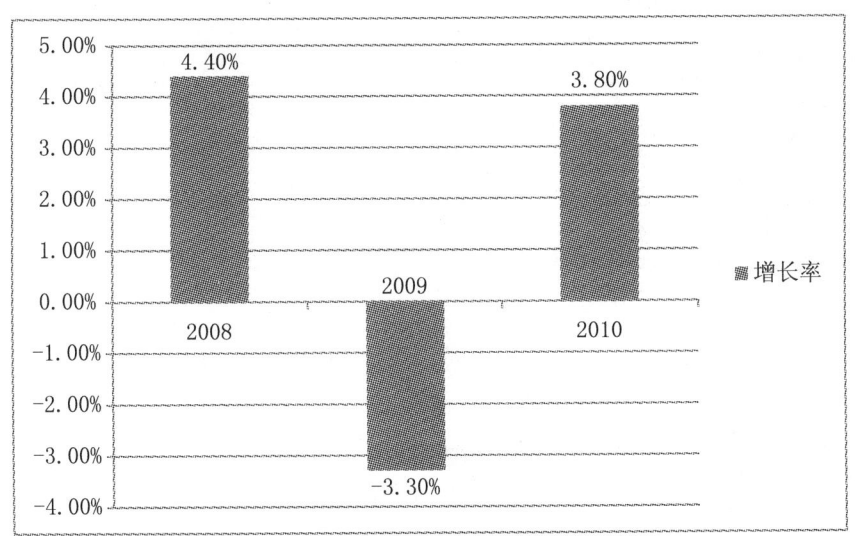

图 3.10　美国版权产业销售和出口的增长率

资料来源: *Copyright Industries in the U. S. Economy*: *The 2007~2010 Report*, IIPA, November 2011.

版权产业的产品和服务在国际出口方面也有所增长,比其他产业领域有更为出色的成绩。[1]在国际市场上,2010年,美国版权产品和服务销售额达到1 340亿美元,比2007年增加近4.0%,位于第二位,明显高出其他产业部门的销售额,如航空业(775亿美元),农产品业(602亿美元),食品业(519亿美元)和药品行业(364亿美元)等。见图3.11。

---

[1]　张昌兵:"美国版权产业发展战略探析",载《商场现代化》2010年第9期。

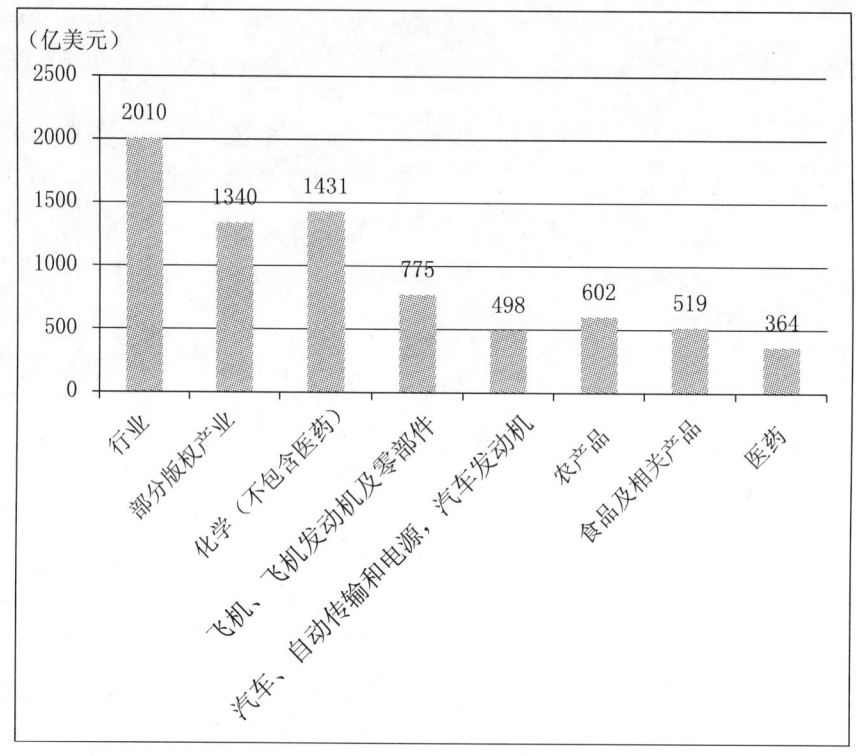

图 3.11　2010 年美国部分行业的销售和出口

资料来源：*Copyright Industries in the U. S. Economy*：*The 2007 ~ 2010 Report*，IIPA，November 2011.

(二) 英国的文化创意产业

1. 政府主管机构

英国并没有使用被世界大多数国家普遍使用的"文化产业"概念，而是使用了具有英国特色的"创意产业"。英国对于创意产业的管理，是按照"大文化"概念，改革政府文化管理机构，合并管理职能，扩大管理范围。1992 年之前，英国对于创意产业的管理权限分散在艺术和图书馆部、环境部、贸工部、就业部、内政部、科教部等 6 个部门。1992 年，梅杰政府上台之后，成立国家文化遗产部，统一管理全国的文化艺术、文化遗产、新闻广播、电视电影、图书出版、园林古迹、体育和旅游等事业，并将文化大臣升格为内阁核心成员。1997年，布莱尔政府将国家文化遗产部更名为文化、媒体和体育部，并成立了以文化大臣为首的文化产业行动小组，其成员包括了外交部、英国文化委员会、财政部等部门高官以及与文化企业负责人和社会知名人士。2010年卡梅伦联合政府上台后，成立了创意产业委员会，委员会由来自不同领域的企业家、投资者、专家学者等组成。[1]

2. 主要产业简介

（1）表演艺术产业。艺术表演在英国有良好的传统，包括芭蕾舞、现代舞、歌剧、话剧和音乐剧。全国有800多个正式的表演剧场，500多个专业演艺公司。英国每年有550多个艺术节，其中比较有影响的有40多个，最知名的是爱丁堡国际艺术节。

（2）音乐产业。音乐产业是英国文化产业的支柱之一，历届英国政府都对音乐产业给予高度重视。就出口而言，英国音乐产业的地位在世界上仅次于美国。2008年，音乐和视觉与表演艺术总附加值32亿英镑，占英国经济总增加值的0.3%。2010年，其从业人员为30.58万人，企业总数为3.08万家。

（3）文化艺术品市场。伦敦是欧洲最大的艺术中心，艺术品拍卖销售额仅次于纽约，位于世界第二。2008年，英国艺术与交易总附加值（GVA）3亿英镑，占英国经济总增加值0.03%；2010年，从业人数9 800人，企业总数2 700家，占创意产业企业总数的1.5%，占英国企业总数的0.1%。

（4）彩票业。为了在不增加政府负担的情况下加大对文化事业的投入，英国政府于1994年开办国家彩票，其总收入的28%用于资助诸多文化创意项目。据统计，自1994年12月～1999年4月，彩票共为文化公共领域筹资63.8亿英镑，4年中仅直接文化事业即获得资金25.5亿英镑，平均每年6亿多英镑。进入21世纪以来，彩票业每年能为创意产业提供的资金甚至超过了国家投入，大约相当于13亿元人民币。

3. 英国经济中的创意产业

根据2008年统计，创意产业所创造的年产值为591亿英镑，占英国所

---

〔1〕 熊澄宇："英国创意产业发展的启示"，载《求是》2012年第4期。

有行业总附加值的 5.6%。其中，软件和电子出版总附加值最高，为 264 亿英镑，在英国总附加值中占比为 2.5%。其次是出版，总附加值为 10 100 百万英镑，在英国总附加值中所占比例为 1.0%。见表 3.11。

表 3.11 2008 年英国创意产业的总附加值（GVA）

行业	总附加值（单位：百万英镑）	在英国总附加值中的比重(%)
广告	7 800	0.7%
建筑	3 600	0.3%
艺术和古玩	300	0.03%
设计	1 600	0.2%
时装设计	100	0.01%
录像、电影和摄影	2 700	0.3%
音乐、视觉和表演艺术	3 200	0.3%
出版	10 100	1.0%
软件和电子出版	26 400	2.5%
数字和娱乐媒体	200	0.02%
广播和电视	3 200	0.3%
创意产业总附加值	59 100	5.6%
所有行业的总附加值	1 053 900	

资料来源：*Annual Business Survey*（*ABS*），Office of National Statistics.

根据历史数据来看，英国的创意产业增长迅速，2001 年总附加值为 447 亿英镑，2006 年增长到 573 英镑。创意产业在英国总附加值中所占的比重，2001 年到 2006 年基本在 6.2%~6.8% 之间浮动，最高为 2005 年，所占比重为 6.8%，最低为 2002 年，所占比重为 6.2%。见表 3.12。

表 3.12 历年来英国创意产业对总附加值（GVA）的贡献

年份	广告	建筑	录像、电影、摄影	音乐、视觉和表演艺术	出版	软件、电子游戏、电子出版	广播、电视	艺术品、文物交易	服装设计	总计
创意产业对总附加值（GVA）的贡献（单位：百万英镑）										
2001	5 500	3 600	1 800	3 100	8 800	16 300	4 800	390	320	44 700
2002	5 400	3 400	2 100	300	8 300	16 900	5 000	430	320	45 000
2003	5 200	4 000	2 400	3 600	8 600	19 800	4 900	470	330	49 200
2004	5 600	4 100	2 700	3 700	9 100	22 600	4 900	490	380	53 600
2005	6 700	4 700	2 900	3 300	9 600	24 700	4 900	460	430	57 700
2006	5 300	4 700	3 800	3 400	9 500	24 500	5 100	490	450	573 00
占总增加值（GVA）的百分比										
2001	0.8%	0.5%	0.3%	0.4%	1.3%	2.3%	0.7%	0.06%	0.04%	6.4%
2002	0.7%	0.5%	0.3%	0.5%	1.1%	2.3%	0.7%	0.06%	0.04%	6.2%
2003	0.7%	0.5%	0.3%	0.5%	1.1%	2.6%	0.7%	0.06%	0.04%	6.5%
2004	0.7%	0.5%	0.3%	0.5%	1.1%	2.8%	0.6%	0.06%	0.05%	6.6%
2005	0.8%	0.5%	0.3%	0.4%	1.1%	2.9%	0.6%	0.05%	0.05%	6.8%
2006	0.6%	0.5%	0.4%	0.4%	1.1%	2.7%	0.6%	0.05%	0.05%	6.4%

资料来源：DCMS, *Creative Industries Economic Estimates Statistical Bulletin*, January 2009. http://www.culture.gov.uk, 最后访问时间: 2009 年 3 月 20 日。

创意产业也是英国容纳就业的第一大产业，1997 年~2006 年，创意人群从 156.9 万人上升至 190.6 万人，平均年增长 2%；2007 年进一步增至 197.8 万人，增长率达 4%。见表 3.13。从企业规模来看，英国创意产业中绝大多数是中小型企业。2009 年创意产业中规模在 1~10 人的企业占 94%，规模在 11~49 人的企业占 4%，规模在 200 人以上的只占 1%。中小型企业是创意产业发展的生力军。2010 年下半年，创意人群总数接近 230 万，已与金融业规模相当。创意产业就业人数为 128.38 万人，创意产业外就业人数 99.47 万人，所有创意产业就业人数占英国总人数的比例为 7.8%。见表 3.14、表 3.15。

表 3.13 1999 年～2007 年英国创意产业从业人数（单位：人）

年份	广告	建筑	艺术品、文物交易	手工艺	设计和服装设计	录像、电影、摄影	音乐视觉和表演艺术	出版	软件、电子游戏、电子出版	广播、电视	总计
1999	200 900	101 500	20 800	96 800	93 500	61 900	255 700	317 000	488 600	92 500	1 729 300
2000	206 000	102 600	20 900	111 300	98 500	67 500	224 300	283 900	544 600	109 800	1 769 400
2001	220 500	103 400	20 900	115 100	103 000	75 500	224 600	293 300	567 700	104 100	1 828 100
2002	215 400	102 900	21 400	114 100	115 000	68 900	240 800	286 800	556 700	108 800	1 830 700
2003	213 800	103 100	22 500	108 700	113 200	74 300	245 800	305 200	581 200	110 900	1 878 800
2004	200 000	102 600	22 500	112 900	110 400	65 500	232 300	274 300	593 900	110 600	1 825 000
2005	223 400	108 200	22 900	95 500	115 500	63 800	236 300	253 300	596 800	108 700	1 824 400
2006	230 300	111 300	21 700	99 300	118 500	57 500	257 200	269 700	631 300	109 400	1 906 300
2007	247 200	120 700	21 800	109 700	130 500	65 400	262 800	275 800	640 900	103 400	1 978 200

资料来源：DCMS，*Creative Industries Economic Estimates Statistical Bulletin*，January 2009. http://www.culture.gov.uk，2009 年 3 月 20 日访问。

表 3.14 2010 年 7 月～9 月英国创意产业的就业情况（单位：人）

行业	创意产业的就业	创意产业的个体经营者	在其他产业做创意工作的就业	在其他产业做创意工作的个体经营者	整体就业
广告	89 100	25 400	163 800	21 000	299 200
建筑	63 300	35 300	26 300	3 500	128 400
艺术和古玩	6 600	3 200			9 800
手工业			66 300	45 100	111 400
设计	3 500	56 600	113 500	20 400	225 400
时装设计	2 500	3 700	3 200	400	9 700
录像、电影和摄影	26 000	13 300	10 700	10 500	60 500
音乐、视觉和表演艺术	67 200	136 300	33 300	6 900	305 800
出版	151 100	20 500	55 700	9 300	236 600

续表

行业	创意产业的就业	创意产业的个体经营者	在其他产业做创意工作的就业	在其他产业做创意工作的个体经营者	整体就业
软件和电子出版	347 000	81 000	290 600	34 500	753 000
数字和娱乐媒体	5 600	700			6 200
广播和电视	77 300	37 300	10 500	7 200	132 300
总计	870 600	413 200	774 000	220 700	2 278 500

来源：*Labour Force Survey*（*LFS*），Office for National Statistics.

表3.15　2010年英国创意产业就业人数（单位：人）

创意产业就业人数	1 283 800
创意产业外就业人数	994 700
英国所有的就业人数	29 189 000
所有创意就业人数占总就业人数的比例	7.8%

来源：*Creative Industries Economic Estimates*（*Experimental Statistics*），9th December, 2010.

在外贸出口方面，创意产业的成绩也不俗。2000年创意产业出口总值为95亿英镑，2002年为113亿英镑，2004年为130亿英镑，2006年为165亿英镑。2006年英国的创意产业出口中，依据出口额大小依次为软件、电子游戏和电子出版（49亿英镑），艺术品和文物交易（31亿英镑），出版（21亿英镑），广播电视（14亿英镑）、广告（14亿英镑），录像、电影、摄影（11亿英镑），建筑（7.4亿英镑），设计（8.3亿英镑），音乐、视觉艺术（2.7亿英镑）。见表3.16。软件和电子出版、艺术品和文物交易、出版、广播电视等在海外市场具有较强的竞争能力，在贸易进出口中处于盈利地位。

表 3.16　2000 年~2006 年英国创意产业出口情况（单位：亿英镑）

年份	广告	建筑	艺术品、文物交易	设计	录像、电影、摄影	音乐、视觉和表演艺术	出版	软件、电子游戏、电子出版	广播、电视	总计
2000	7.1	4.2	20	1.0	9.4	3.0	9.5	25	6.9	95
2001	7.3	5.2	19	1.0	9.1	2.9	8.3	39	9.1	110
2002	8.9	5.1	23	1.2	8.4	2.8	7.9	35	10	113
2003	11	5.8	22	6.3	8.1	2.4	12	39	10	116
2004	11	5.7	22	5.5	9.4	1.5	15	47	13	130
2005	13	6.5	27	7.0	12	1.8	16	48	13	146
2006	14	7.4	31	8.3	11	2.7	21	49	14	165

资料来源：DCMS，*Creative Industries Economic Estimates Statistical Bulletin*，January 2009. http://www.culture.gov.uk，2009 年 3 月 20 日访问。

根据英国文化媒体体育部 1 月 16 号发布的数据，创意产业为英国带来的年经济产值超过 710 亿英镑，提供 170 万个工作岗位。2012 年，广告、设计、影视、音乐和发行业等部门均实现了 10% 的增长，为拉动当年经济增长贡献了 5.4%。较之就业率 0.7% 的增长，艺术、媒体、科技等部门的就业人数增长了 8.6%。[1]

（三）法国的文化产业

1. 文化管理机构

在法国，涉及文化产业管理的政府机构，分为全国性文化管理机构和地方性文化管理机构两个级别。全国性文化管理机构主要是文化与通信部，是由 1959 年成立的文化事务部发展而来。1987 年改为现在的名称，其主要职能是：制定文化政策法规；编制年度文化预算并上报审批；管理和使用文化经费；对国家重点文化设施、文艺团体和艺术院校进行领导和管理；保护文化遗产、促进艺术创作和文化普及；与外国进行文化合作与

---

[1] 中华人民共和国商务部网站，最后访问时间：2015 年 8 月 24 日。

交流,直属部长办公厅的有三个机构:行政总检署、新闻通讯处和历史委员会。文化部下设10个司:即行政总司、发展和国际事务局、法国档案司、法国博物馆司、建筑和文化遗产司、图书阅览司、造型艺术局、音乐舞蹈、戏剧和演出司、法语和法国评议总局、国家电影中心。除了文化部之外,中央政府中还有其他一些机构也涉及文化事务的管理。直接或间接为文化提供资金的部委有青年教育与研究部;对外文化交流由外交部的两个分部管理,即国际运作与发展总局和法国艺术行动协会。法国总理办公厅还与法国文化部共同管辖媒体发展司。〔1〕

法国文化产业的地方管理机构是地区文化事务局。于1977年开始设立的地区文化事务局目前已有28个。该事务局是法国文化部设在大区中的分部,体现了法国政府对地方政府发展民间艺术的支持态度,促进了法国文化的多元化发展。法国于1992年2月6日正式立法对文化部进行地方分权。地区文化事务局局长代表文化部负责落实国家文化政策,并根据本地区特点采取相应的执行方式。地区文化事务局的管辖范围包括了文化部的各种司、局领域。

2. 主要产业概况

虽然法国历来重视文化发展,但是同其他发达国家相比,法国比较避讳使用"文化产业"的概念。在文化发展方面,法国不太信赖市场的作用,而更相信国家的扶持和庇护。这一方面源于法国对其历史传统的骄傲,另一方面也在于其对自己在文化竞争中处于守势这一现实的无奈。

(1) 文化基础设施建设。法国政府非常重视文化基础设施的建设,每年都拨出几十亿法郎用于兴建图书馆、博物馆、剧场等文化设施。法国历来高度重视文化遗产保护和文化发展,每年投入大量的资金,即使是在遭受欧债危机的沉重打击下,法国政府对文化的投入依然不减,且逐年增加。为了应对金融危机,法国政府从刺激经济计划中拨出一亿欧元主要用于三个方面,涉及255个项目,其中大部分为修复文化遗产所用。自2008

---

〔1〕 王海冬:"法国的文化政策及对中国的历史启示",载《上海财经大学学报》2011年第10期。

年至2011年,法国的文化投入从59.77亿欧元逐年增加到75亿欧元,增长了20%。据法国文化部公布的统计,法国2009年用于文化遗产维护的费用总共达4亿欧元。

(2) 图书出版。法国年营业额200万法郎以上的出版社约400家,小型出版社约3 000家。2008年出版图书76 205万种,其中38 334万种为新书,37 850万种为再版书。法国最大的出版集团是阿歇特(HA - CHETTE)出版集团,年营业额高达178亿法郎。

(3) 电影。法国是电影生产大国,法国电影中心(CNC)发表的数据显示,2002年法国有133家电影制片公司,拍摄了200部影片,投资总额达8.6亿欧元,电影观众保持在1.85亿人次左右。

(4) 旅游业。法国拥有许多历史名城,大约有1.4万座古代建筑和遗址被列为历史古迹,有4 000多个博物馆,法国不但拥有众多的名胜古迹,而且兴建了许多新型的文化设施,其中不乏在国内外具有重要影响的大型文化工程,如蓬皮杜文化中心、新国家图书馆、大卢浮宫工程等。这些名胜古迹和文化设施吸引了大量的国内外参观者,这让法国连续多年成为世界第一旅游大国。

(5) 时尚产业。在设计与时尚领域,法国则是当之无愧的世界领潮者。法国时尚产业的发展拥有350多年的历史,业已成为法国经济中具有重大战略性地位的产业:每年可带来350亿欧元的产值和15万人的就业机会。时尚产业中的香水和化妆品、高级时装(奢侈品成衣)、高级珠宝不仅引领世界,形成强有力的国际吸引力,而且构成对其他行业如美食、葡萄酒、装饰设计和旅游业的辐射力。

3. 金融危机中的法国文化产业

自2008年金融危机以来,在欧洲各国普遍受困于欧债危机、经济低迷、前景黯淡之际,法国的文化产业却呈现出前所未有的繁荣景象[1]。

---

[1] 管宁:"时尚创意铸就的朝阳产业——法国文化产业的经验与启示",载《东岳论丛》2012年第12期。

首先，遗产旅游持续向好。法国将美酒和文化遗产作为主要文化符号及元素与旅游密切结合，在世界各地展开各种形式的宣传推介活动，取得显著效益。作为文化遗产旅游重要载体的博物馆，在文化旅游中表现不俗。2011年共接待参观者2 700万人次，同比增加5%，仅卢浮宫就接待观众850万。

其次，电影产业生机再现。法国电影自金融危机以来呈现逆势上扬的态势。虽然法国全国人口仅有6 500万，但2011年整个法国电影院线拥有观众高达2.16亿人次，观影人数创下1966年以来的历史最高纪录。法国电影业在海外的收入也达到4亿欧元，增长达10%。

再次，艺术品市场交易活跃。法国世界艺术品拍卖市场行情同样不降反升。法国的德鲁沃、艾德思及在法国的著名国际拍卖行英国佳士得、苏富比等四家公司的业绩，在2011年创下历史新高。德鲁沃独领群冠，成交额达4.75亿欧元，创下历史纪录。

最后，时尚产业兴盛不衰。全国有近8%的公司涉及时尚与奢侈品领域，企业达1 500多家，创造价值占法国制造业的5%。时尚产品的出口量也十分可观，达到所有时尚产品的近四成。

(四) 德国的文化创意产业

1. 文化产业管理机构

德国联邦政府没有设立文化部，但是联邦政府中设有文化和媒体专员一职，是负责向总理在政策制定上提供建议的三大国务大臣之一。文化和媒体专员的职责涉及文化产业和文化教育。在此之前，德国政府于1998年首次任命了联邦政府文化事务和媒体专员。随后在议会成立了相应的文化媒体事务委员会。

各联邦州及市政府文化产业管理机构是文化领域主要的责任机关，负责决定自己的文化政策重点，向文化机构提供资金，支持地区文化项目等。16个州的议会均有自己处理文化事务的委员会。除少数例外，各州还负责文化事务方面的立法工作。此外，市政府被赋予在地方级别文化事务上的职权。从以上德国文化产业的管理机构与模式可以看出，联邦政府与各州政府部门在政治运作方面呈现相互制约平衡的模式。虽然文化事务主要属于各州政治管理范围,但这些政府部门在产业经济发展方面却力求达成一致的立场。

2. 主要产业概况[1]

(1) 出版业。出版业在德国文化产业中占据重要地位,在世界上仅次于美国。德国注册出版社(包括杂志社)多达1.6万家,成规模的出版社2 000家左右,每年新书品种9万以上,居世界第三位,每年市场销售图书品种100万种。在德国有两千多家出版社,除了贝塔斯曼、霍茨布林克和施普林格三大出版集团外,多为中小型出版社。

(2) 博览会与展览会。德国是世界上第一博览会强国,国际上150个左右的重要专业博览会中大约2/3在德国举办。在世界上营业额最大的10家博览会举办者当中,德国就有6家。

(3) 广告业。广告传播业是德国创意产业中吸纳就业人员最多的产业,目前有近60万人供职于广告业。德国是全球第五大广告市场,2007年的广告业投资额为300亿欧元。

(4) 电影产业。电影产业是德国文化创意产业的重要组成部分,2008年德国有5.6万人从事电影工作,创造了大概7.6亿欧元的价值,而且这一数字这几年一直在攀升。

3. 德国经济中的文化创意产业

在德国,文化创意产业是个五花八门的大产业,包括建筑、美术、图书出版、电脑游戏、造型艺术、设计、电影、音乐、新闻出版、广播电视和广告传播等10多个行业。德国创意产业及文化产业2000年~2004年的营业额见表3.17。

---

[1] 徐惠喜:"德国文化创意产业日趋繁荣",载《经济日报》2009年4月16日。

表 3.17　2000 年～2004 年德国创意产业及文化产业营业额（单位：亿欧元）

产业范畴	单年度企业营业额		
	2000 年	2003 年	2004 年
出版业	40.918	36.947	36.851
电影与电视生产	10	7.223	6.897
广播与电视公司	8.614	7.656	7.88
表演、视觉艺术与文学、音乐	5.678	5.558	5.759
新闻与代理	1.667	1.865	1.808
博物馆商店、艺术展示	432	521	542
书籍与报刊	3.98	3.791	3.815
建筑事务所	8.275	7.058	6.734
设计事务所	13.239	10.855	11.563
Ⅰ.文化产业统计	92.804	81.503	81.849
广告	16.491	13.828	13.771
软件与游戏	17.675	19.288	21.485
Ⅱ.额外的创意部门总计	34.166	33.115	35.255
Ⅰ+Ⅱ创意产业	126.97	114.618	117.105
以经济领域总计	4 152.927	4 248.074	4 347.506
文化产业所占比例	2.2%	1.6%	1.9%
创意产业所占比例	3.1%	2.6%	2.7%

数据来源：Destatis, estimates by M. Söndermann/Arbeitskreis Kulturstatistik e. V. 2006.

据德国联邦经济部估计，德国的文化创意产业大约有 21 万家企业，员工人数将近 100 万，产值约 1 250 亿欧元。目前，文化创意产业已成为慕尼黑、汉堡、法兰克福、莱比锡、不来梅等城市的新兴支柱产业。[1]

---

〔1〕 徐惠喜："德国文化创意产业日趋繁荣"，载《经济日报》2009 年 4 月 16 日。

(五) 日本的内容产业

1. 管理机构

在日本的政府机构中，对于内容产业的管理是通过经济产业省和文部科学省来实现的。经济产业省是从经济的角度管理内容产业的，负责政策制定和文化市场调查研究。而文部科学省主要致力于从文化角度管理内容产业，以及促进国际文化交流。[1]

2. 主要产业概况

（1）电视：日本有日本放送协会（NHK）和其他六大民营电视台，六大民营电视台又各隶属于各自的报社，报纸和电视台互相补充，相得益彰，这是日本的一大特色。

（2）观光旅游：2000年以后，日本旅游市场开始复苏，海外旅游升温。目前日本约有10 240万家旅行社，其中只能从事旅游产品代销分销的第三类旅行社占半数以上，而可以开展海外旅游业务的第一类旅行社只占总数的7%左右。JTB是日本最大的旅行社，2010年业绩前10位的日本旅行社的总收入占市场份额的68.8%，其中JTB更是以21.5%的份额稳居第一。

（3）娱乐产业，包括游戏中心、电视游戏及游戏软件、公营博彩业、赛马、赛艇、自行车比赛、彩票、弹子游戏等。娱乐市场成为日本文化产业的重要支柱，日本政府一直推进的"冷酷日本"主要指娱乐业的核心产业，如游戏、动画、电影产业，娱乐产业发展的优劣，直接影响着日本的文化市场。受日本大地震的影响，娱乐产业面临着新的危机，目前日本娱乐产业的前景比较灰暗，各个方面都急需转型。

3. 日本经济中的内容产业[2]

日本的主要奋斗目标是要赶超美国。2000年，日本内容产业的市场规模为963亿美元，世界内容产业的市场规模为8 241亿美元，日本内容产

---

[1] 李彬："日本内容产业兴起的国际与国内背景解析"，载《日本研究》2012年第6期。
[2] 于素秋："日本内容产业的市场结构变化与波动"，载《现代日本经济》2009年第3期。

业的市场规模占世界的 11.6%。2000 年美国内容产业的市场规模为 3 445 亿美元，占世界的 41.8%。2004 年，日本内容产业占 GDP 的比重为 2.2%，这一水平低于世界内容产业占 GDP 为 3.2% 的平均水平，更是远远低于美国的 5.1%，特别是日本内容产业的海外依存度为 1.9%，更是远低于美国 17.8% 的水平。见表 3.18、图 3.12。不仅如此，日本关于内容产业的相关产业也一直低于美国，日美之间的这种差距还在进一步加大。

表 3.18　2004 年日本内容产业规模与世界的差距

	内容产业规模（兆美元）	GDP（兆美元）	内容产业/GDP	海外销售额占比
日本	0.1	4.6	2.2%	1.9%
美国	0.6	11.7	5.1%	17.8%
世界	1.3	40.9	3.2%	——

资料来源：世界银行 HP，DCAJ 白皮书，DCAJ 调查数据，转引自日本经济产业省：《内容产业振兴政策》2007 年版，第 2 页。

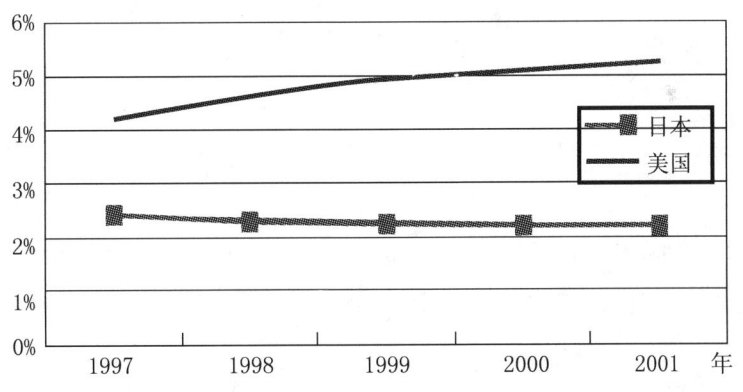

图 3.12　日美内容产业相关产业占 GDP 比重的比较

资料来源：转引自日本经济产业省商务信息政策局：《内容产业的国际展开与波及效应》2003 年版，第 4 页。

根据日本《数字内容白皮书》提供的数据，2004 年～2007 年日本的内容产业市场产值从 135 254 亿日元增长到 138 180 亿日元，其中 2004

年~2005年增长迅速，年均增长率为23%；2006年~2007年增长速度较慢，年均增长率为0.3%。按照市场产值排名，日本内容产业的排序依次为文图类、视频类、音乐类和游戏类，这种排序从2000年开始一直保持不变。2007年，文图类为58 065亿日元，所占比重为42%。其次是视频类为48 462亿元，所占比重为35.1%。音乐类市场产值为18 695亿日元，所占比重为13.5%。游戏类居榜尾，只占市场总额的9.4%。见表3.19。

表3.19 2004年~2007年日本内容产业市场产值（单位：亿日元）

	2004	2005	2006	2007
文图类（亿日元）	57 260	58 727	57 343	58 065
视频类（亿日元）	48 091	48 725	48 295	48 462
音乐类（亿日元）	18 862	19 088	19 065	18 659
游戏类（亿日元）	11 042	11 776	13 128	12 994
总计（亿日元）	135 254	138 316	137 823	138 180
增长率	23%	23%	0.3%	0.3%

数据来源：于素秋："日本内容产业的市场结构变化与波动"，载《现代日本经济》2009年第3期。

按照流通媒介来分类，2007年，以纸、光盘为载体的文图类音像流通量最大，市场产值为67 072亿日元，所占比例为48.6%。其次是以电视、广播等为载体的广播电视流通，市场产值为40 395亿元，所占比重为29.2%。排在第三位的是影院、卡拉OK、游戏厅等固定场所服务的流通，市场产值为17 714亿日元，所占比例为12.8%。市场份额最小的是以手机为载体的流通，市场产值为5 887亿日元，所占比例为4.3%。见表3.20。最近几年，日本印刷品和音像制品的流通、固定场所服务流通的产值和所占比率呈逐年减少的趋势，网络、手机流通比率逐渐增加。

表3.20 按流通媒介类别的内容产业市场产值（单位：亿日元）

	2004	2005	2006	2007
文图类音像流通	70 599	71 136	68 811	67 208
广播电视流通	39 638	40 152	40 303	40 395
场所服务流通	17 431	17 666	17 971	17 714
网络流通	4 189	6 106	5 965	6 976
手机流通	3 397	4 257	4 782	5 887
总计	135 254	138 316	137 832	138 180

数据来源：于素秋："日本内容产业的市场结构变化与波动"，载《现代日本经济》2009年第3期。

据 Record Japan 网站报道，据日本经济产业省的调查，目前日本内容产业出口额达到7 000亿日元（约合人民币560亿元），并计划在2020年达到2.3兆日元（约合人民币1 840亿元）。日本内容产业出口主要依靠游戏产业，但近年来的形势却不容乐观。

（六）韩国的文化内容产业

1. 文化产业管理机构

当下韩国文化内容产业的管理机构主要是文化体育观光部；此外，作为公共机构的文化产业振兴院也专门为支持文化产业的发展提供服务。文化体育观光部是在中央政府中主管文化事务的最高一级部门，其职责是在文化、艺术、体育、观光、宗教、媒体、国政宣传等方面实行各种各样的政策，以使国民都能享受韩国文化。这是韩国政府在2008年2月29日根据组织法的修订，合并文化观光部、国情宣传处、信息通信部（数码产业业务）职能而新设的中央部门。在文化体育观光部下设机构中，与文化产业关系密切的科室主要有"文化信息产业室"和"观光产业局"。前者下设文化产业政策课，影像产业课，游戏产业课，战略文化内容产业课，数码文化内容产业课等；后者下设观光政策课，观光产业课，国际观光课，观光资源课等。

2. 主要产业概况

(1) 游戏产业。韩国的游戏产业是全方位的,电脑游戏、街头游戏机、网络游戏、家庭游戏机和手机游戏都有明显发展。其中发展成果最显著的是韩国的网络游戏。从营业额来看,从2005年开始,韩国游戏产业营业额开始有所下降,从2005年的8.68兆韩元下降到2006年的7.45兆韩元,2007年更下降到5.14兆韩元的最低点。2008年游戏产业的营业额呈现增长态势,达到了5.6兆韩元,2009年为6.56兆韩元。从出口来看,2005年到2009年,韩国的游戏产业出口一直呈现上升的趋势,从2005年的5.6亿韩元一直增长到2009年的12亿韩元,年平均增长率达到21.8%。

(2) 动漫画产业。20世纪60年代,韩国的动漫画产业开始起步,在政府的大力支持下增长迅速。2005年~2009年,韩国的漫画产业的营业额从4 362亿韩元增长到7 391亿韩元,平均年增长14.1%。从出口来看,2005年~2009年,韩国漫画产业一直保持增长,2005年为326.8万美元,2009年增长到420.9万美元,年均增长率为6.5%。与漫画相比,韩国的动画产业发展更为迅速。目前世界动画片80%的背景画是韩国公司画的。2005年~2009年,韩国的动画产业的营业额从233.8亿韩元增长到418.57亿韩元,平均年增长15.7%。从出口来看,2005年~2009年,韩国动画产业一直保持增长,2005年为7 842.9万美元,2009年增长到8 965.1万美元,年均增长率为3.4%。

(3) 电影产业。20世纪90年代初期之前,韩国的电影市场一直由外国影片占据主导地位,本土电影举步维艰。1998年,韩国政府提出"文化立国"的国策,取消了电影审查制度,此后又颁布了《文化产业振兴基本法》等十几部相关法律。自此,韩国电影的投资和发行体制开始发生了根本性变革,仅仅几年之后,本土国产电影的市场占有率就迅速回升,在国内市场,国产影片的票房不断攀升,国民对于本土影片的关注甚至超过了对国外大片的关注。在国际市场上,出口额逐年上涨,增幅明显。出口额从1995年的21万美元,增长到2004年的5 828万美元,增长了278倍。

从2005年~2009年,韩国电影产业的营业额度基本平稳在3兆韩元左右,年均增长0.5%,2005年为3.29兆韩元,2009年为3.36兆韩元。但从增加值来看,5年间增值额平均增长7%,2005年为0.84兆韩元,2009年为1.1兆韩元。从出口来看,2005年韩国电影出口额达到7 600万美元的最高点之后,2006年却出现了较大的滑坡,降至2 451万美元。到2009年,出口额已降至1 412万美元。五年间出口额平均减少34.3%。

(4) 音乐产业。1998年金融危机之后,韩国政府将目光投向了流行音乐产业。从营业额来看,韩国音乐产业2005年的营业额为1.8兆韩元,到2009年增长到2.7兆韩元,年均增长11.2%。从出口额来看,韩国的音乐产业2005年出口额为2 227万美元,2006年下滑,2007年跌到谷底,仅为1 388万美元。2008年恢复到1 647万美元。为了振兴流行音乐产业,韩国文化体育观光部2009年推出了《音乐产业振兴中期计划》,在未来5年由政府注资1 275亿韩元,推动韩国流行音乐产业的国家化和产业化。当年韩国音乐产业出口额大幅回升,达到3 127万美元。这五年出口额年均增长8.8%。

3. 韩国经济中的文化内容产业

1997年亚洲金融风暴使韩国经济遭受巨大打击,迫使韩国政府重新思考新的经济增长方式。1998年上台执政的金大中政府明确提出"文化立国"方略,强调文化的产业化和信息化,制定了文化产业发展计划。短短几年间,韩国一举摆脱金融危机造成的经济低迷,创造了世界经济史上的奇迹,其中,文化产业起到了不可忽视的作用,并逐渐成为引领当代韩国经济发展的核心产业之一。

从市场规模来看,韩国文化内容产业的整体市场规模稳步上升。(见图3.13)。2002年,韩国文化产业的产值占GDP比重只有1.7%。到2005年,文化产业占GDP份额达到了6.57%。(见表3.21)。根据韩国文化体育观光部发布的数据,从2005年的57兆韩元增长到2009年的69兆韩元,年均增长4.8%。其中各个产业的排序情况是,出版产业(32%),放送产业(16.6%),广告产业(14.2%),游戏产业(10.4%),人物形象产业(6.9%),知识信息(6.5%),电影(5.4%),音乐(3.7%),内容解决方案(2.6%),漫画(1.1%)和动画(0.5%)。(见表3.22)。

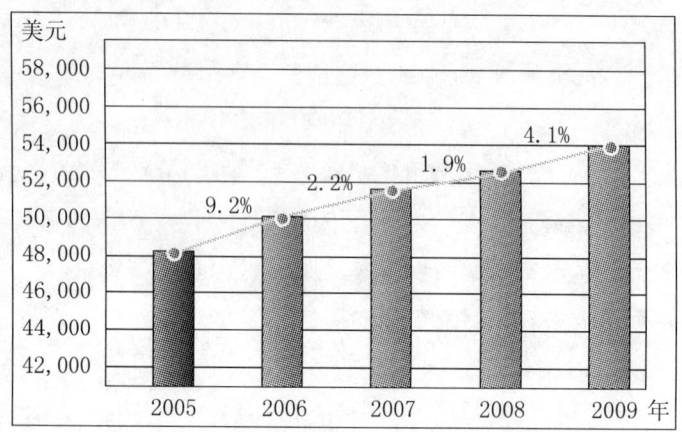

图 3.13 2005~2009 年韩国文化产业市场规模的变化情况

资料来源:韩国文化振兴院,http://www.kocca.kr/chn/industry/trend/,最后访问时间:2014 年 9 月 10 日。

表 3.21 韩国文化产业的产值及占 GDP 的比重

年份	产值	占 GDP 的比重
2001	——	1.7%
2002	162 亿美元	占世界市场份额达的 1.5%
2003	——	5%
2004	39 万亿韩元	6%
2005		6.57%

表 3.22 韩国文化内容产业营业额(单位:兆韩元)

	2005	2006	2007	2008	2009	所占比例
出版	19.4	19.9	21.6	21.1	20.6	32%
漫画	0.44	0.73	0.76	0.723	0.739	1.1%
音乐	1.79	2.40	2.36	2.60	2.74	3.7%
游戏	8.68	7.45	5.14	5.60	6.58	10.4%
电影	3.28	3.62	3.18	3.89	3.31	5.4%
动画	0.23	0.29	0.31	0.40	0.42	0.5%

续表

	2005	2006	2007	2008	2009	所占比例
放送	8.64	9.72	10.54	11.69	12.77	16.6%
广告	8.42	9.12	9.43	9.31	9.19	14.2%
人物形象	2.08	4.55	5.12	5.10	5.36	6.9%
知识信息	3.04	3.47	4.30	4.78	5.26	6.5%
内容解决方案	1.28	1.54	1.68	1.87	2.04	2.6%
合计	57.28	62.79	64.42	67.06	69.00	100%

资料来源：熊澄宇：《世界文化产业研究》，清华大学出版社2012年版，第145页。

从出口规模来看，韩国文化产业的出口额从2005年13亿美元稳步增长，到2009年的26亿美元，年均增长18.9%。各产业的排序情况是：游戏产业，占内容产业出口额的47.6%；知识信息产业，占13.3%；出版产业，占9.6%；人物形象产业9.1%；放送产业，占7.1%。其他依次是内容解决方案（4.4%）、广告（3.6%）、动画（3.4%）、音乐（1.2%）、电影（0.5%）和漫画（0.2%）。见表3.23。

表3.23 韩国文化内容产业出口规模（单位：千美元）

	2005	2006	2007	2008	2009	所占比例
出版	191 346	184 867	213 100	260 010	250 764	9.6%
漫画	3 268	3 917	3 986	4 135	4 209	0.2%
音乐	22 278	16 666	13 885	16 468	31 269	1.2%
游戏	564 660	671 994	781 004	1 093 865	1 240 856	47.6%
电影	75 995	24 515	24 396	21 037	14 122	0.5%
动画	78 429	66 834	72 770	80 583	89 651	3.4%
放送	121 763	133 917	150 953	171 348	184 577	7.1%
广告	9 359	75 981	93 859	14 212	93 152	3.6%
人物形象	163 666	189 451	202 889	228 250	236 521	9.1%

续表

	2005	2006	2007	2008	2009	所占比例
知识信息	34 764	5016	275 111	339 949	345 693	13.3%
内容解决方案	35 608	–	112 678	107 746	113 418	4.4%
合计	1 301 136	1 373 158	1 944 631	2 337 603	2 604 232	100.0%

资料来源：熊澄宇：《世界文化产业研究》，清华大学出版社2012年版，第147页。

就业人数方面，2005年韩国文化内容产业的就业人数为49万余人，2006年有小幅回落，2009年达到53万余人，年均增长1.4%。就业人数排在前几位的产业如下：出版（39.6%）、音乐（14.7%）、知识信息（8.6%）、游戏（8.3%）。从就业人数的增长情况来看，2005~2009年就业人数年均增长1.4%。其中增长较快的产业有人物形象产业（27.6%）、知识信息产业（9.4%）、内容解决方案产业（6.5%）。见表3.24。

表3.24 韩国文化内容产业就业情况（单位：名）

	2005	2006	2007	2008	2009	所占比例
出版	214 904	218 377	225 347	210 084	206 926	39.6%
漫画	9 048	12 818	11 772	11 093	10 748	2.0%
音乐	65 346	65 431	75 027	66 475	76 539	14.7%
游戏	60 669	32 714	36 828	42 730	4365	8.3%
电影	29 078	25 769	23 935	19 908	28 041	5.4%
动画	3 580	3 412	3 847	3 924	4 170	0.8%
放送	29 634	29 308	28 913	349 393	34 308	6.6%
广告	29 625	27 487	29 416	30 700	33 509	6.4%
人物形象	8 825	19 889	21 846	21 092	23 406	4.5%
知识信息	31 327	34 779	38 192	41 279	44 897	8.6%
内容解决方案	12 430	13 450	13 414	14 679	15 967	3.1%

续表

	2005	2006	2007	2008	2009	所占比例
合计	494 466	483 464	508 537	811 357	482 876	100.0%

资料来源：熊澄宇:《世界文化产业研究》，清华大学出版社2012年版，第148页。

韩国文化产业带动了整个经济的复苏。网络游戏产业崛起，使韩国的宽带网络普及率在世界上遥遥领先，还直接促进了电子商务在其他领域的发展，逐渐把"韩国制造"推向"韩国创作"。

三、世界文化产业发展趋势展望

从世界范围来看，当代文化产业体系已经比较成熟，世界文化产业呈现出一些新的发展趋势。

1. 文化产业全球化的趋势日益明显

与经济领域相类似，资本的本性决定了只有在全球范围进行文化资源的配置才能获得超额利润。文化资本的全球化的表现，一是当前资本对文化资源的国际化吸收和整合的态势日渐明朗。例如，美国派拉蒙影业公司制作的动画片《功夫熊猫》就是对文化资源在全球优化配置的结果。二是文化产品国际化的合作生产。近年来各国合作生产的文化产品不断增多，很多美国电影公司为了应对日益激烈的竞争，纷纷将电影的生产制作移向海外，从而降低生产成本，规避贸易壁垒。影片《泰坦尼克号》实际上是由7个国家的30多家公司协作完成的。

世界经济一体化的影响力不仅仅体现在经济和国际交往上，货物、资金、信息的全球流动必然反映在文化层面上。文化产品与服务的消费方式、市场流通也日益呈现出全球化趋向。随着文化传播技术的发达，文化产品比起其他产品更迅速更便捷地传播到世界各地。从电影到网络软件，从图书到音像制品都可以在全世界各地以各种文字同时发行，而且不会遇到通常货物贸易中经常遭遇到的运输上的困难。

2. 世界各国文化产业发展的不平衡趋势日益加剧

世界各国纷纷认识到，世界经济的产业中心正在逐渐由有形的物质生产向无形服务性生产转移，文化产业将成为21世纪的战略性产业。正是基于这种认识，各个国家都在大力发展本国的文化产业。西方发达国家凭借其雄厚的经济实力、高端的技术、丰富的经营管理经验，在世界文化市场的竞争中占据着统治地位，广大发展中国家则处于边缘化状态，而且这种趋势还在不断地加强。

在世界文化市场上，美国占有约43%的市场份额，欧盟的市场占有率为34%，人口最多，历史最悠久的亚太地区仅占19%，其中日本占10%，澳大利亚占5%，中国和其他亚太国家占不到4%。目前，全球50家大的媒体娱乐公司占据了世界文化市场95%的份额。在国际版权交易市场上，发达国家的出版物约占65.5%。在传媒业，目前传播与世界各地的新闻节目，90%以上是由西方七大国家垄断，其中70%又由跨国公司垄断。美国生产的影片只占全球影片总产量的6.7%，但却占据了世界电影市场份额的85%。在出版业，约2/3的图书市场集中在欧美国家，美国占据了全球图书市场的近1/3，其次是德国、日本、英国、法国和西班牙。在世界文化市场上，"强者愈强，弱者愈弱"的马太效应越发明显。在这种市场状况下，许多经济上不发达的国家不仅在经济上依附于发达国家，而且在文化上进一步丧失自己的个性。

3. 文化产业发展的规模化、集团化趋势在不断加强

自20世纪90年代以来，西方国家的文化企业通过跨行业兼并重组，建立一批横跨传媒业、娱乐业、旅游业、电信业等领域的超级巨无霸，其文化产品已经在国际上获得垄断地位。全球50家西方媒体和跨国公司占据了95%的世界传媒市场，其中有70%是由美国时代华纳、迪士尼、日本索尼等巨型跨国传媒集团控制，仅美国就占据了全球75%的电视节目生产和制作。见表3.25。

表3.25 2012年《世界财富500强》跨国传媒集团财务数据

2012年世界500强排名	2011年排名	公司名称	营业收入（百万美元）	利润（百万美元）	资产（百万美元）	股东权益（百万美元）	雇佣人数（个）	所在国家
248	226	华特迪士尼公司（WALTDISNEY）	40 893.0	4 807.0	72 124.0	37 385.0	166 000	美国
332	284	新闻集团（NEWS-CORP.）	33 405.0	2 739.0	61 980.0	29 506.0	48 000	美国
402	363	时代华纳（TIME-WARNER）	28 974.0	2 886.0	67 801.0	29 957.0	34 000	美国
455	407	株式会社（MARU-HAN）	25 732.6	314.9	4 080.7	1 982.5	13 001	日本
492	444	贝塔斯曼集团（BERTELSMANN）	22 426.6	646.6	23 561.5	6 890.1	100 626	德国
均值			27 634.55	2278.7	45 909.44	21 144.12	72 325.4	

资料来源：财富中文网，http://www.fortunechina.com/fortune500/c/2012-07/09/content_106832.htm，最后访问时间：2014年9月20日。

产业结构调整，兼并重组浪潮，使得文化产业在管理模式、资金使用、技术开发与市场开拓方面得以重组，各行业之间的优势得以互补，经营风险得到降低，从而推动文化产业迅速成长为集中化程度高、产业跨度大、发展速度快的产业。

4. 文化和科技的深度融合正在重新塑造着文化产业

以计算机信息处理技术为标志的信息传播技术的应用带来了文化产业管理的革命，成为推动文化产业向更广领域拓展的重要力量。网络技术，信息技术与文化产业的联姻使文化产业各个业态的融合程度加深，以网络化形态、数字化形态存在的文化产业将会成为文化产业发展的主流趋势。科技发展和科技创新不断改造着传统的文化业态，也正在不断催生新兴的文化业态。新兴文化业态主要包括由新兴技术支撑的创意设计、网络文化、新兴电视媒体、数字广播、数字电视、数字电影、网络游戏、动漫、流动多媒体以及手机媒体等。另一方面，新媒体技术成为文化产业技术升级、传播手段更新的重要载体和手段。如通过虚拟现实、多媒体等技术手段完成的动漫和电影已经和真实的拍摄完美融合起来；在发行方面，电影可以直接由卫星数字传输到用户终端。在文化产业的会展业、旅游文化服务、文化保护与文化设施服务等行业，新媒体促使其产生了全新的展示、营销、反馈、设计等方式。

第二节 经济全球化下的中国文化产业

由于认识上的原因，我国在很长时间一直将文化作为事业来管理，随着经济运行体制从计划经济向市场经济转型，我国开始重视文化的经济功能并开始逐步推动文化从事业向产业转型，中国的文化产业进入快速发展的快车道。

一、我国文化市场和文化产业的发展回顾

文化市场是市场经济体系的有机组成部分，是文化商品、文化服务以及文化资源营销活动的场所。长期以来，我国文化发展一直采用计划经济下由国家统一规划统一领导步调的"事业型"模式，不存在现代意义上的文化市场。改革开放以来，我国经济有了持续高速的发展，取得了举世瞩目的成就，但与之相应的文化的发展则相对滞后。随着人民生活水平的提高，人民群众对于文化生活的日益高涨的文化需求，使得文化市场和文化产业的问题极其鲜明地突显出来。

在中国，长期以来虽然文化产业在事实上存在着并影响着中国的文化建设，但是，在整个20世纪后半叶的社会主义建设过程中，中国却一直不提文化产业，甚至发展到了20世纪90年代后期，政府文化主管部门已经进入了文化产业发展规划阶段，学术界已经对在中国大力发展文化产业进行政策与体制性障碍的理论研究的突破时，"文化产业"在中国依然没有获得合法性身份。文化产业真正进入人们视野是2000年10月中共中央《关于制定国民经济和社会发展第十个五年规划建议》中明确提出"完善文化产业政策……推动有关文化产业发展"等表述。这是"文化产业"作为正面概念第一次出现在国家最重要的政策文献中，文化产业至此才在中

国取得了它的合法性身份。

在马克思主义的传统中，由法兰克福学派的思想家首先使用的"文化产业"或"文化工业"概念是具有负面含义的，是一个贬义词。现在，我国党和政府是在正面意义上使用文化产业概念的。这表明党和政府承认"文化不仅具有意识形态属性，也具有商品属性"。文化产业概念的正面使用意味着文化市场即将大面积开放。随着中央发展思路的明晰化，我国文化市场迅速开拓，文化产业迅速壮大。从市场的构成要素看，作为文化市场各要素的市场主体、市场客体、交易设施、运行机制以及规则系统等各方面要素近年来已发生深刻变化。

第一，一大批文化市场从无到有，发展迅速。二十多年来，随着市场经济的发展，我国逐渐形成了一系列与国际接轨的文化市场，如音像市场、演出市场、图书市场、电影电视市场、娱乐旅游市场、文化广告传播市场，等等。与文化市场的逐步建立相适应，我国一大批文化产业也逐步建立起来，文化产业的经济实体迅速发展起来。其中音像业、图书业、高档娱乐业、影视业等率先走上产业化道路。

第二，文化市场主体呈多元化、规模化趋势明显。从所有制构成看，文化企业出现国有企业、私营企业、股份制、中外合资、中外合作、外商独资等多种形式。在转企改制过程中，依托政府的支持，一批文化企业加速向规模化集团化扩张。

第三，资本的力量渗入文化企业运作过程中，推动融资、兼并、重组，同时带来许多新问题。但是，与我国其他产业门类相比，我国文化产业起步晚、起点低，不仅有与其他产业相同的资金筹措、生产经营等方面的困难，还受到原有的"计划"文化观念的影响制约，因而在产业规模、经营水平、运作方式和经济效益上都无法与我国其他产业相媲美，也无法参与国际文化产业竞争。

第四，在技术的推动下，新型文化业态不断发展，文化市场结构急剧变革。近年来新型文化业态蓬勃发展，广播电视网、3G网络市场呈爆发性增长，推动文化市场规模加速扩张。技术在催生新型文化业态的同时，也对部分传统文化业态产生冲击,如出版发行市场和音像市场。

第五,文化市场规则体系建设工作进展迅速。作为文化产业主管部门,国务院、文化部、新闻出版总署、国家广电总局为促进与规范文化市场发展,推动制定了大量的政策法规以及规范性文件。文化市场法律规范规制的加强,包括市场主体的准入、文化活动的专项许可、对文化产品内容的审查等诸多方面,对规范文化市场发展起到重要作用。

二、中国文化产业发展现状

1. 文化产业初具规模并成体系

2004年至2013年10年间,我国文化产业发展呈现成倍增长的态势。2004年,全国文化产业法人单位31.8万户,从业人员873万人,资产总额1.8万亿元,主营收入为1.6万亿元,增加值3 440亿元,占GDP的比重为2.15%。10年间,法人单位增加了近2倍,从业人员增加了1倍,资产总额增加了4.6倍,主营收入增加了4.1倍,增加值增加了4.8倍。2010年以前,文化产业增加值年均增量在千亿元上下,2010年以后年份的年均增量超过了2 000亿元。从占GDP的比重看,2004年只有2.15%,到2011年达3.28%,2012年为3.48%,2013年为3.42%。文化产业在国民经济发展中的地位已经举足轻重。

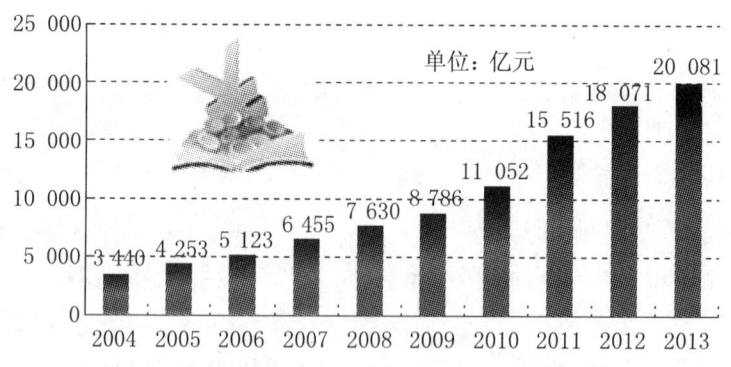

图3.14 2004年~2013年我国文化产业增加值变化情况

来源:中央文化企业国有资产监督管理领导小组办公室:"十年见证文化产业腾飞",载《光明日报》2015年2月12日。

三次全国经济普查数据表明,经过10年发展,文化产业已经初步形成了门类齐全的体系。表3.26显示,从投入看,劳动力和资本两大生产要素遍布于文化产业六个类别。2004年,文化内容生产、文化生产服务和文化消费终端制造三个类别的从业人员超过百万人,资产总额分别超过2 000亿元;2013年,除文化装备制造外,其余五个类别的从业人员均已超过百万人。从产出看,2013年文化内容生产、文化生产服务和文化消费终端制造的主营收入均突破万亿元,生产性文化服务的主营收入接近万亿元;除文化装备制造外,其余五个类别的增加值均已超过2 000亿元。综合投入和产出,10年间,文化产业各类别呈现竞相增长的良好态势,作为一个新兴产业,文化产业体系业已形成。

表3.26 我国文化产业统计的主要指标

文化产业统计的主要指标	2004年	2008年	2013年
法人单位数(万个)	31.79	46.08	91.85
从业人员(万人)	873.26	1 008.22	1 759.99
资产总计(亿元)	18 316.60	27 486.60	103 407.10
主营收入(亿元)	16 225.20	26 802.20	82 610.98
增加值(亿元)	3 440.00	7 530.00	20 081.00

来源:中央文化企业国有资产监督管理领导小组办公室:"十年见证文化产业腾飞",载《光明日报》2015年2月12日。

2. 文化产业以文化生产和再生产为主体

无论投入还是产出,文化内容生产、文化传播渠道和文化生产服务这三个类别在文化产业中始终处于主体地位。2004年、2008年和2013年,文化内容生产、文化传播渠道和文化生产服务的从业人员、资产总额和主营收入加总额占文化产业六大类别的比重均在60%以上,增加值加总额占比在70%左右。如果把生产性文化服务加上，在文化产业六大类别中，2013年文化生产及再生产从业人员所占的比重高达91.13%，资产总额、主营收入和增加值占比分别达86.88%、74.84%和86.72%，见表3.27。

表3.27 文化产业各类别发展状况[1]

		2004年	2008年	2013年
文化内容生产	从业人员（万人）	234.56	261.70	337.23
	资产总额（亿元）	3 085.95	4 845.41	19 167.14
	主营收入（亿元）	2 112.02	4 749.63	13 017.12
	增加值（亿元）	794.83	1813.93	4 971.36
文化传播渠道	从业人员（万人）	54.30	62.99	119.10
	资产总额（亿元）	1 635.22	2 857.50	11 035.06
	主营收入（亿元）	1 301.09	2 281.89	8 251.62
	增加值（亿元）	244.37	570.71	2 063.75
文化生产服务	从业人员（万人）	191.80	199.18	420.52
	资产总额（亿元）	4 451.82	5 661.68	22 105.64
	主营收入（亿元）	2 902.80	4 339.58	17 776.29
	增加值（亿元）	767.19	1 311.50	5 372.34
文化装备制造	从业人员（万人）	35.07	62.99	80.07
	资产总额（亿元）	691.36	2 857.30	3 540.38
	主营收入（亿元）	779.13	2 281.89	4 346.65
	增加值（亿元）	135.23	261.37	805.55
文化消费终端制造	从业人员（万人）	146.17	148.80	232.13
	资产总额（亿元）	2 164.24	2 893.56	6 771.47
	主营收入（亿元）	3 368.40	4 834.90	12 014.59
	增加值（亿元）	337.60	806.66	2 092.64
生产性文化服务	从业人员（万人）	39.35	66.40	234.54
	资产总额（亿元）	838.98	2 686.19	15 938.36
	主营收入（亿元）	828.73	2 380.26	9 614.43
	增加值（亿元）	172.84	643.90	2 600.87

数据来源：根据《中国文化及相关产业统计年鉴-2013》（中国统计出版社2013年版）和三次全国经济普查数据汇总预算，2013年增加值根据2008年主营收入与增加

---

[1] 参见中央文化企业国有资产监督管理领导小组办公室："十年见证文化产业腾飞"，载《光明日报》2015年2月12日。

值之比推算。

文化内容生产快速发展。文化产业的核心是内容生产，在文化产业统计上，主要集中在"文化产品的生产"大类中，包括新闻服务、出版服务、影视制作、广播节目制作、演艺、工艺美术品生产、文化内容保存服务。2013年，新闻服务的资产规模为3 770.65亿元，比2004年增加了5倍；出版服务的资产规模为4 321.34亿元，比2004年增加了近3倍；影视制作的资产规模达到1 615.37亿元，比2004年增加了10倍以上；演艺的资产规模达991.42亿元，比2004年增加了22倍。2013年，出版服务的主营收入已超过千亿元，在文化内容生产领域保持领先；演艺和影视制作的主营收入保持较快的增长速度，2013年比2004年分别增长了25倍和14倍。

旅游和休闲娱乐占比很低。在文化产业统计中，旅游仅限于公园景区游览服务，不包括旅行社。2013年，公园景区游览服务的从业人员和资产总额分别为52.46万人和7 696.70亿元，占全部文化产业从业人员和资产总额的比例分别为2.98%和7.44%；增加值为645.02亿元，占文化产业增加值的比重为3.21%。2013年，休闲娱乐服务的从业人员和资产总额分别为84.72万人和2 276.93亿元，占全部文化产业从业人员和资产总额的比例分别为4.81%和2.20%，增加值为576.96亿元，占文化产业增加值的2.87%。[1]

三、全球化背景下的中国国家文化安全

1. 全球化时代的世界文化市场

文化产业被许多人认为是21世纪的朝阳产业，自20世纪90年代以来，已成为全球发展最快的产业之一。在2002年，世界文化市场的容量就已经达到1兆2 000亿美元，目前文化产业已成为许多发达国家国民经济的重要支柱产业。美国的文化产业占据全世界的霸权地位，占领了全球文化输出的高地。美国文化产业年产值约占美国GDP的25%，其产品出口

---

[1] 以上数据参见：中央文化企业国有资产监督管理领导小组办公室："十年见证文化产业腾飞"，载《光明日报》2015年2月12日。

已经超过航空航天业,成为全美第一大贸易出口产品。其中,好莱坞的巨制电影、三大电视网的娱乐节目、时代华纳的流行音乐更是占了营业额的大头。资料显示,美国400家最富有公司中,有72家是文化企业,美国音像业仅次于航天航空工业居出口贸易第二位;而英国文化产业的平均发展速度是经济增长的两倍;日本的娱乐业产值也仅次于汽车工业;加拿大的文化产业规模超过农业、交通、通讯及信息产业。即使在金融危机席卷全球的同时,全球的文化产业仍然逆势上扬,文化创意产品与服务的世界出口额仍保持自2002年以来每年14%的增长态势。

西方文化市场在全球文化产业中起着主宰性和支配性的作用。西方文化跨国产业集团和国际文化组织的影响日益增大,已经成为影响国际文化关系和国际文化秩序重建、世界文化产业格局变动和世界文化市场走向的重要力量。媒体产业是文化产业的核心表现形态。由于广播电视等新闻媒体具有天然整合不同消费群体的文化功能,因此媒体成为文化资本进行全球扩展的主要工具。目前,传播于世界各地的新闻,90%以上为美国和西方国家所垄断。其中,又有70%是由跨国公司所垄断。美国控制了全球75%的电视节目的生产和制作,许多第三世界国家电视节目的60%~70%的栏目内容来自于美国。而反观美国,其本国电视节目中,外国节目仅占1.2%。美国公司生产的电影只占全球影片产量的6.7%,却占据了全球总放映时间的50%以上。美国占有全世界50%以上的因特网用户,而美国人口仅占世界人口的4.7%。在互联网上,中文信息不到信息总量的万分之一。

2. 中国文化市场的开放与国家文化安全

经过漫长的谈判,2001年,中国加入WTO,承诺逐步开放文化市场。中国文化市场巨大的发展潜力、迅猛的发展速度和丰富的文化资源对于西方发达国家具有莫大的吸引力,西方的文化企业纷纷寻求进入中国文化市场的机会。加入世贸组织这十几年,国内文化市场获得了飞速发展,外资通过参股、合资、项目合作、投资影院和剧场等硬件设施等方式,已经进入了演出、影视、出版、游戏、艺术和旅游等多个文化领域,为未来全方位进军中国文化市场进行布局。出于维护国家文化安全和保护民族文化产业的考虑，我国对于外资进入文化领域有诸多限制，禁止外商投资设立和经营新闻机构、广播电台（站）、电视台（站）、广播电视传输覆盖网、广播电视节目制作及播放公司、电影制作公司、互联网文化经营机构和互联网上网服务营业场所（港澳除外）、文艺表演团体、电影进口和发行及录像放映公司；禁止外商投资从事书报刊、音像制品、电子出版物的出版、制作、总发行和进口业务以及利用信息网络开展视听节目服务、新闻网站和互联网出版等业务；不允许外商通过出版物的分销、印刷、广告以及文化设施改造等经营活动变相地进入电视频道、电台频率、报刊版面、编辑和出版等宣传业务领域。然而，从近几年出台的政策看，外资进入中国文化产业的政策限制总体上已经开始逐渐松动。2007年，就进军中国出版市场，美国向WTO提出申诉。2010年，WTO作出裁决，中国应增加对美国娱乐产品的开放力度。按照该决议，中国将对美国电影、音像、图书制品进一步开放中国国内市场。

从整个世界文化市场看，以美国为首的西方强势文化依靠其资本、技术和市场优势在国际文化舞台上处于霸权地位，往往能获得竞争优势，挤占和垄断本国市场，中国相对的弱势文化则只能处于被动的冲击之下。在国际文化市场上，美国文化产业的贡献值占31.65%，日本占12.43%，德国占6.24%，中国占6.11%，其他国家占43.58%（向勇，2012）。随着全球化进程的发展，文化市场准入的范围还会有进一步扩大的趋势，中国文化产业刚刚起步，在自由贸易、自由竞争的环境下，必然会被国外同行业的产品打垮而永无成长可能。一个国家文化产业及其竞争力的提高要以一定足够的"自主市场空间"为前提，在规模经济及技术垄断竞争日居首要优势地位的全球化过程中，如果一个国家不能为其文化产业及其竞争力的提升提供足够的"自主市场空间"，必然会形成发达国家跨国公司对本国文化市场的产业垄断。

随着市场准入的放宽、大量外来文化产品的涌入，不仅会给中国文化产业带来巨大冲击，而且更为重要的是，发达国家凭借经济、军事、政治等优势，大力输出本国的价值观念、意识形态、政治文化等，发展中国家作为相对被动地接受西方信息与技术的国家，在对抗西方单一文化的渗透、防范信息与技术霸权方面显得力不从心。由于中国无法充分实现世界贸易组织成员方应该对等性进入他国文化产业领域的要求，文化产业准入的非对等性就使中国文化产业发展在它的成长阶段就面临被扼杀在摇篮中的威胁。在开放经济条件下，中国的文化资源不再为中国文化产业所独有，全球化的生产方式使传统上对物质资源的争夺转变为对文化资源的争夺。以美国为首的西方文化产业大国的"文化帝国主义"和"文化霸权主义"的全面入侵，西方文化以产业形态对中国的殖民化，构成了现实的中国国家文化安全问题。事实上，文化领域已经成为国际政治斗争和意识形态较量的主战场。在经济全球化的背景下，如何在融入现代世界体系的过程中保持和发展本国本民族的优秀文化自然成为中国文化发展必须回答的重要问题。

第四章 中国文化产业安全的界定与内涵

与一般的物质性产品不同,文化产品本质上是一种精神产品,文化产品的生产、流通、传播与交流,满足于人类社会的精神发展需求,实现了人们的文明生存。精神产品决定了文化产品既具有商品属性又具有意识形态属性。中国的国情决定了中国的文化产业首先是文化,其次才是产业。在现阶段中国,片面地强调文化产业的意识形态属性或者产业属性都是不符合中国国情的。因此,我们认为应该从两个方面界定文化产业,一方面文化产业是满足人们精神需求的行业,另一方面文化产业是以工业标准生产、再生产、储存以及分配文化产业和服务的一系列文化活动。

第一节 中国文化产业安全的理论研究

一、全球化背景下中国文化产业的产业安全

1. 全球化背景下文化产业的内涵

文化产业作为一种特殊的文化形态和特殊的经济形态,影响了人民对文化产业的本质把握,不同国家从不同角度看文化产业有不同的理解。

(1) 世界各国对于文化产业的界定。在"文化产业"术语出现之前,文化产业实际上就已存在。一般认为,法兰克福学派代表学者阿多诺与霍克海默在两人于1946年共同完成的名著《启蒙辩证法》中,首次使用单数的文化产业术语。阿多诺等人用此术语指代当时大众文化的生产与消费

方式，目的是批判资本主义生产方式下文化生产的弊端。

　　复数"文化产业"术语的使用大致始于20世纪70年代后，当时学者们开始认识到文化产业的不同内容，生产及流通消费具有各自不同特点，开始把文化产业作为一个集合名词来理解和分析。随后，一些国际组织和政府也开始使用"文化产业"的复数形式，如联合国教科文组织、欧洲委员会、大伦敦议会等。文化产业的含义也开始从单数时的贬义演变为中性。联合国教科文组织关于文化产业的定义是：文化产业就是按照工业标准，生产、再生产、储存以及分配文化产品和服务的一系列活动。美国是世界公认的文化产业强国，但是美国并没有一个关于文化产业的界定或分类标准。大致上，美国的"版权产业（Copy right Industries）"可以理解为美国"文化产业"的指称。根据美国国际知识产权联盟（IIIPA）的定义，美国版权产业系指所有以版权为基础的产业部分，包括核心版权产业、外围产业和与版权有关的产业三部分。在英国、新西兰、新加坡等国，称之为"创意产业（Creative Industries）"，1998年，英国创意产业特别工作组首次对创意产业进行了定义："源自于个人创意、技能及才华，通过知识产权的开发和运用，具有创造财富和就业潜力的行业"。法国一直沿用文化产业的概念，并将之定义为："传统文化事业中特别具有可大量复制性的产业"。日本则将文化产业定位为"内容产业"。

　　（2）中国文化产业的内涵。我国文化产业发展起步较慢，对文化产业的研究也明显落后于发达国家，国内的文化产业定义大多是在借鉴国外代表性定义的基础上形成的。2004年5月，国家统计局制定了《文化及相关产业的分类》，该文件把文化产业定义为"为社会公众提供文化、娱乐产品和服务的活动，以及与这些活动有关联的活动的集合"。这一定义表明，文化产业的核心部分是提供文化娱乐产品和服务的活动，此外还包括与之有关联的活动。2012年，国家统计局对《文化及相关产业统计分类》（2004）进行了修改，认为，"文化及相关产业是指为社会公众提供文化产品和文化相关产品的生产活动的集合"。统计局2004年的标准侧重于"提供文化娱乐产品和服务的活动"，而最新修订的概念则侧重于"提供文化产品和文化相关产品的生产活动"。此次修订是为了适应我国文化产业发展的新情况、新变化，对原有的类别结构和具体内容做了调整，增加了文化创意、文化新业态、软件设计服务、具有文化内涵的特色产品的生产和部分行业小类，删除旅行社、休闲健身娱乐活动等。由于我国文化体制改革已取得新突破，文化业态不断融合、新业态不断涌现，许多文化生产活动已经很难区分是核心层还是外围层，因此本次修订不再保留三个层次的划分，改为文化产品的生产活动、文化产品生产的辅助活动、文化用品的生产活动和文化专用设备的生产活动等四个方面。

在国内学术界，研究者在回顾国外文化产业定义的基础上，结合我国文化产业的实际情况，从不同的角度定义了文化产业。目前代表性的观点有两种：一种侧重于从"理论－意识形态"的角度界定文化产业。持此种观点的学者认为文化产业首先是文化，属于文化学范畴。如胡惠林（2001）认为文化产业是一个以精神产品的生产、交换和消费为主要特征的产业系统。胡惠林（2009）在《人民日报》进一步撰文指出，不能因为文化产业的市场化形态具有经济属性而把文化产业界定为经济范畴。孙安民（2005）认为文化产业是指生产文化产品或提供文化服务以满足社会精神文化需要的行业门类的总称。另一种侧重于从"操作－应用"的角度界定文化产业，他们认为文化产业首先是"产业"，属于经济学范畴。如李江帆（2003）根据第三产业经济学原理，将文化产业定义为"国民经济中生产具有文化特性的服务产品和实物产品的单位的集合体"。江奔东（2008）也认为文化产业是一个与文化相关的经济概念，属于第三产业，"文化产业是指为生产提供文化商品或服务的企业集合"。

对于中国文化产业概念的几点讨论：第一，要从历史的角度来把握文化产业概念。在法兰克福学派提出"文化产业"概念以前，文化是一个独立于经济学领域的范畴。因为在资本主义工业革命以前，普通老百姓主要为满足生理需要而劳动，对文化生活的要求很低，文化主要依靠知识阶层来点滴积累，并在上层社会的小范围内传播，因此以往的文化主要是精英文化。后来，随着技术的发展和人们文化需求的快速增长，文化进入了市场，也就是说，文化逐渐经济化。文化和产业结合在一起，诞生了文化产业这一新的概念，并被大众接受。这个过程，是文化的经济价值被逐步发现的过程。第二，各国对于文化产业概念的分歧来自文化概念的模糊性和各国文化产业发展水平和发展重点的不同。文化是一个至今争议很大的概念，据统计，自从1871年英国文化人类学家爱德华·泰勒在其《原始文化》一书中第一次给"文化"下了一个明确的定义到现在，有关文化的定义已近300种，可谓蔚为大观[1]。正是由于文化概念的模糊性，所以各个国家对于文化产业的内涵和外延有不同的认识和理解，确定的文化产业概念和统计范围差别较大。英国、澳大利亚、日本关于文化产业的口径范围相对宽泛些；而联合国教科文组织和加拿大文化产业的口径范围相对狭窄些。各自国家对文化产业的内涵界定也有差别。在文化产业（中国、法国）这个外延最大的概念之外，出现了"创意产业"（英国）、"内容产业"（韩国、欧盟）、"休闲产业"（澳大利亚）、"版权产业"（美国）等新名词。第三，对于中国文化产业概念的界定要基于中国的国情。在西方资本主义国家，文化产品和其他非文化产品并不存在根本性的区别，文化产业与其他产业在性质上也基本没有差别。中国是社会主义国家，在很长时间一直将文化领域作为政治和意识形态领域对待，尽管从2000年开始，党和政府决定放开文化市场，发展文化产业，但中国的国情决定了中国的文化产业又具有强烈的意识形态属性。不能将发展文化体制改革、发展文化产业简单地认为就是把文化产业化[2]。党和政府发展文化产业不是权宜之计，而是根据我国"五位一体"即经济政治、文化、社会、生态文明建设协调发展的总体战略提出的。发展文化产业的目的首先是为了满足人们多样化的文化消费需求，这是我们的主要目标，因为文化产业首先是文化，其次才是产业。文化产业内容是核心要求，我们向社会、向市场提供的文化产

---

[1] 邹广汉：《当代文化哲学》，人民出版社2007年版。
[2] 万鹏："文化产业要坚持社会效益第一——文化部刘玉珠谈学习十八大报告体会"，载人民网http://theory.people.com.cn/n/2012/1112/c148980-19551491.html，最后访问时间：2014年10月12日。

品和文化服务必须是和社会主义核心价值观不相冲突,和我们的法律法规不相矛盾的。因此,我们认为片面地强调文化产业的意识形态属性或者产业属性都是不符合中国国情的,认为在中国现阶段文化产业具有意识形态和经济两种属性。我们赞同《2001~2002年中国文化产业蓝皮书总报告》从两个方面来定义文化产业:就所提供产品的性质而言,文化产业可以被理解为向消费者提供精神产品或服务的行业;就其经济过程的性质而言,文化产业可以被定义为按照工业标准生产、再生产、储存以及分配文化产品和服务的一系列活动。这是一个从产品性质和经济过程两方面所下的典型的综合性定义。

2. 中国文化产业与国家文化安全

当前综合国力竞争的一个显著特点是文化的地位和作用更加凸显,越来越多的国家把提高文化软实力作为发展战略的重要内容。文化产业是国家文化软实力的重要表现。经济全球化时代,文化核心价值观的传播,文化软实力的提升都离不开大众的、流行的文化产品。在当前国际文化贸易中占据主导地位的不是某个国家政府,而是跨国公司。美国、西欧和日本的跨国公司涵盖了全球国际文化贸易量的2/3。从20世纪90年代开始,世界范围内兴起了跨国公司并购的热潮。世界文化产业格局迅速调整,形成了几个超大型传媒集团:时代华纳、新闻集团、迪士尼集团、默多克、威望迪、立博、维亚康姆、贝塔斯曼、索尼、国家广播环球公司、美国电讯公司、威廉希尔、哥伦比亚广播公司等。这些跨国文化产业集团已经成为影响国际文化关系和国际文化秩序重建、世界文化产业格局变动和世界文化市场走向的重要力量。分析家认为这些公司堪比20世纪初出现的汽车业垄断寡头。如果文化产业不安全,文化软实力就无从谈起。

从另一方面讲,要提高文化软实力,必须维护文化产业安全,并以此为着力点。北京大学文化产业研究院副院长向勇指出,文化产业是文化建设的硬实力,是文化软实力提升的"发动机"。文化事业不受市场经济规律支配,在"文化走出去"进程中的作用有限。因此,文化产业在构建文化软实力中应承担起重要的支撑作用。而文化产业的大发展必须是基于产业安全的基础之上的。通过维护文化产业安全，实现经济与文化的良性互动，提升文化的生命力与创造力，提升文化的传播力与影响力，宣传社会主流意识形态和核心价值观念，提升文化的凝聚力与感召力。

正是基于此，胡惠林（2000，2011）认为，文化产业作为文化国力形态具有特殊的国家文化安全意义。正是由于文化产业具有改变现存文化发展与经济增长的价值与功能，文化产业现代发展的成熟性程度以及它在一个国家的国民经济和社会发展所处的地位以及所发挥的作用和影响的程度，将直接构成一个国家的综合实力和软实力的关键要素，在这种情况下，文化产业的现代发展就具有战略意义和战略价值，具有战略资源价值。开发这种战略资源、控制这种战略资源并且在全球垄断这种战略资源也就成为国际战略竞争的重要内容。

二、文化主权、经济主权与中国文化产业安全

1. 中国文化产业安全的内涵

中国文化产业的安全问题不仅涉及中国的文化主权，同时也涉及中国的经济主权，而且文化主权在很大程度上是通过对经济主权的维护来实现的。近代国家主权原则自提出以来，在内容构成上从政治领域逐步向经济文化和社会生活等领域扩展。国家主权最初主要指政治和安全上的独立权和平等权。20世纪60年代以后，发展中国家基于发展民族经济的需要，提出了维护经济主权的主张。1966年联合国大会通过《经济、社会、文化权利国际公约》，规定"所有人民得为他们自己的目的自由处置他们的天然财富和资源"。这即是以天然资源永久主权为主要内容的经济主权原则。主权概念延伸到文化领域始自20世纪90年代。2005年10月，联合国教科文组织正式通过《文化多样性公约》，基于保护和促进文化表现形式的立场，第一次以国际公约的形式确认了文化主权原则。

以美国为代表的西方国家在国际范围推行"文化霸权"，对包括中国在内的其他国家的"文化主权"形成了严峻的挑战。所谓文化霸权，是指霸权国家从本国的利益和战略目标出发，立足于自身的文化强势地位向世界上其他国家尤其是落后国家进行文化渗透和扩张，迫使别国接受其价值

观念和意识形态，以达到制约、影响世界事务以及发展中国家内部发展过程目的的一种国际霸权行为。文化主权的概念最早是由王沪宁（2006）提出的，是指现代民族国家将本民族文化的习惯、信仰和价值观念上升为国家意志，对本民族文化所拥有的最高和独立的权力和权威。国家主权受到侵害就会威胁国家文化安全，国家文化安全的核心内容包括国家的文化立法权、文化管理权、文化制度和意识形态选择权、文化传播和文化交流的独立自主权，等等。维护国家文化安全，就是保障国家文化主权，捍卫国家文化主权的独立性和自主性。国家文化安全可以划分为确保文化生存的文化主权安全和促进文化发展的非文化主权安全[1]。文化主权安全包括国家文化政治安全、国家文化经济安全、国家意识形态安全、国家民族和宗教安全、国家文化能力安全，非主权安全包括文化生态安全、文化信息安全、文化遗产资源安全、文化市场与公共文化安全、文化技术安全等，见图4.1。

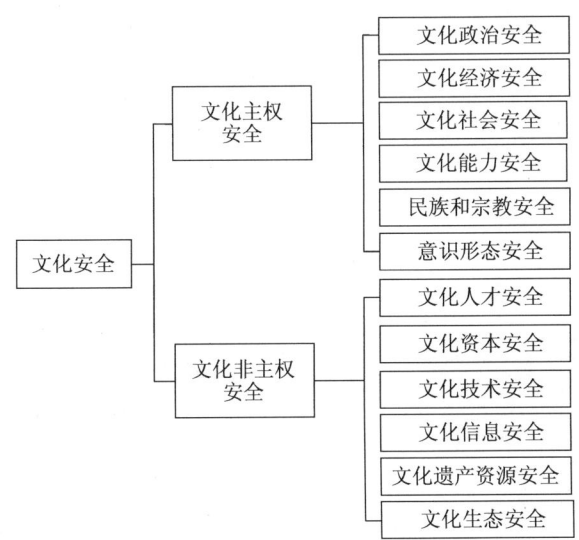

图4.1 文化安全的构成要素

文化产业安全是基于文化安全的一种产业形态（王耀中、彭新宇，

---

[1] 胡惠林：《中国国家安全论》（第二版），上海人民出版社2011年版，第202页。

2011)。文化产业的双重属性决定了文化产业的安全既不同于文化的安全，也有别于一般意义上的产业安全。由于文化产业同时兼有文化的意识形态和文化的经济形态的双重属性，因此，如何区分文化产业在市场条件下的国家文化安全性质，也就自然成为现在和今后相当长的一个时期中国家文化安全预警和管理的重点和难点。[1]我们认为，文化产业的安全应该从两个方面进行概括，一方面文化产业安全是指在开放环境中一个主权国家的文化产业市场规模的提升与文化市场结构的改善不受外部因素侵蚀、控制和封锁以及内部因素限制、影响而保持稳定、均衡和可持续发展的状态。另一方面是指一国的文化产业在国际竞争中，能够提供丰富多彩的、适应社会发展需要的原创性内容，抵制外来文化的价值观念和意识形态的冲击，从而保持其主导社会舆论导向的独立性，维护国家主流意识形态和主流价值观的合法性和稳定性。前者可以称之为文化产业的经济安全，后者可以称之文化产业的文化安全，见图4.2。

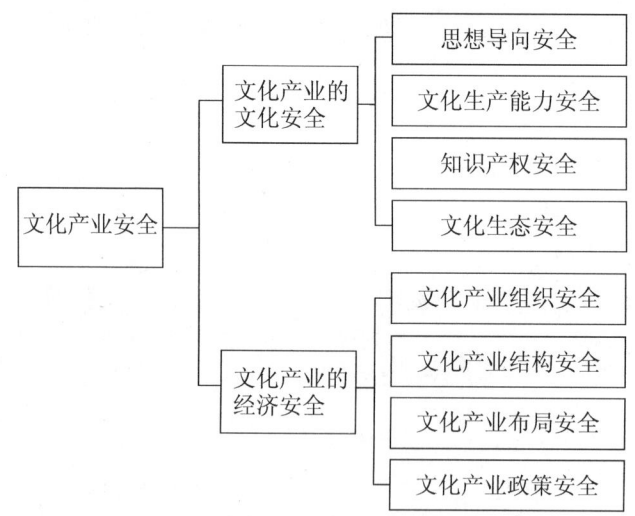

图4.2 文化产业安全的构成要素

---

〔1〕 胡惠林：《中国国家安全论》（第二版），上海人民出版社2011年版，第417页。

作为一个发展迅猛,且增长潜力巨大的战略性产业,文化产业的发展直接关系到国民经济的安全,关系到国家经济主权的安危。统计数据表明,从2005年到2013年,我国文化产业增加值的年均增长速度为20.67%,远高于GDP年均10.22%的增长速度,见图4.3。相应地,文化产业增加值占GDP的比重,从2004年的2.15%增长到2013年3.77%,正在快速接近占GDP 5%的支柱产业目标,见图4.4。文化产业是21世纪的朝阳产业、战略性产业,2012年,美国、日本、韩国的文化产业分别占到各自GDP的24%、10%、7%,已经成为西方发达国家的支柱产业。与世界发达国家相比,中国文化产业的发展还存在明显差距。维护文化产业的产业安全,也就是在维护国家经济安全。

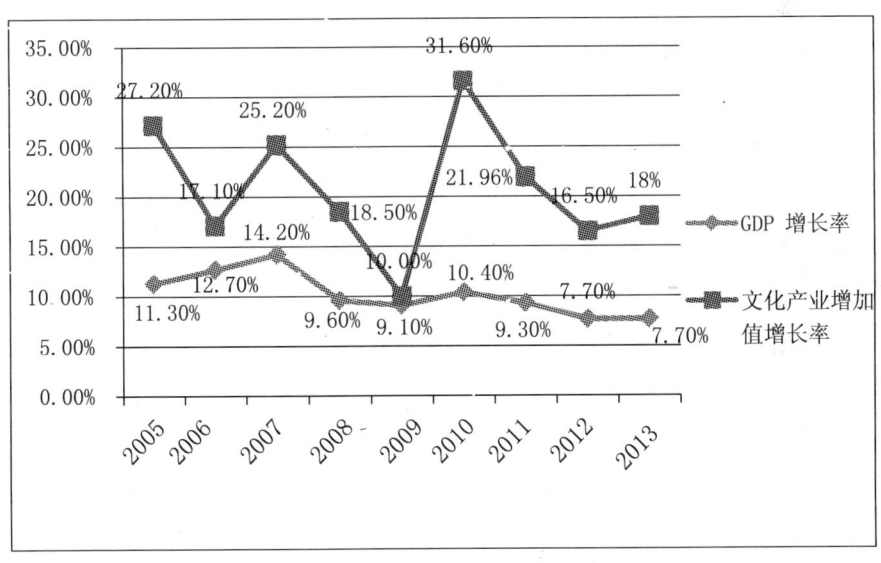

图4.3 文化产业增加值增长率与GDP增长率对比

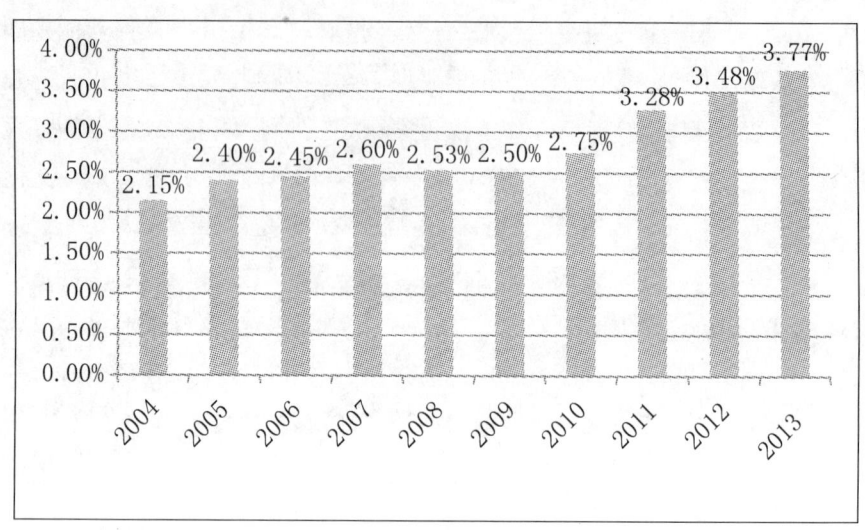

图 4.4 文化产业增加值占 GDP 比重

2. 中国文化产业生产要素产权

与一般的物质性产品不同，文化产品本质上是一种精神产品，文化产品的生产、流通、传播与交流，是为了满足人类社会的精神发展需求和实现人们的文明生存。精神产品决定了文化产品既具有商品属性又具有意识形态属性。胡惠林（2007）甚至认为，文化产业具有经济性、政治性、社会性、文化性和意识形态性等多重属性。所谓商品属性，是指除了政府提供的公共文化物品之外，大多数文化产品是供社会享受和消费的，具有价值和使用价值，可以通过市场交换获取经济利益、实现再生产。意识形态属性是由文化产业所具有对于国家政治的干涉特性决定的。由于文化产品是内容产品，任何形式的内容产品都包含着对于现行政治行为的态度（肯定或否定），这种态度会影响公众对于执政党的褒贬态度，进而影响执政党的执政基础。

在文化产业的经济安全上，文化产业安全强调产业经济系统的发展安全。如前所述，一国产业安全的表现是该国的国民产业拥有比较强的国际竞争力。波特的钻石模型告诉我们，决定一个国家的某种产业国际竞争力的要素有四个：生产要素、需求条件、相关产业和支持产业的表现、企业的战略、结构和竞争对手的表现。这四种因素相互作用，形成了钻石体系。此外，还有机会和政府两个变量。当生产要素、需求条件、产业配套、企业战略与同业竞争、政府支持这五个方面都能在国内环境下实现耦合共生的时候，该国的产业就具有比较强的国际竞争力，从而该产业就是安全的。

在文化产业的文化安全上，文化产业安全是指通过在产业层面构筑安全防护机制以确保国家主流文化安全。马克思、恩格斯在《德意志意识形态》中指出："统治阶级的思想在每一个时代都是占统治地位的思想。一个阶级是社会上占统治地位的物质力量，同时也是社会上占统治地位的精神力量。"中国共产党是中国的执政党，社会主义是其理想和信念所在。中国共产党的文化安全史观规定和影响了中国社会主义文化安全主题的形成和变迁。中国共产党关于国家文化安全史观有三大基础：背负民族振兴的伟大历史使命，对于中国历史上王朝更替周期性规律摆脱的深刻认识，以及对社会主义和共产主义理想的崇高追求。[1]在全球化的背景下，伴随着发达国家文化商品、资本和技术的流动，西方发达国家的文化也正在争夺我们的文化市场，加上我国目前正处于社会经济体制深刻变革期，人们的思想观念日益复杂化、多元化，国家的主流价值观正面临着强烈的冲击和挑战。在此背景下，文化产业的发展必须要服务于国家文化安全这一更高层次的目标。对于文化产品生产而言，其生产要素主要包括文化产品价值观、文化人才、文化资本、文化技术、文化知识和文化遗产资源，这些生产要素各有其归属的主体，见图4.5。

---

[1] 胡惠林：《中国国家安全论》（第二版），上海人民出版社2011年版，第271页。

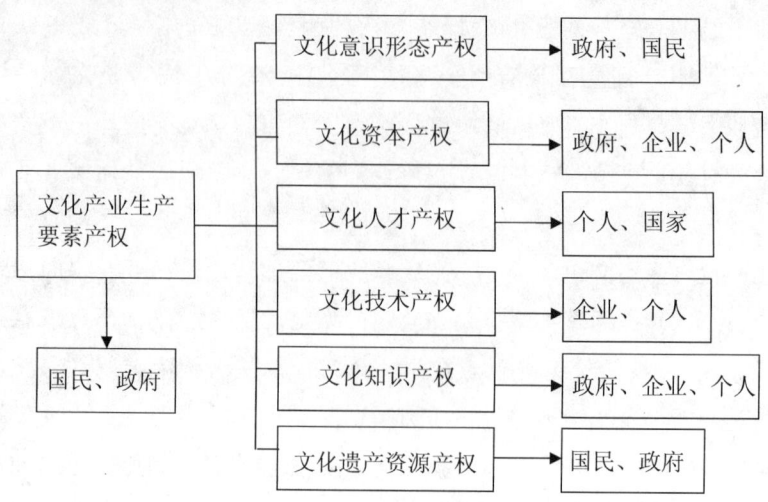

图 4.5　文化产业生产要素产权的构成

在文化产业中,知识产权是最重要的资源。在国际贸易中,发达国家正是通过知识产权保护,将它们的文化、技术、品牌优势转化为国际市场的竞争优势。对于文化领域内的相关产业发展,知识产权尤其是版权,正在呈现出越来越举足轻重的态势。从本质来看,文化产业就是以版权为基础的行业,文化创新以获得版权为目的,文化产品的传播以版权交易为纽带,整个文化产业的发展离不开版权保护,所以世界第一大文化强国美国将文化产业定义为版权产业。文化知识产权的构成见图4.6。

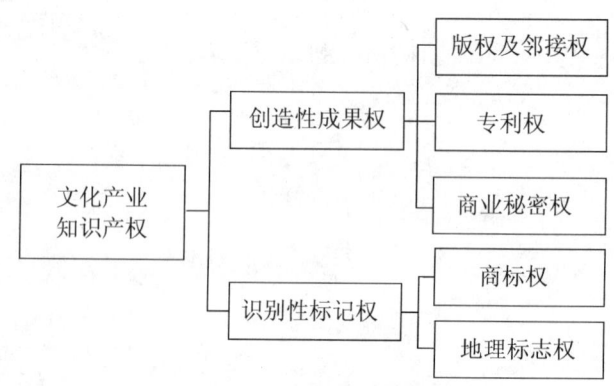

图 4.6　文化知识产权的构成

因此，文化产业的安全本质上就是文化资源产权的安全。在市场经济条件下，文化产业生产要素的所有者对这些生产要素依法享有的自主支配的权利以及分享这些生产要素配置所产生收益的权利。文化产业安全是基于文化安全的一种产业形态。文化产业的双重属性决定了文化产业的安全有别于一般意义上的产业安全。文化产业的安全应该从两个方面进行概括，一方面是指在开放环境中一个主权国家的文化产业市场规模的提升与文化市场结构的改善不受外部因素侵蚀、控制和封锁以及内部因素限制、影响而保持稳定、均衡和可持续发展的状态。另一方面是指一国的文化产业在国际竞争中，能够提供丰富多彩的、适应社会发展需要的原创性内容，抵制外来文化的价值观念和意识形态的冲击，从而保持其主导社会舆论导向的独立性，维护国家主流意识形态和主流价值观的合法性和稳定性。前者可以称之为文化市场的安全，后者可以称之文化内容的安全。

三、中国文化产业安全的主要内容

产权，即财产所有权，包括占有权、使用权、处分权和收益权。2007年3月16日通过的《中华人民共和国物权法》第39条规定，所有权人对自己的不动产或者动产，依法享有占有、使用、收益和处分的权利。因为产业安全本质上是产业生产要素产权的安全，因此我们将文化产业安全划分为：文化生产要素占有权安全、文化生产要素经营权安全、文化生产要素处分权安全和文化生产要素收益权安全。与一般的商品通常只考虑经济效益不同，文化产业生产要素收益权的安全既体现在经济效益，更体现在社会效益上。关于文化产业安全的内容，见下图4.7。

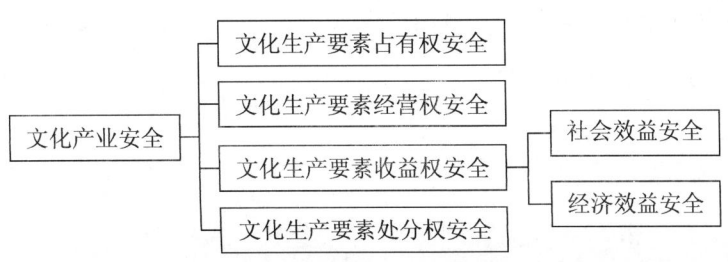

图4.7 文化产业安全的主要内容

1. 文化产业生产要素占有权安全

生产要素是指进行社会生产经营活动时所需要的各种社会资源，这些资源是为维系国民经济运行及市场主体生产经营过程中所必须具备的基本因素。现代西方经济学认为生产要素包括劳动力、土地、资本、企业家才能四种，随着科技的发展和知识产权制度的建立，技术和信息也作为相对独立的要素投入生产。对于文化产品生产而言，其生产要素主要包括文化人才、文化资本、文化技术、文化信息、文化遗产资源和文化产品价值观，相应地这些要素的安全构成了文化产业的产业要素安全，见图4.8。

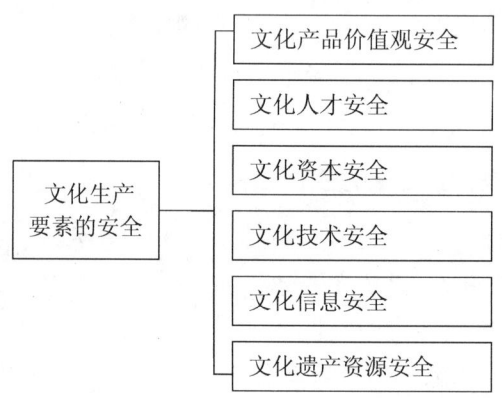

图4.8　文化产业安全的构成要素

文化产业生产要素占有权是指一个主权国家对于建立在其领土主权基础上的文化资源具有独享的排他性权利。作为从事经济生产活动必不可少的资源，文化产业生产要素不是自发形成的，它是由一国国民花费巨大的投资成本或代价，经过长时间的积累而形成的，比如文化遗产资源和文化人才。这些资源具有经济价值，在市场上的配置能够产生一定的经济效益，因此一国国民必然拥有这些生产要素在法律上和事实上的占有权。在不经一国国民认可和同意的前提下，该国的文化产业生产要素不能被他国及其企业在法律和事实上所占有。如果一个主权国家任由他国掌握这些生产要素和需求要素，那么必然会影响到文化产业的生产经营，势必会导致国家文化主权的丧失和国家文化利益、经济利益受损。

2. 文化产业生产要素使用权安全

文化产业生产要素使用权是指一国国民和政府在拥有文化产业要素市场占有权的前提下，通过制定一系列规则把文化生产要素的经营权委托给与自身存在契约关系的企业具体开展生产经营活动。文化产业生产要素使用权安全是指文化产业的经营状况健康、运作规范有序，符合国家的整体发展战略。从国内市场来看，政府主要通过文化产业市场所有权内部结构的规制与调整，确立企业市场进入、运行与退出的市场运行条例与规范，如企业进入资本市场、证券市场等的市场准入与运行规范等。在国际竞争环境中，文化生产要素经营权主要表现为一国文化企业的资本、产品必须得到东道主权国家市场准入认可，并承诺和严格履行东道国文化市场的特殊规则，该国企业才可获得东道国文化市场经营权。

3. 文化产业生产要素处分权安全

处分权是所有权四项权能的核心，是财产所有人最基本的权利。文化产业生产要素处分权是指一国国民和政府对于其文化产业生产要素在法律规定的范围内拥有最终处理的权利，即决定生产要素在事实上或法律上命运的权利，包括对于产业生产要素的转让、消费、出售、封存处理等方面的权利。

文化产业生产要素处分权安全主要是指文化产业对生产要素消费、转让等方面的权利不受侵害。加入WTO，我国已经允许外商进入中国的文化领域，但对外商的经营领域有严格的限制，其中最重要的是不能进入中国文化产业的核心内容领域，不能损害中国审查文化产业核心内容权利，不能影响中方对于重要文化领域的主导权。

4. 文化产业生产要素收益权安全

文化产业生产要素收益权是文化产业生产要素所有权在经济上的实现形式。在市场经济条件下，各生产要素主体拥有按照各自的贡献参与分配的权利，按各种要素不同质量的贡献参与分配。国家通过对产业市场的构造、产业市场制度的建立及市场运行的管理等，通过国家税费、海关关税等形式而取得的国家预算收益。

对于文化产业来说,其收益不仅仅表现为经济效益,而且更重要的是表现为社会效益。党的十八大报告指出,文化产业要始终把社会效益放在首位,做到经济效益与社会效益相统一。经济效益具体反映在经济指标和统计数字上,而社会效益主要表现在公众反映和社会评价体系上。

四、中国文化产业安全面临的主要问题

1. 中国文化产业产权安全面临的问题

文化产业作为一种特殊的经济形态,是以市场经济为基础的,虽然它主要是满足人们的精神文化消费需求,但是当这种需求还只能以交换的方式才能得到实现的时候,市场便成为实现这种交易的最好方式。因此,供求关系和供求规律就不仅是一般商品的运动规律,而且也是文化商品的运动规律。文化产业作为人的文化生产和经营活动,就不能不按照这一规律来展开自己的全部的合目的性。否则,不仅文化产业自身得不到合乎逻辑的发展,而且还会影响整个经济结构的优化和整个产业体系的成熟与发展。

(1) 文化产业生产要素占有权。国家文化安全指一个国家的文化主权神圣不可侵犯,一个国家的文化传统和文化发展选择必须得到尊重,包括国家的文化立法权、文化管理权、文化制度意识形态选择权、文化传播和文化交流的独立自主权等。一国国民和政府是该国文化生产要素的所有者,在其领土主权基础上的文化生产要素享有排他性的权利,国家的代理人政府可以根据国民的意志和要求,通过对文化生产要素占有权的结构的调整与制度安排,来实现民族主权国家的文化经济利益。

2000年,中央正式提出文化产业的概念,表明了发展文化产业的态度。2001年,中国加入WTO,承诺在一定程度上开放文化市场。对于中国来说,这并不是一次被动的文化接受,而是经过深思熟虑,反复权衡之后,为了自身发展的客观需要而作出的一次重要战略选择。按照世贸组织的原则和中国作出的承诺,调整和修订我国的国际文化关系政策及其相关制度,既构成了中国加入WTO后的国家文化安全困境,同时也必然成为中国政府调整国家文化安全战略和对外关系的重要改革。总的来说，由于文化市场涉及政府的核心利益，政府对于文化生产要素占有权的控制是非常严格的，在这一点上没有讨价还价的余地。

（2）文化生产要素经营权。在国际竞争环境中，经营权主要表现为一国文化企业的资本、产品必须得到东道主权国家市场准入认可，并承诺和严格履行东道国文化市场的特殊规则，该国企业才可获得东道国文化市场经营权。根据入世的承诺，中国政府有条件地开放文化市场，但对外资的比例，不可以进入的领域有严格限制，见表4.1。比如，在影视业，允许外国服务提供者建设和（或）改造电影院，外资不得超过49%，每年引进20部"大片"，收入分成。承诺并未涉及影视节目制作内容的准入。对报刊业方面的承诺主要集中于分销服务：入世一年内，开放图书、报纸和杂志的零售；三年内，开放以上产品的批发服务。目前，外资已经通过合资、节目交换、对等落地协议、兼并收购等方式介入中国的演出、影视、游戏、艺术品和旅游等多个文化领域外资进入中国文化产业的方式主要有三种：一是积极接洽要改制的国资文化企业，争取在适当的时机收购；二是与一些谋求发展的国资或者民资企业组建合资公司，通过变身实现在中国的发展；三是巧立名目，利用一些法律灰色领域，做了再说。

表4.1　入世协议中相关文化服务减让承诺

影视音像业	1. 允许外国服务提供者与中国合资伙伴设立合作企业，从事除电影外的音像制品的分销 2. 允许以分账形式进口电影用于影院放映，此类进口的数量应为每年20部 3. 允许外国服务提供者建设和/或改造电影院，外资不得超过49%
出版业	1. 入世后1年开放部分城市分销市场 2. 入世3年后开放全部零销市场 3. 入世3年后取消外资分销企业在数量、地域、股权方面的限制

续表

广告业	1. 允许外国服务提供者限于以合资企业形式,在中国设立广告企业,外资的股权不得超过49% 2. 入世2年内,允许外资拥有多数股权 3. 入世后4年内,允许设立外资独资子公司

资料来源:根据中国入世法律文件附件9《服务贸易具体承诺减让表》整理。

2005年,由文化部等5个部门联合制定的《关于文化领域引进外资的若干意见》明确规定了外资进入文化领域的条件,降低了部分文化产业的准入门槛,比如允许外商以独资或合资、合作的方式设立包装装潢印刷、书报刊分销、可录类光盘生产、艺术品经营等企业。在中方控股51%以上或中方占有主导地位的条件下,允许外商以合资、合作的方式设立出版物印刷和只读类光盘复制等企业,见表4.2。然而,国家有关部门发现,在加速开放中,有些外资在与内资组成合资企业后进入了节目承包、频道经营等文化核心领域,引发了国家相关部门的警惕。在2012年开始实施的《外商投资产业指导目录(2011年修订)》中,其中"鼓励外商投资产业目录"与"限制外商投资产业目录"规定,关于文化和娱乐业领域的阐述相较于2007年修订版本并没有任何变化,比如允许适度引进外资进入国内演出市场,允许外资与内资合资、合作成立演出经纪机构、兴建演出场所,但中方应当控股并占主导地位。

表4.2 《关于文化领域引进外资的若干意见》中的相关规定

禁止类	合资或合作(中方控股51%以上)	独资
1. 新闻机构 2. 广播电台(站)、电视台(站)、广播电视传输覆盖网 3. 广播电视节目制作及播放公司 4. 电影制作公司 5. 互联网文化经营机构和互	1. 演出场所、电影院、演出经纪机构、电影技术等(港澳除外) 2. 参与国有书报刊音像制品发行企业股份制改造 3. 互联网文化经营机构和互联网上网服务营业场所(仅港澳)	1. 新建、改建电影院(港澳) 2. 发行国产影片(仅澳)

续表

禁止类	合资或合作(中方控股51%以上)	独资
联网上网服务营业场所（港澳除外） 6. 文艺表演团体 7. 电影进口和发行 8. 录像放映公司 9. 书报刊的出版、总发行和进口业务 10. 音像制品和电子出版物的出版、制作、总发行和进口业务 11. 利用信息网络开展视听节目服务、新闻网站和互联网出版等业务	4. 不超过70%股权的音像制品分销合资企业和不超过70%权益的音像制品分销合作企业（仅港澳）	

在暂时并无太大"放松"态势的中国政策面前，很多外资都在灵活行动，迂回进入。北京华夏新华大地电影院线就打了个"擦边球"。据悉，该院线由香港新华集团和北京伙伴合作成立，但香港新华集团是由日本角川映画投资，经新华集团出面，该院线公司也完全"变身"为全资公司，因为香港资本在内地能享受到若干优惠政策。据悉，韩国希捷也通过一些迂回路线，使自己变成了一家内资公司。

（3）文化生产要素处分权。文化生产要素处分权是指市场在资源配置过程中，本国资本是否在整个产业中占据主导权，本国的文化产品是否拥有绝对的市场控制力。由于文化行业的各个子行业的开放程度不同，因而各个子行业中外资的主导权和市场控制权也不相同。跨国广告公司是伴随跨国公司逐步进入中国市场的，并主要代理跨国公司在中国领袖品牌产品的广告，这一过程一直持续到1997年左右。根据Swanson（1997）的研究显示，跨国广告公司在大陆市场的营业总额是逐年地成长，到2001年已有7家跨国广告公司的营业额名列前10名，其中前4名均由跨国广告公司包揽。在网络游戏市场，2011年中国PC网络游戏市场实际销售收入达428.5亿元，较2010年增长了32.54%。2011年中国自主研发的网络游戏市场实际销售收入271.5亿，占中国PC网络游戏市场实际销售收入的63.4%，连续7年占据市场份额主导地位。2011年，总计有34家中国企业自主研发的131款PC网络游戏进入海外市场。实现销售收入3.6亿美元，比2010年增长了65.5%。而在电影市场外资的市场份额已经接近或超过了内资的市场份额。在电影市场，2012年我国电影总票房达到了170.73亿元，其中国产电影票房82.73亿元，占全部票房总额的48.46%，进口片票房88亿元，市场份额占到52%，在历史上，国产电影票房首次输给了进口片。

(4) 文化生产要素收益权。从广义上讲，文化市场收益权主要包括三个方面的内容：①国内生产总值中的文化产业部分；②国家通过税费、海关关税等形式向文化企业集中的国家预算收入；③文化企业的纯利润。目前，我国文化产业处于快速振兴的战略性短缺阶段，文化产业创造的产值增长迅速，但仍低于同期世界平均水平。据国家统计局发布的报告显示，2010年全国文化产业的增加值突破了1.1万亿元，占国内生产总值的比重为2.78%，一些省市文化产业增加值占地区生产总值超过5%，已经成为当地的支柱性产业。据测算，在人均3 000美元的发展水平上，我国的文化产业大大低于世界各国平均发展水平，仅及其1/5左右。

据统计，截至2007年底，我国累计批准的外资企业达到约63.2万家，实际使用外资7 602.19亿美元。由国家统计局"利用外资与外商投资企业研究"课题组完成的一份关于外资的研究报告表明，在所调查的亏损外商投资企业中，约2/3为非正常亏损，这些企业通过转让定价避税给我国造成的税款损失达300亿元。外企利用各地赋予的优惠政策，自己赚取了大量利润，反而不行照章纳税之礼，其危害是很大的，它不仅造成了税收收入大面积减少，影响了我国财力的增长，也使民族企业在竞争中处于更加不利的地位，因为外企可以用逃税多出来的"利润"进一步提高研发能力和抢占市场的资本。外企逃税的主要手段是利用关联交易，采取转让定价的形式。据统计，这种手段占到逃税金额的60%以上。在实际操作中，跨国公司可以将生产经营、交易和消费的许多环节都变成转移定价的内容。

与传统商品相比,数字产品拥有依靠网上出售、消费更加方便快捷、跨越国家范围更广等特点,这使得对网络经营公司的纳税监控更加困难。

我国文化产业的发展出现"泡沫化"现象。纵观近几年的文化企业转制实践,一个突出的现象是,我国文化产业的发展冲动性很大,主要表现在公共财政对文化项目及其设施的拨款规模急剧增加,几乎超过改革开放以来的总和。大量业内和业外的、体制内和体制外的资本正在冲进文化投资领域,前所未有的文化投资高潮来势凶猛,与此形成鲜明对照的是我国文化体制改革还在起步阶段,文化产业领域资源配置机制和政府职能转变还未完成这就出现了一个在改革开放以来的经济领域多次出现过的,以行政性推动为特点的"投资饥渴"和"经济过热"现象。

2. 中国文化生产要素安全面临的问题

(1) 文化产品价值观安全。文化价值观,有一般的价值观,也有核心的价值观;有一般的价值体系,也有核心的价值体系。一般价值观和价值体系决定一种文化的民族性,而核心价值观和核心价值体系所体现的是执政党与统治阶级意志,所决定的是主流文化的基本性质与发展方向。所以,在文化安全中,最核心的是保护文化核心价值观。首先,必须在思想文化领域里坚持马克思主义的领导地位,这是确保国家文化独立的政治前提,涉及国家社会主义的全部合法性基础,处于国家文化主权的核心,任何对于这一问题的颠覆都将直接威胁中国的国家文化安全。其次,必须维护中华文化的统一性,在台湾问题和其他少数民族地区文化与祖国文化整体的关系上,要维护国家统一和领土完整为最高文化利益的根本价值取向和文化主权原则,地区文化多样性应当建立在国家文化主权统一性的基础之上,任何对于这一"底线"的挑战都是对国家文化安全主权的挑战。当前,我国民族文化的危机主要体现为两大矛盾,即文化主权与文化霸权、文化全球化与文化本土化的矛盾(林子赛,2007)。美国前国务卿奥尔·布赖特在告别20世纪、进入21世纪的讲话中曾向美国人民、向全世界宣称,美国在20世纪的伟大胜利不在于它的航天飞机、导弹等高科技,而在于民主、自由、平等等价值观的输出。与之相似,英国前首相撒切尔夫人也说，西方世界不用担心中国，因为中国人只输出火柴、袜子、打火机、电视机，而不输出价值观，特别是核心价值观。显然，它们把价值观尤其是核心价值观看成是实现自身文化安全，同时进行文化侵略、进行文化沙文主义最重要的武器。正如亨廷顿所说，当代世界文化冲突的基本动因，主要来自于社会制度文化的剧烈对抗和意识形态的巨大分歧。中国作为社会主义国家，在社会制度选择和意识形态认同上同西方的对抗并未终结，中国是西方意识形态颠覆的主要对象。西方国家，特别是美国，拥有世界上最庞大的文化产业体系，掌握着世界文化市场的话语权，对我国的意识形态攻势咄咄逼人，无孔不入。

（2）文化人才的安全。人才是文化产业发展的核心和依据，是最宝贵的资源，是文化产业发展的基础，人才的质量与数量直接关系到文化产业竞争力水平的高低。人力资本是文化产业的核心资本，文化产业是高新技术与文化高度关联的领域，对专门人才知识与能力结构的构成有着特殊的要求，这种要求是一种战略需求，这种需求能否得到满足将成为夺取文化产业未来制高点的决胜因素。文化产业需要创新型、复合型的高素质人才。他们不仅需要熟知文化产业经营管理的技能，而且还要能够处理好商业与文化、商业与艺术、新闻与媒介经营之间的关系；不仅需要能够实现最新科技与文化产业的结合，发展创意文化产业，而且能够凭借较高的文化艺术素养和创新能力，创作出影视作品、漫画及其他出版物等；不仅需要通晓国际贸易和市场营销专业知识，也要熟悉国际法律法规和国际贸易习惯，了解国际文化产业竞争态势和动向，能够及时正确地制定营销策略，从而有利于参与国际竞争。

文化是由人创造的，文化也为人提供服务。人是文化的主人。文化由一般的民众和具有特殊技能的文化大师共同创造而成。从目前情况看，我国文化人才总量不足、高端人才紧缺、基层队伍薄弱、人才结构不合理等问题还十分突出。国际上，有些国家一直把从中国引进高科技人才、引进各种传统文化和工艺杰出人才作为其战略之一。近几年，河南、陕西、东北等地都有一些剪纸、泥人、面人、发蜡、玉雕等工艺大师流失向美国等地发展。培养这样的大师非常不容易，是几年几十年、几代几十代在家庭和社会上培养起来的精英，这些人走了就意味着他们所传承的工艺失传。所以，我们必须重视对这些杰出文化艺术大师、传承人的保护。光被动保护不行，而应主动培养。如文化部目前就在做不断培养、造就新大师的工作，把过去的家庭传承转变成社会行为、国家行为。只有源源不断地培养出文化杰出人才，才可能使文化创造源泉不竭、充满活力。过去，我们长期见物不见人，很多时候重视文本安全超过人本安全。现在，必须建立一种文本和人本并重的安全，既重视作品，还要重视能够创造、制作作品的艺术家本身，使他们在国内有发挥的天地，改善他们的生活条件，使他们有广阔的创作空间等，不再为一点物质利益出走海外。

与其他产业一样，外国文化想要进入中国市场，需要"用本土化的人才，吸纳本土特有的素材资源，做出高附加值的产品"。为了获得更大的利润，跨国文化企业启用本土的明星和演员，使用本土的节目制作，吸取本土的优秀文化，并在节目内容上也注重反映本土历史和文化，反映本土人民的生活方式及状态。如星空卫视的节目就是启用中国的制作人，或委托中国的节目制作公司在上海和北京完成的。由于中国的传媒人才本来就很少，国外媒体进入中国传媒市场后对人才的挖掘，使得中国传媒公司很难与其进行竞争。以文化创意类人才为例，我国现在需要大约30万文化创意类人才，而目前仅有3万余人从业；影视、游戏动漫人才需求量分别是15万人、10万人左右，现在我国还不及这一缺口的10%。外资的高薪待遇、较为完善的育人、用人机制，特别是激励和晋升制度，提供了较好的个人事业发展平台。而国内传媒作为事业单位，承袭了政府部门行政管理的僵化体制，论资排辈、薪酬分配的平均主义、等级观念严重。一些有才华的员工晋升无望，收入偏低。相形之下，外资传媒的职位颇具吸引力，对本土人才的吸附作用明显。时代华纳的董事长兼首席执行官杰拉尔德·李文在上海的一次国际会议上说："当你进入一个像中国这样的市场，你会发现很多极富天分的电影人和音乐人。而一个像我们这样的公司所能做的工作就是为他们提供一个可以施展才华的舞台。"[1]

（3）文化资本的安全。随着我国文化体制改革的不断推进，传媒产业也开始了体制性变革。传媒"事业性单位、企业化管理"，将经营性资产从企业剥离等，使得传媒产业逐步由计划走向市场。近年来，我国陆续成立了40多家报业集团、20多家广电集团、40多家出版集团和10多家发行集团，传媒企业实力有了大幅度提升。但是，这些传媒集团的产生大多是行政力量的推动而不是市场竞争的结果，传媒集团内部的管理、运行仍然保留着计划经济时代的印迹，相关的资源优化配置目标并未实现。与西方传媒集团相比，我国传媒企业规模小，运营效益差。传媒业的发展仍然存在着十分森严的行政壁垒和地域市场壁垒，跨行业、跨地区经营仍然存在诸多限制。而纵观国际传媒业的发展，自20世纪80年代以来，顺应互联网等高新技术的发展所引发的产业融合趋势，西方发达国家纷纷放松对传媒企业的管制，促进了一大批超级传媒集团的诞生。这些大型传媒集团通过一系列大规模的兼并、收购等，将经营范围由传统的图书、报纸出版等扩展至电视电影节目制作、网络通信业、有线业务、唱片业、娱乐业等，通过多元化战略的实施，使得企业内部的资源得到充分运用。据统计，以时代华纳、迪士尼、维亚康姆、康卡斯特、索尼、维旺迪环球、新闻集团等为主的全球50家最大的传媒集团占据了世界95%的媒体市场份额。集团化、多元化、全球化已成为当今世界传媒发展的主流趋势。我国名义上最大的新闻传媒集团——中国广播影视集团，在2001年成立之初，拥有固定资产214亿元，年总收入110亿元；而据美国《财富》杂志统计的2008年世界500强企业中排名第150名的时代华纳，也是当前世界上最大的传媒集团，2008年仅营业收入就达到46 615百万美元。其次，我国传媒企业收入结构不合理，盈利模式单一。调查显示，我国传媒业对广告的依赖性极高，而西方的大型传媒集团，往往通过多种业务和渠道盈利，使得收入

---

[1]〔美〕温迪·古德曼·罗姆：《默多克的新世纪》，李慧斌译，中信出版社2005年版，第123页。

结构比较合理，避免了单纯依靠广告收入所带来的风险。以新闻集团为例，据其2008年年报显示，新闻集团业务涵盖了电影娱乐、电视、有线网络电视、卫星电视直播、杂志和插页、报纸和信息服务、图书出版以及其他。在当前的立体传播模式面前，没有足够的经济实力和科技实力，没有足以发挥生产力潜能的媒介组织形式和动作方式，就不可能出现强大的多媒体文化传播集团，就没有足够的舆论影响力，在国际信息文化交流中就会显得软弱无力，就很难与国际传媒集团的影响相抗衡。

在要素市场上，国外直接投资将减少当地企业获得生产要素。在文化产业资本容量一定的前提下，外资进入同时也挤出了内资，尤其是本来就得不到充分发展的民间投资。而且根据资本边际效率递减规律，外资的过度引入势必会降低其资本边际效率，导致国内文化产业整体资本效率的降低。在中外合资企业中，外资会有意识、有预谋、有计划地侵吞股权，排挤国内资本。外商投资企业的国内市场占有率、外资控股率是衡量国家经济安全的两个重要指标。在个别地区如广东、个别行业如传媒咨询业，外资传媒的市场占有率都已超过国际垄断法规定的不允许超过同行业市场20%的警戒线。外资控股率可用全部外资企业注册资本中外方注册资本的比例来反映。我国各个行业中的外资控股率均超过了50%，且多数行业外资控股率呈逐年上升趋势。

（4）文化技术安全。当今世界文化市场发展的特点之一就是以技术进步为依托，抢占文化市场的制高点。文化产业发展与科技创新密不可分。激光照排、卫星传版等构成的出版印刷技术的革新促进了出版产业的飞跃；收音机技术、录音机技术、无线传输技术以及通信卫星和光纤等的运用推动了音像业、电影业与广播电视业的繁荣；互联网与数字技术的结合打破了产业界限，实现了网络与出版、广播、影视、唱片等产业之间的互动，带来了不同传媒产业的汇流，从而建构起一个崭新的媒体时代的文化产业群。文化产业演化的历史轨迹表明文化产业的每一步跨越都是建立在科技创新基础上的。在文化技术方面，我国拥有自主知识产权的技术及产品很少，尤其是核心技术的命脉基本上都掌握在他人手中，除了在汉字编码字符集和 VCD 等少量标准被纳入国际标准之外，至今尚未在文化技术的核心领域和关键部位拥有自己的标准系统，从而在大多数情况下我们的文化产品在进入国际市场时只能被动地受制于人。比如 2002 年中国音像工业协会与索尼、先锋和飞利浦组成的"三 C 联盟"就 DVD 播放机专利费用发生争端导致大批 DVD 生产企业倒闭，其根本原因就是缺乏核心技术，尤其是缺乏具有我国自主知识产权的音、视频技术标准。

中华民族文化中有很多文化创造、传播、交流、欣赏的特殊技艺。要像保护知识产权一样确保这些技艺的安全，严防其泄密、失传。对外展览、展示时必须对这些特殊文化技艺采取安全保护措施。20 世纪 70 年代，日本人到景德镇访问就曾试图破解景泰蓝的秘技。他们用衣服蹭半干的彩釉，把其带回日本用高科技手段分析，然后加以仿制并最终占领了全球 70%的景泰蓝市场。川剧的变脸技艺在过去难于通过肉眼发现其秘密。后来，有人用高倍录像机录下其全过程破秘，使之大白于天下，造成巨大损失，教训特别惨重。这些年，我国的很多特殊技艺、工艺丧失严重，几乎已经无密可保。于是，外国人不再需要到中国来欣赏中国艺术，他们在本国就可以复制、欣赏中国艺术，甚至向国际上兜售、倾销，造成我们的被动，如日本的花道、剑道、茶道都不过是中国的花艺、剑术、茶艺等，它们被日本吸收过去进行改造加工后就成了日本文化的代表，在国际上赚足了荣誉与金钱。

（5）文化信息安全。信息安全是指国家、机构、个人的信息空间、信息载体和信息资源不受来自内外各种形式的威胁、侵害和误导的状态和方式。今天的全球互联网的 13 台根服务器中，1 台为主根服务器，设置在美国弗吉尼亚州的杜勒斯，由美国 VeriSign 公司负责运营维护；其余 12 台全部为辅根服务器，9 台在美国，另外 3 台分别设置在英国、瑞典和日本。通过管理和维护主、辅根服务器，美国掌握了世界各国域名信息的第一层级管理权。同时，美国的"互联网名称与数字地址分配机构"是全球互联网的最高管理机构，它决定着互联网技术的取舍、网络通信协议的制定、域名和 IP 地址的分配、域名登记与出售以及相关政策的制定。全世界所有的顶级域名都是由这台母服务器来确定的，即使是中国的顶级域名.cn也同样依赖于根服务器，所以中国因特网是否可用，控制权在美国手中；而且，这种情况在相当长的时间里还很难改变。[1]

目前，我国在操作系统、芯片以及互联网多个领域的电子产品和信息产品方面国产比例很低，对国外企业的依赖度极高。这意味着，我们的信息网络向这些国外企业敞开了大门。美国国家安全局和联邦调查局只需通过微软、英特尔、思科、IBM、谷歌、苹果等公司的服务器，就能够实现对我国用户信息的搜集。据中国国家互联网应急中心的报告显示，仅2012年就有7.3万个境外IP地址参与了控制中国境内1 400余万台主机的网络攻击事件；有3.2万个境外IP地址通过植入后门，对中国境内3.8万个网站进行了远程控制。[2]我国政府部门和企业对外国品牌的电子产品、信息技术产品过分依赖。据报道，在涉及政府、海关、邮政、金融、铁路、民航、医疗、军警等国家关键信息基础设施的建设中，频频出现美国"八大金刚"（思科、IBM、谷歌、高通、英特尔、苹果、甲骨文、微软）的影子，特别是美国思科参与了中国几乎所有大型网络项目的建设——这种情形，无疑对我国信息安全构成了潜在威胁。我们所有的数据都要流经网络设备，外国的信息服务提供商通过向中国市场提供服务，从中获得大量信息，虽不必然带来损害，但是存在风险。如果我们意识不到安全风险的存在，将对公民权益保障乃至国家安全带来巨大的威胁。

互联网等传播工具的革命，在给我们带来许多便利的同时，也带来了新的国家文化安全问题。中国的信息安全有三大黑洞，一是使用外国制造的芯片；二是用外国的操作系统和数据库管理系统；三是用外国的网管软件。中国不仅有其他国际普遍存在的网络信息安全问题，还严重缺乏网络技术的自主性，在核心技术上一直依赖外国。根据美国中情局前雇员斯诺登爆料出的美国"棱镜"计划，美国入侵中国网络长达15年，美国政府

---

[1] 张薇："'棱镜'事件：折射我国信息安全隐忧"，载《光明日报》2013年7月16日。
[2] 沈向军："我国信息安全问题的检视与反思"，载《光明日报》2013年8月9日。

可以随时读任何人的邮件，美国政府黑客攻击的目标达到上百，其中还包括学校。黑客的方式通常是透过入侵巨型的路由器，然后一举入侵成千上万的电脑，无须一一入侵个别电脑。与众多中国企业在美国遭到封杀形成鲜明对比的是，目前我国大量信息网络设备来自美国企业。他们占据着国内庞大的市场份额，控制着我国大部分网络"要道"。"棱镜"曝光引发的网络隐私安全恐惧正在动摇人们对科技产业的信任。微软、谷歌、苹果等科技巨头均被指参与了"棱镜"项目。2012年美国以电信设备威胁美国国家安全为由封杀中国的华为、中兴等企业之时，就不断有安全专家呼吁政府应重视我国的网络安全问题。在"云计算"和"大数据"崛起之时，"棱镜门"事件是一个重大的警示。

（6）文化遗传资源安全。中国是一个有着5 000年历史，在很长时期引领先进文化的文明古国，有着丰富的文化资源。过去，我们对于文化的认识比较片面、比较单一，单从文化本身来谈文化，以至于全民族、全社会的文化关注度不高，造成文化所发挥的功能单一。现在，我们已经认识到中华文明里潜藏着支撑我们今天和明天进一步繁荣发展的丰厚无比的多方面资源。因此，必须善待这些资源，必须有效开发它们的潜在价值。它既可促进社会和谐、提高人们的审美能力，还能创造巨大的经济效益。文化资源是一个国家和民族全部的文化积淀之所在，同时也是解释一个国家和民族的文化身份、现实文化个性的依据，是一个民族和国家自尊和自信的精神归宿。当一个民族和国家在生死存亡的危难关头，它都会从自己文化资源中汲取力量。因此，对于民族文化资源的开发和利用，就不仅一般地涉及文化资源的保护，更重要的是对其意义世界解读的话语权。

中国具有丰富的文化资源是不可否认的事实。但是，为什么我们这个有5 000年以上历史、曾经引领过先进文化的文明古国，在今天却没有占据应有的地位，而美国这样一个只有200年历史的文化资源小国，却成为一个文化强国和输出大国，连深受中华文化影响的日本和韩国都已经在文化输出上占尽先机？1998年，花木兰的故事被美国好莱坞加工成动画片后，在世界范围内取得了票房丰收，达到3.043亿美元。2008年，美国梦工厂年度影片《功夫熊猫》全球票房 3.646 亿美元。日本人对中国文化热情更高,《西游记》的电视剧就有四个版本,富士电视台已经把电视剧卖到韩国等亚洲的四个国家和地区,甚至包括欧洲、澳洲等多个国家也对该剧充满了浓厚的兴趣。韩国的《大长今》是韩国人研究中国儒教文化后制作的适合中国人胃口的作品。表面上看,这只是一部韩剧,但实际上是在消费被韩国人包装和加工后的我们的文化资源。虽然说以文化遗传为主要内容的文化资源属于人类的共同文化资源,不存在版权保护,谁都可以使用,但是我们本国的文化资源被其他国利用开放,商品化后占领国际市场和国内市场,必然挤占我国文化产业的国际和国内市场空间。而且,这种对于中国文化资源的随意诠释使我们失去对于自己文化的解释权,而且还会使整个文化遗产的基本含义发生变异,从而使一个民族迷失最基本的文化认同感,在文化根部彻底动摇它存在的依据,这就构成文化资源的安全性问题。

第五章 中国文化产业安全的影响因素

中国文化产业的安全既关系到中国文化的安全,也关系到中国经济的安全。在市场经济条件下,文化主要是通过文化产品来传递,文化的安全更多地表现为文化产业的安全。文化产业是 21 世纪的战略性产业,文化产业的安全也关系到中国经济的安全。本章我们将分析哪些因素影响到中国文化产业的安全。

第一节 产业安全形成原因的文献综述

一、国外学者对于产业安全的研究

关于产业安全问题的形成,国外学者是围绕两条主线展开的:其一是从产业国际竞争力;其二是从跨国公司直接投资这两方面对产业安全形成进行研究。前者的代表为 Porter (1990)。该派的主要观点是,若某产业的国外竞争对手具有更高生产率时,则该产业的发展与安全将会受到一定的威胁。后者的代表有布雷(Burnell, 1986)、阿明(Amin 1990)与联合国的跨国公司中心(1992),此派观点是,跨国公司在发达国家尝试逐步将落后的以及发展中的国家变成其附庸时,也着手将上述国家的产业与经济变成它的产业附庸。

二、国内学者对于产业安全的研究

国内很多学者从外商直接投资角度来分析我国文化产业的成因及影响

因素。祝年贵（2003）的研究表明，外商直接投资从品牌、市场和技术等层面对我国产业安全产生了明显的负面影响。景玉琴（2005）的研究发现外商直接投资和国际贸易这两种方式都对我国产业发展产生了明显的不利影响，需要同时实行产业保护和有效竞争，来维护我国的产业安全。单春红、曹艳乔（2007）利用 Feder（1982）提出的外资溢出效应模型，采用1998 年～2005 年我国各产业及行业实际利用外商直接投资比例数据以及2005 年我国各地区利用外资的数量，经过模型的计量检验和分析，指出外资利用的产业不均衡和地区不均衡对我国产业发展产生了消极的影响，直接影响了我国产业安全。

还有大量学者从跨国公司的角度分析影响产业安全的因素，马建会（2002）结合我国国情，分析了跨国公司发展战略与东道国产业发展的吻合度、产业金融、生产要素、市场需求、市场集中度、进入壁垒、国际竞争力以及控制力等八大因素对产业安全的影响。卢新德（2004）从跨国公司本土化战略的角度探讨了跨国公司对我国产业安全的影响，认为跨国公司在我国实行的本土化战略，虽对我国产业安全产生了一定的积极影响，但是由于其根本目的是追求垄断利润地位和超额利润，这必将抑制和冲击我国企业，从而使我国产业面临多方面的威胁。李炳炎（2007，2008）通过研究外资并购对我国产业安全造成的影响，警示我国需要防止外资在我国的过度并购，从产业导向政策的制定、外资并购制度的审批、民族品牌的维护、产业国际竞争力的提升等方面提出了政策与建议。齐兰（2009）则从垄断资本全球化的角度来分析了跨国公司对我国产业发展的影响，认为从时间和空间的总体层面上来看，跨国公司对我国产业发展的正面效应大于负面效应，但随着跨国公司全球产业战略在我国布局的实现，其负面效应日益凸显并有强化趋势，这对我国产业发展构成了威胁。

李孟刚（2006）认为影响产业安全的因素主要有国际直接投资、市场竞争环境、贸易环境、金融环境、产业政策和产业国际竞争力等多个方面。何维达等（2007）以我国加入 WTO 为背景，把影响我国产业安全的主要因素归结为：关税调整、配额取消、投资环境和投资政策、产品和市场以及技术、市场集中度下降、行业规模不经济、错误的国内产业政策和制度等。国家发改委宏观经济课题组（2009）立足于国内外宏观经济形势，认为开放条件下影响我国产业安全的主要有对外贸易环境、外商直接投资、跨国并购、国际产业分工和产业转移、国内产业竞争力强度等因素。蒋昭乙（2009）综合研究了垂直专业化、外商直接投资、R&D 与产业安全，使用外商直接投资和 R&D 等变量对我国经济安全的影响效应做计量分析，得出结论为国际垂直专业化生产模式伴随着 FDI 的增加以及投资方式的转变，会危害我国产业安全。

第二节 中国文化产业安全的影响因素

国内研究产业安全的学者大多从外商直接投资、市场竞争环境、贸易环境、金融环境、产业政策和产业国际竞争力等方面分析影响产业安全的因素。我们这里基于产业经济学的基本理论对文化产业安全的影响因素进行分析。

一、文化产业组织安全

在开放经济条件下，文化产业组织安全指的是某一特定国家或地区中的产业组织有利于资源的优化配置、对来自国外经济的侵袭的抵御以及国际竞争力的提升等。影响文化产业组织安全的因素主要有：

1. 市场集中度

市场集中度反映的是市场控制力情况。一个产业的市场集中程度对于该产业安全有两方面的影响：一方面，产业越集中越有利于参与激烈的国际竞争，同时也说明国家对整个产业的控制力强；另一方面，集中度越高同时也说明该产业存在垄断性企业，资源的配置未达到最优状态，会导致资源的浪费以及生产的不规模，不利于产业的发展，从而影响到产业安全。然而，对于文化产业，市场集中度越高则越有利于国家对于民族文化的核心价值观进行管理与监控，也越有利于维护文化产业中"文化"安全。

2. 政府的政策壁垒

国家通过设定一系列有利于产业安全的标准、条例与规范等，使得产业的政策壁垒越高，则文化产业的进入者需要满足的条件、其业务活动范围、相关经营内容的要求也就越高，这无疑增加了产业安全度。同时，满足进入壁垒条件的企业，其经济运行活动所带来的效应也是有利于整个产业安全，有助于提高产业的安全度。

3. 行业规模经济

规模经济则意味着，随着生产的扩大，文化生产所需的成本就会随之减少，利润空间会随之上升，文化企业的发展更具动力，在文化市场中也就更具竞争力；对于文化产品来说，生产成本就会得到相应的降低，使文化产品的价格降低，从而有助于文化产品的市场占有率的提升，使得文化产品更具竞争力。

二、文化产业结构安全

文化产业结构安全，是指文化产业内各部门之间能够协调适应，相互促进实现可持续发展的一种状态，并且主要部门仍由内资控制，能够自行完成产业结构升级与演进。随着科学技术的发展，文化产业也将由传统的文化艺术产业转向极具创意与高新科技的新型文化产业。影响文化产业结构安全的因素主要有：

1. 要素供给结构与消费需求结构

供给结构与需求结构是一国产业结构调整的内在动力，二者共同产生作用，任何一方的丧失都会导致产业结构的不安全。文化产业结构安全也受到了文化产品要素的供给与社会消费需求结构、文化产品的国际贸易等因素的影响。文化产业的要素供给结构就是生产要素的供给结构，包括了资源禀赋、资本以及劳动力要素等。资本的投入与高素质的人力资源的缺乏使得文化产业目前发展局限于劳动密集模块中，高附加值的部分发展缺乏动力，成为我国文化产业结构升级的瓶颈。

文化市场规模与需求结构也影响着文化产业结构及其安全。当市场规模还不能够容纳文化产业最低规模经济产量时，那文化产业在本国是难以生存的。此外,需求结构的演进也是推动产业结构升级的动力之一。文化产业也是需求导向型的产业,需求决定生产,从而引导产业结构的变化。因此,合理的需求结构能促进文化产业结构的优化与升级,有利于文化产业的安全。

2. 国际贸易

在文化产品的国际贸易之中,文化这一特殊产品更注重的是内容,它能影响到人们思想意识与经济行为。在开放经济与开放市场条件下,要对文化产品的进口进行严格把关,不仅仅对内容也对其形式。目前文化产业的国际贸易中,我国大量的进口是附带有高附加值的文化产品,出口的大部分是文化制成品,这表明我国的文化产业处于国际分工中的末端,这影响到我国文化产业的结构,会使得文化产业结构"空心化",过度依赖国外,导致文化产业结构不安全以及文化产业内部机制失控。

此外,文化产品的国际贸易摩擦也会对文化产业结构安全带来影响。若不能及时消除摩擦,将损失控制在能承担范围内,则会对整个产业的运行及产业结构安全造成很大的负面影响。

三、文化产业布局安全

对于文化产业来说,生产要素的不完全流动性,空间成本要素,文化产业规模经济和聚集经济的特点决定了文化和经济的不可分割性,规定了现代文化产业空间布局主要是以城市为中心的运动和发展规律,并以此为基础形成了区域文化经济和文化产业发展的差异性。

文化产业布局最明显的规律就是它的依附性。文化产业布局不能像有的产业那样可以远离人口聚居区,凭空形成一个产业部门或类型。这是由文化产业所提供的社会文化消费品主要是为了满足人们的精神消费需求的特殊性决定的,越是人口聚居的地区也往往是文化产业布局的集聚区。文化产业空间布局运动的第二个规律性现象就是趋集中性。文化产业是依托于大城市和现代工业发展起来的产业形态,由于现代社会运动的城市化趋势,因此,以往分散的文化产业布局不断地朝着大城市和超大城市集中。这种集中,一方面通过行政力量把原来分散的文化产业集中起来的安排,既便于加强管理，也便于集中有限的资源，做大做强；另一方面市场取向使得集中可以产生更大的经济效率和更高的效益，同时也还可以与其他产业形成关联以获取最大的边际效应。影响文化产业布局的制约因素主要有：

1. 文化体制的制约

一定的文化产业空间布局本质上都是一定社会历史条件下文化体制的结果。它包括文化行政管理体制、文化经济管理体制和文化意识形态管理体制等方面。文化意识形态管理体制涉及文化产业与意识形态关系的认识，事关国家文化安全的核心利益，因此，文化产业空间布局结构的开放性程度，反映了一个国家文化市场准入的程度。文化行政管理体制事关政府文化行政权力的范围和权力作用的大小程度。在现阶段，我国文化产业布局的一个最大特点就是文化行政分割，这是现阶段我国文化产业空间布局运动的最大障碍。

2. 国民经济发展基础的制约

文化产业是现代国民经济发展的产物。文化产业布局不仅是文化生产能力空间运动的结果，而且也是国民经济发展水平和发展程度的一个结果。一般来说，现代文化产业只有在现代工业比较发达的区域才有资本支持的可能。文化产业就其技术本质而言，属于高新技术，它不仅需要有专门的文化人才，而且还需要专门的技术人才和专门的科学技术能力，包括文化产业技术装备能力。最重要的是一个地区能够在多大的程度上为发展文化产业提供文化产业发展所需要的足够的资本能力。文化产业是一个能够产生大量利润同时又是一个需要足够资本支持的产业门类。没有充足的文化金融资本的支持，很难形成文化产业的现代空间安排。

3. 文化要素禀赋的制约

文化要素禀赋在这里是一个历史性的概念，是指一个地区文化产业空间布局规划现有的文化产业基础和条件。包括它已有的文化产业结构所具有的产业关联程度、文化产业体系构成的现代性程度，它的文化市场的成熟性程度，它的文化区位优势，它的整个社会对于发展文化产业的集体认知程度和它的文化消费传统，等等。这是文化产业发展所需要的特殊的要素准备，这些要素的形成有一个漫长的历史过程。

四、文化产业政策安全

产业政策是一国或者地区政府为了其全局和长远利益而主动干预产业活动的各种政策的总和。产业政策安全，是指一国政府能够维持对本国产业发展决策的独立性、及时性和正确性。文化及传媒产业政策则是文化及传媒产业发展的重要保障——文化及传媒产业的规范、有序、健康发展，需要文化及传媒产业政策的引导、管理、扶持和调控。文化产业政策安全的影响因素主要有：

1. 国际产业发展趋势

文化国力作为软实力已经成为国际力量平衡对比的重要因素。当前，全球范围内经济结构的战略性调整中文化产业的比重日益增大，文化产业大国正在向文化产业强国发展，美国的文化产业帝国正在影响世界文化结构的变动，主导着世界文化的发展和国际文化秩序的重组。20世纪90年代以来，新兴数字技术的应用以及国家、地区和国际管理政策的变化，使世界范围内文化产业的结构发生了巨大的变化。这些因素彻底改变了当今文化商品、服务和国家间的投资贸易格局，影响和导致了国家间的文化发展战略的转移。

2. 党对文化产业的意识形态取向

从我国文化产业演变的历史来看，我国的文化产业政策从过去主要是将文化传媒作为意识形态、宣传教育平台、精神生活领域对待，到开始尊重其产业属性，并逐渐采取符合经济规律和产业发展需求的措施和手段，将经济杠杆的调控刺激机制引入政策立法。与此同时，这一领域的意识形态属性又是政策制定者始终不忘的焦点，即始终不放松或者不愿放松对于内容的控制。

无论从改革开放之初一直在强调的坚持"四项基本原则"，还是根据党的全国人民代表大会在不同时期提出的坚持"邓小平理论"、坚持"三个代表"重要思想、坚持"科学发展观"的精神，"稳定是大局"、"稳定压倒一切"的表述,都非常坚定地表明我国新时期的各项政策和立法、特别是文化传媒和立法的核心价值取向是"秩序",价值目标是稳定。因此,效率价值目标的实现不是绝对的,而是被设定有前提条件的,即必须是在坚持和维护党的领导之下,以维护现行统治秩序的稳定为皈依。这就是我国在传媒领域坚持"四个不变"(即党和人民的喉舌性质不变、党管媒体不变、党管干部不变、坚持正确舆论导向不变)的内在价值依据。

3. 强势利益集团

在文化产业中,利益集团的存在可以通过两个维度来划分,一是以部门利益、地区利益为代表的利益集团。我国文化产业的管理在不同地区存在条块分割、多头管理、政企不分等问题。目前,多数地区尚未建立统一高效的文化产业管理体制,文化、广电、出版、旅游等相关部门各自为政,管理分散,文化市场多头执法。二是以资本性质来划分的利益集团。我国经营性文化事业单位基本上都已经转制为国有企业,为了进一步增强文化企业的实力,政府通过行政力量组建了一批文化传媒企业集团,这就导致在我国文化领域国有企业占据着绝对的支配地位,民营企业规模小、力量薄弱,在文化产业政策制定和实施的过程中,国有企业必然比民营企业发挥更多的影响力。

第六章　中国文化产业安全形势分析

第一节　我国文化产业的安全状况分析

一、我国文化产业发展概况

2012年，我国国民经济发展速度出现下滑，但文化产业依旧保持着高速增长，文化产业法人单位增加值为18 071亿元，增长速度为16.5%。北京大学文化产业研究院发布的《2014中国文化产业年度发展报告》预测，2013年中国文化产业增加值预计将达21 320亿元人民币，增长速度为18%，远高于GDP 7.7%的增长速度。

2012年我国文化产业的构成保持相对稳定。2012年文化制造业法人单位、文化批零业、文化服务业的增加值分别为7 253亿元、1 187亿元、9 631亿元，比2011年分别增长17.4%、9.4%、16.7%。2012年，文化制造业、文化批零业和文化服务业增加值占文化产业法人单位增加值的比重分别为40.1%、6.6%和53.3%。见图6.1。

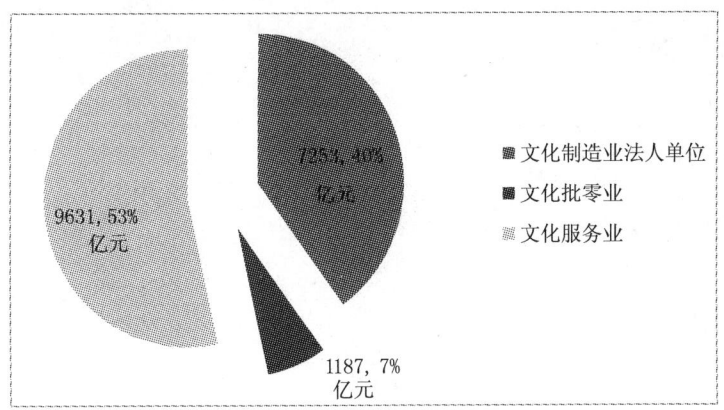

图6.1　2012年我国文化产业构成情况

数据来源：国家统计局。

从2004年~2012年，我国文化产业的发展速度远高于国民经济的增长速度。2004年我国文化法人单位的增加为3 102亿元，占GDP的比重为2.3%；2012年文化产业法人单位的增加值突破了1.8万亿元，占GDP的比重达到了3.48%。预计2013年我国文化产业增加值约占GDP比重的3.77%，离国民经济支柱产业5%的目标更加靠近，对社会经济的拉动作用进一步加强。见图6.2。

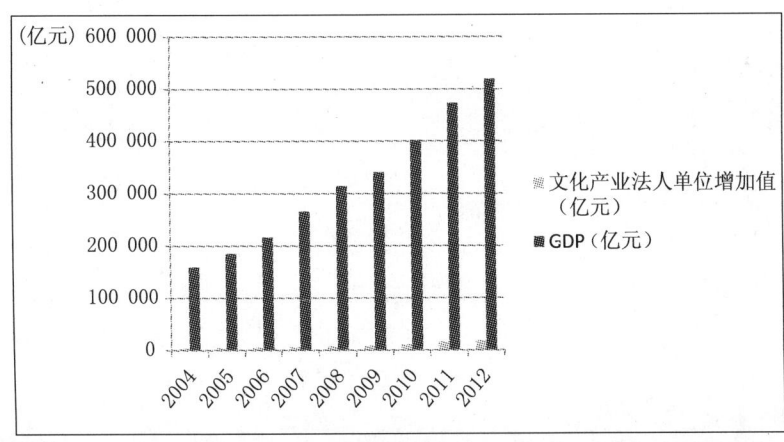

图6.2　文化产业法人单位增加值和GDP增长情况对比

2012～2013年，在《社会主义文化大发展大繁荣若干重大问题的决定》与《"十二五"文化产业倍增计划》等政策的支持下，我国文化产业继续保持较快增长速度，电影、电视剧、新媒体、出版等领域发展势头良好。除了艺术品降低15%之外，我国主要文化产业门类全部实现了增长。增长速度除了报纸为4.09%、音像制品为8.76%之外，其他全都以两位数的速度高速增长。其中增长最快的是网络音乐行业中的在线音乐，增长率为379%；之后依次为演艺行业增长75.1%，电子出版物行业增长48.58%，数字出版行业增长40.47%，期刊产业增长35.82%，电影产业增长30.18%，网络游戏产业增长28.3%，动漫产业增长22.23%。见表6.1。

表6.1 2012年我国文化产业主要行业构成与市场规模

行业名称	细分行业	市场规模（亿元）	比2011年增减（%）
图书、期刊、报纸	图书	723.51	12.28%
	期刊	220.86	35.82%
	报纸	852.32	4.09%
音像制品		28.34	8.76%
电子出版物		9.2	48.58%
数字出版		1 935.5	40.47%
电影		170.73	30.18%
动漫		759.94	22.23%
网络音乐	在线音乐	18.2	379%
	无线音乐	27.2	13.3%
网络游戏		601.2	28.3%
演艺		355.9	75.1%
艺术品		1 784	-15%

数据来源：①图书、期刊、报纸、音像制品和电子出版物、数字出版的数据来源于新闻出版总署，市场规模指营业收入。②电影数据来源于广电总局，市场规模指票房。③其他数据来源于文化部。演出市场规模指总收入，艺术品为交易额，其余为市场规模。

2012年，全国电影票房收入为170.73亿元，同比增长30.18%。其中，进口片票房占51.5%，国产片占48.5%。我国电影票房高增长的主要驱动因素为过去两年影院渠道的快速增加，2012年我国城市影院全年新增银幕3 832块，平均每天全国新增银幕10.5块，且全部为数字影厅。

2012年，我国国产动画片发展情况总体较好。根据国家广播电影电视总局的数据，2012年，我国经备案公示的国产动画片为580部，总计470 751分钟。从所占比重来看，备案公示的国产动画片题材依次为：童话题材、教育题材、其他题材、历史题材、现实题材、科幻题材、神话题材。

2012年，全国共计生产完成并获得《国产电视剧发行许可证》的剧目共计506部17 703集。题材比例为：现实题材剧目共计284部9 274集，分别占总比例的56.13%和52.39%；历史题材剧目共计216部8 189集，分别占总比例的42.69%和46.26%；重大题材共计6部240集，分别占总比例的1.19%和1.36%。

2012年，全国出版、印刷和发行服务实现营业收入16 635.3亿元，较2011年增加2 066.7亿元，增长14.2%；增加值4 617.0亿元，较2011年增加595.3亿元，增长14.8%。在建设社会主义文化强国和推动文化产业成为国民经济支柱性产业的总体要求下，新闻出版产业继续保持平稳较快增长。

2013年我国文化产业继续飞速发展，同时进入了发展的拐点。2013年11月，党的十八届三中全会召开，三中全会公报将文化板块单列为十五项改革之一，表明国家对于文化软实力的重视，所以可以预见未来国家对于文化产业的投入会持续加强，行业的发展趋势将长期向好。

根据上海交通大学国家文化产业创新与发展研究基地、中国文化发展指数研究中心公布的《2013中国文化产业发展指数报告》显示，北京、广东、浙江、江苏、山东、上海等成为我国文化产业发展"新十强"。中国文化产业发展整体发展态势基本平稳，政策时效递减性效应开始显现。

与2010年相比，2011年中国文化产业发展指数值下滑。与2010年相比，2011年中国文化产业发展指数值（CCIDI）为128.70，比2010年的131.44，下滑了2.74%。《2013中国文化产业发展指数报告》认为，内涵增长不足成为总体发展指数下滑的主要原因。见表6.2。

表6.2 31省区市2009年~2011年的中国文化发展指数变化

排名	2011年		2010年		2009年	
	地区	指数值	地区	指数值	地区	指数值
1	北京	82.75	北京	88.59	上海	87.27
2	广东	48.52	上海	54.62	北京	85.69
3	浙江	47.5	广东	51.92	广东	51.11
4	江苏	41.76	江苏	40.19	山东	39.9
5	山东	41.09	浙江	39.25	江苏	39.79
6	上海	37.53	山东	29.27	浙江	36.78
7	天津	33.34	辽宁	27.64	辽宁	25.34
8	湖南	30.84	湖南	27.35	山西	24.14
9	福建	27.23	安徽	23.14	湖南	22.46
10	辽宁	24.91	天津	22.51	河南	21.86

数据来源：《2013中国文化产业发展指数报告》

从文化产业引进外资的情况来看，2004年~2009年，文化产业引进外资的数量呈现下降的趋势，2004年为252个，2009年下降到125个；实际使用外资的金额基本维持在两亿多美元，其中2004年和2007年实际使用外资的数量较大，达到了四亿多美元。文化产业利用外资在全国利用外资中所占的比例呈下降趋势，2004年为0.6699%，到2009年下降到0.2546%。见表6.3。

表6.3 2004年~2009年我国文化产业引进外资情况表

年份	项目（个）	实际使用金额（亿美元）	占全国比重（%）
2004	252	4.061 6	0.669 9
2005	245	2.378 8	0.394 3
2006	209	2.212 5	0.351 1
2007	178	4.175 1	0.558 4
2008	141	2.274 1	0.246 1
2009	125	2.292 6	0.254 6

数据来源：根据中国统计年鉴（2005~2010），商务部网站数据整理。

从2004年~2009年，我国文化产业对外投资的存量从592万美元增长到2009年的13 565万美元，6年间增长了23倍，占全国的比重从0.01%增加到0.06%。从增长幅度上看，文化产业对外投资增长很快，但是在全国对外投资中所占的比重依旧很小。见表6.4。

表6.4 2003年~2009年我国文化产业投资情况表

年份	流量（万美元）	占全国比重（%）	存量（万美元）	占全国比重（%）
2003	100	3.50	——	——
2004	98	1.78	592	0.01
2005	12	0.10	538	0.01
2006	76	0.36	2 614	0.03
2007	510	1.92	9 220	0.08
2008	2 180	3.90	10 733	0.06
2009	1 976	3.50	13 565	0.06

数据来源：根据中国统计年鉴（2004~2010）整理。

二、我国文化产业安全态势分析

1. 国家高度重视文化建设，文化产业被提升到了国家发展战略的高度，文化产业的发展面临着前所未有的机遇

为了适应社会主义市场经济发展的新形势，党的十五届五中全会首次提出了"文化产业"的概念，标志着党和政府对于发展文化产业的认可。党的十六大提出要区分文化事业和文化产业，强调要一手抓公益性文化事业，一手抓经营性文化产业，这对于文化产业的发展具有里程碑的意义。党的十七大从增强国家文化软实力、推动社会主义文化大发展大繁荣的战略高度，提出要兴起社会主义文化建设新高潮，对文化产业的发展做出了新的部署。国际金融危机爆发后，国务院颁布《文化产业振兴规划》，系统提出了新形势下文化产业发展的指导思想、基本原则、目标任务、重点项目和扶持政策，这是我国第一部文化产业发展专项规划，标志着中央把发展文化产业提升为国家战略。2011年10月，党的十七届六中全会发布了《中共中央关于深化文化体制改革，推动社会主义文化大发展大繁荣若干重大问题的决定》，提出了要在2016年内"推动文化产业成为国民经济支柱性产业"的历史使命。党的十八大高度重视文化建设，明确把"文化软实力显著增强"作为到2020年实现全面建成小康社会的宏伟目标之一，并提出文化产业要成为国民经济支柱性产业。2013年11月，十八届三中全会审议通过的《中共中央关于全面深化改革若干重大问题的决定》提出，要推进文化体制机制创新，完善文化管理体制，建立健全现代文化市场体系，构建现代公共文化服务体系，提高文化的开放水平。十七大以来出台的扶持文化产业发展的政策措施，见表6.5。

表6.5 十七大以来出台的扶持文化产业发展的政策

时间	部门	名称
2007年8月	文化部	《关于扶持动漫产业发展有关税收政策问题的通知》
2007年9月	文化部	《文化部文化产业投资指导目录》

续表

时间	部门	名称
2007年10月	中共中央	《党的十七次代表大会报告》提出"大力发展文化产业"
2008年8月	文化部	《文化部关于扶持我国动漫产业发展的若干意见》
2009年4月	商务部、文化部、新闻出版总署、国家广电总局四部门与中国进出口银行	《关于金融支持文化出口的指导意见》
2009年6月	文化部、财政部、国家税务总局	《关于实施〈动漫企业认定管理办法（试行）〉有关问题的通知》
2009年7月	文化部	《关于扶持动漫产业发展有关税收政策问题的通知》
2009年7月	文化部	《关于深化国有文艺演出院团体制改革的若干意见》
2009年7月	国务院	《文化产业振兴规划》
2009年9月	文化部	《关于加快文化产业发展的指导意见》
2009年9月	文化部	《文化部文化产业投资指导目录》
2010年1月	国务院	《关于促进电影产业繁荣发展的指导意见》
2010年2月	文化部联合商务部等九部门	《关于进一步推进国家文化出口重点企业和项目目录相关工作的指导意见》
2010年3月	中宣部、人民银行、财政部、文化部等九部门	《关于金融支持文化产业振兴和发展繁荣的指导意见》
2010年12月	保监会与文化部	《关于保险业支持文化产业发展有关工作的通知》
2011年3月	国务院	《国民经济和社会发展第十二个五年规划纲要》提出"传承创新，推动文化大繁荣大发展"
2011年4月	文化部	《文化部关于推进文化企业境内上市有关工作的通知》
2011年5月	财政部、海关总署、国家税务总局会同文化部	《动漫企业进口动漫开发生产用品免征进口税收的暂行规定》

续表

时间	部门	名称
2011年10月	党的十七届六中全会	《中共中央关于深化文化体制改革,推动社会主义文化大发展大繁荣若干重大问题的决定》
2012年1月	新闻出版总署	《关于加快我国新闻出版业走出去的若干意见》
2012年2月	新闻出版总署	《关于加快出版传媒集团改革发展的指导意见》
2012年2月	中宣部、商务部、外交部、财政部、文化部、海关总署、税务总局、广电总局、新闻出版总署、国务院新闻办	《文化产品和服务出口指导目录》(修订)
2012年2月	中国人民银行、发展改革委、国家旅游局、银监会、证监会、保监会、外汇局	《关于金融支持旅游业加快发展的若干意见》
2012年2月	国务院	《国家"十二五"时期文化体制改革和发展规划纲要》
2012年2月	文化部	《文化部"十二五"时期文化产业倍增计划》
2012年7月	新闻出版总署	《关于支持民间资本参与出版经营活动的实施细则》
2012年7月	文化部	《文化部关于鼓励和引导民间资本进入文化领域的实施意见》
2012年7月	科技部	《国家文化科技创新工程纲要》
2012年9月	文化部	《文化部"十二五"文化科技发展规划》
2012年11月	中共中央	十八大报告"文化产业要成为国民经济支柱性产业"

数据来源:根据相关资料整理。

从2012年起,在政府的主导下,社会各个方面的力量都被调动起来,共同致力于实现建设"现代文化产业体系"的重大任务。在国务院的《国家"十二五"时期文化体制改革和发展规划纲要》和文化部的《"十二五"时期文化产业倍增计划》的引领下，各省市纷纷出炉各自的文化产业发展规划。为了推进文化体制改革，中央专门成立文化企业国有资产监督管理领导小组办公室，推动经营性文化单位转企改制走向市场。为了支持文化产业的发展，财政部、税务总局等国家部委纷纷出台相关政策，对文化产业的发展进行有力的扶持。2012年，国家统计局推出经过修订的《文化及相关产业分类》统计制度，对我国文化产业进行了重新定义，并明确了文化产业的范围，提供了一个统一的、更为科学的标准，这对于文化产业的规范化具有重要意义。由此可见，文化产业的发展已经被提升到国家发展战略的高度，促进文化产业发展已经成为国家的行动，文化产业的发展面临着前所未有的机遇。

2. 十八大提出的"社会主义核心价值体系"，充分汲取了人类文明的共同成果，为文化产业的发展指明了正确的价值方向

改革开放30多年来，中国社会日益进步的同时，也出现了信仰迷失、拜金主义、享乐主义、极端个人主义滋长等现象。党的十八大指出，要用社会主义核心价值体系引领社会思潮、凝聚社会共识，"倡导富强、民主、文明、和谐，倡导自由、平等、公正、法治，倡导爱国、敬业、诚信、友善，积极培育社会主义核心价值观"。十八大概括的社会主义核心价值观体现了与时俱进的精神，充分汲取了人类文明的共同成果，是社会主义的本质要求。党的十八大从国家、社会、个人三方面对社会主义核心价值观进行高度概括，将为化解国内矛盾、维护社会和谐提供强大的思想支持。

由于文化产业既具有产业经济属性，又具有意识形态属性，以文化产品和文化服务的形式直接进入社会成员的文化消费领域，通过新闻、影视、综艺、文学作品等可感悟可体认的审美把握，以不断满足人们的精神文化需求，直接影响人们的思想道德、价值选择和审美观念。社会主义核心价值体系为文化产业的发展提供了精神支柱，指明了正确的方向。按照十八大的要求，社会各界深入开展社会主义核心价值观体系的学习教育，

用社会主义核心价值体系引领社会思潮、凝聚社会共识。文化界更是积极学习贯彻党的十八大精神，继续深入开展三项学习教育活动，加强文化从业人员综合素质培训，用中国特色社会主义理论体系引领思潮、凝聚共识，推动文化从业人员用马克思主义中国化的最新成果武装头脑，提升政治素质、品德素质、文明素质，坚定理想信念，坚持正确舆论导向，坚守职业操守，在传媒、艺术作品等文化载体中弘扬和注入"中国梦"和"中国精神"。

3. 固定资产投资保持较快增长，企业资产规模持续增长

近年来，我国对文化产业支持力度不断加大，尤其是以《文化产业振兴规划》为代表的一系列政策的出台，有力地推动了我国文化产业的快速发展，在此背景下，我国文化产业的固定资产投资也呈现快速增长势头。2012年以来，我国文化产业固定资产投资总体保持较快增长，投资规模持续扩大。2012年，我国文化、体育和娱乐业完成固定资产投资4 299.12亿元，同比增长36.24%，比上年同期提高14.94个百分点，见图6.3。

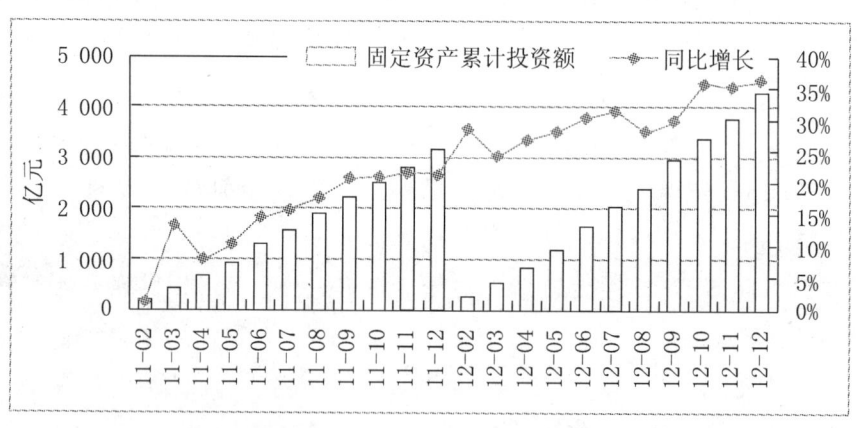

图6.3 2010年以来我国文化、体育和娱乐业固定资产累计投资额及增速

数据来源：国家统计局，中经网整理。

2006年~2010年，我国文化产业资产规模逐年壮大，年均增长速度为8.4%，2010年我国文化产业法人单位拥有资产总计为30 550亿元。截止

2011年11月，资产总计达到31 224亿元。其中，经营性单位拥有资产总计30 505亿元，占全部法人单位的97.8%；公益性单位拥有资产718亿元，占2.2%，见图6.4。

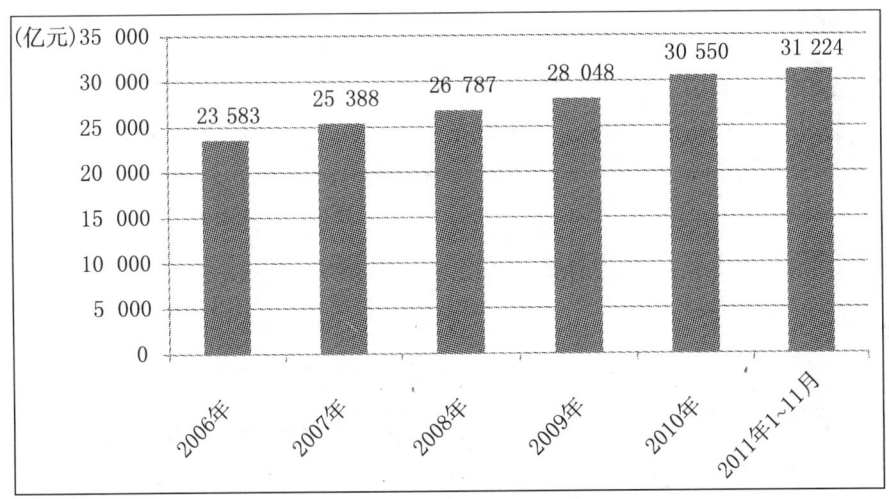

图6.4 我国文化产业法人单位资产变化趋势

数据来源：新元文智。

4. 非物质文化遗产保护由单个的项目性保护逐步走向系统保护阶段，有中国特色的非物质文化遗产保护体系已初步形成

我国政府采取了一系列措施抢救、保护传统文化，并取得了一定的成效。2000年4月，文化部正式启动"人类口头和非物质文化遗产代表作"的申报和评估工作。2003年1月，文化部、财政部、中国文联和国家民委等部门联合启动"中国民族民间文化保护工程"，并且制定了"中国民族民间文化保护工程规划纲要"。2006年，国务院批准、公布了文化部确定的第一批国家级非物质文化遗产名录，共计518项。2008年，国务院批准、公布文化部确定的第二批国家级非物质文化遗产名录（共计510项）和第一批国家级非物质文化遗产扩展项目名录（共计147项）；2011年，国务院批准、公布文化部确定的第三批国家级非物质文化遗产名录（共计

191项）和国家级非物质文化遗产名录扩展项目名录（共计164项）。截至2011年，国务院已批准公布了三批国家级非物质文化遗产名录共1 219项，并实施了国家级名录项目"有进有出"的动态管理。2012年12月20日，文化部公布了第四批国家级非物质文化遗产项目代表性传承人共498名，加上前三批已公布的1 488人，共计1 986人。[1]

根据新华网公布的数据，截至2009年年底，中央财政已累计投入6.59亿元支持非物质文化遗产保护工作。其中，2009年中央财政用于非物质文化遗产保护的地方转移支付专项经费为2.13亿元。与此同时，各地对非物质文化遗产保护的投入力度也不断加大。比如，北京市出台了《北京市非物质文化遗产保护专项资金管理暂行办法》，市级财政每年将安排专项资金，用于市级非物质文化遗产的征集、整理、保护、传承等工作。2005~2009年的4年多时间里，地方省级财政共投入约11.3亿元。[2]

根据财政部公布的2012年全国公共财政支出决算数据，2012年文化体育与传媒支出494.68亿元，完成预算的100.2%，增长18.9%。支持1 804家博物馆、纪念馆和4万多家美术馆、图书馆等公益性文化设施免费开放，积极推进文化信息资源共享、农家书屋等重点文化惠民工程。2012年全国财政在文物项支出总计259.53亿元。比上年增长30.8%。其中，在文物保护方面支出81.04亿元，比上年增加51.2%；博物馆支出120.93亿元，比上年增加16.1%。历史名城与古迹支出26.03亿元，比上年增加62.3%；其他文物支出22.96亿元，比上年增加31.1%。见表6.6。

---

[1] 屈菡："文化部公布第四批国家级非物质文化遗产项目代表性传承人"，载《中国文化报》2012年12月24日。

[2] 周玮："中央财政已投入6.59亿元保护非物质文化遗产"，载《新华网》2009年11月26日。

表6.6 2012年全国公共财政(文物)支出决算表

项目	类别	预算数(亿元)	决算数(亿元)	决算数为预算数的%	决算数为上年决算数的%
文物	行政运行		6.73		121.9%
	一般行政管理事务		1.36		100.7%
	机关服务		0.45		132.4%
	文物保护		81.04		151.2%
	博物馆		120.93		116.1%
	历史名称与古迹		26.03		162.3%
	其他文物		22.96		131.1%
	总计	221.54	259.53	117.1%	130.8%

数据来源:财政部。

目前,我国共有非遗资源近87万项,进入国家、省、市、县四级非遗名录体系的非遗项目有7万项之多,其中1 028项"国家非物质文化遗产名录",7 109项"省级非物质文化遗产名录",18 186项"地市非物质文化遗产名录",53 776项"县级非物质文化遗产名录",3 488名国家级项目传承人,6 332名地方项目传承人。[1]

与此同时,我国积极参与国际合作,推动国际非物质文化遗产保护规则制定,目前入选联合国教科文组织"人类非物质文化遗产代表作名录"30项,"急需保护的非物质文化遗产名录"7项,总数达37项,成为世界上入选项目最多的国家。目前,我国拥有世界遗产48项,位列世界第二。

我国现已完成第一次全国非物质文化遗产资源普查,共收集珍贵实物和资料29万件,普查文字记录达20亿字,拍摄图片477万张,普查资源总量近87万项。全国非物质文化遗产普查工作已取得阶段性成果。为进一步加强文化和自然遗产保护,2012年6月,国家发改委等7部门联合印发

---

[1] 郑娜:"中国是非遗第一大国非遗资源近87万项",载《人民日报》(海外版)2010年11月30日,第7版。

的《国家"十二五"文化和自然遗产保护利用设施建设规划》。

为了继承和弘扬中华民族优秀传统文化，促进社会主义精神文明建设，加强非物质文化遗产保护、保存工作，2011年2月25日，《中华人民共和国非物质文化遗产法》颁布，明确规定"对体现中华民族优秀传统文化，具有历史、文学、艺术、科学价值的非物质文化遗产采取传承、传播等措施予以保护"。确定了非物质文化遗产的调查制度、代表性项目名录制度、传承传播制度，为非物质文化遗产保护工作提供了坚实的法律保障。这标志着我国文化立法取得突破性进展，"非遗"保护步入依法保护阶段。

5. 国有经营性文化单位转企改制任务全面完成，文化体制改革取得新的突破

按照"创新体制、转换机制、面向市场、壮大实力"的要求，国有经营性文化事业单位转企改制于2003年试点启动。经过十年的改革，国有经营性文化单位转企改革取得了重大突破，改制任务全面完成。截至2012年9月10日，全国承担改革任务的580家出版社、3 000家新华书店、850家电影制作发行放映单位、57家广电系统所属电视剧制作机构、38家党报党刊发行单位等已经全部完成转企改制。全国2 102家承担改革任务的文化系统国有文艺院团（不含保留事业体制院团）已有2 092家完成和基本完成转企改制、撤销或划转任务，占总数的99.5%。地方1 177家首批非时政类报刊出版单位中，1 147家已完成和基本完成转企改制，占总数的97.5%。中央和地方的应转企改制的重点新闻网站中，80%以上已完成和基本完成改革任务。据不完全统计，全国共注销经营性文化事业单位法人6 950家，核销事业编制近29.4万个。[1]

转企改制激发了企业的活力，各领域改革成效显著。在新闻出版领域，2010年末，中央各部门各单位出版社转企改制工作完成，成功组建了中国出版集团公司、中国教育出版传媒集团公司和中国科技出版传媒集团

---

〔1〕 刘奕湛："激发文化发展活力谱写文化繁荣乐章"，载《光明日报》2012年9月24日。

公司等一批骨干文化企业。改革十年，我国图书出版品种和总印数、日报总发行量居世界第一，电子出版物总量居世界第二位。

在影视领域，2012 年，各类电影产量 791 部，国内票房 170.73 亿元，十年间电影产量增长约 8 倍，票房增长约 18 倍。中国已成为世界第三大电影生产国和第一大电视剧生产国。截至 2012 年底，中国城市院线数为 46 条，涵盖 3 680 余家影院、13 118 余块银幕，呈现出健康快速的发展态势。国产动画生产由 2004 年 2.2 万分钟，发展到 2010 年 22 万分钟。

经过十年来的改革，国有文艺院团转企改制已基本完成，发展活力不断增强。与此同时，民营院团发展迅速，全国注册民营院团超过 11 000 家。经过多年努力，一个以企业为主体、事业为补充的新型演艺体制格局基本建立。

6. 文化产业各领域的发展势头迅猛，发展潜力巨大，正在向国民经济支柱产业稳步迈进

2003 年，国家文件正式出现"文化产业"一词，代表着国家正式认可文化产业。近十年来我国文化产业发展规模从小到大，发展势头良好，整体实现了较快增长，在国民经济中的份额稳步提高，对整个国民经济的贡献逐年加大。2004 年～2013 年文化产业法人单位增加值及占比情况见表 6.7。

表 6.7　2004 年～2013 年文化产业法人单位增加值及占比

年份	文化产业法人单位增加值（亿元）	增长率（%）	GDP（亿元）	GDP 增长率（%）	占 GDP 比重（%）
2004	3 439	——	159 878.3	——	2.15
2005	4 375	27.2	184 937.4	11.3	2.40
2006	5 123	17.1	216 314.4	12.7	2.45
2007	6 412	25.2	26 5810.3	14.2	2.60
2008	7 600	18.5	314 045.4	9.6	2.53
2009	8 400	10	340 506.9	9.1	2.50

续表

年份	文化产业法人单位增加值（亿元）	增长率（%）	GDP（亿元）	GDP增长率（%）	占GDP比重（%）
2010	11 052	31.6	401 513	10.4	2.75
2011	15 516	21.96	473 104	9.3	3.28
2012	18 071	16.5	518 942	7.7	3.48
2013	21 351	18.1	568 845	7.7	3.63

数据来源：国家统计局历年统计公报。2005年~2012年GDP数据为修订后数据。2011年文化产业增加值数据和增幅是按照新的分类标准进行同口径修订后的数据，国家统计局8月26日发布。

从产业增加值来看，2004年以来，我国文化产业增加值为3 439亿元，到2013年，增长到21 320亿元，9年间增长6.2倍，见图6.5。

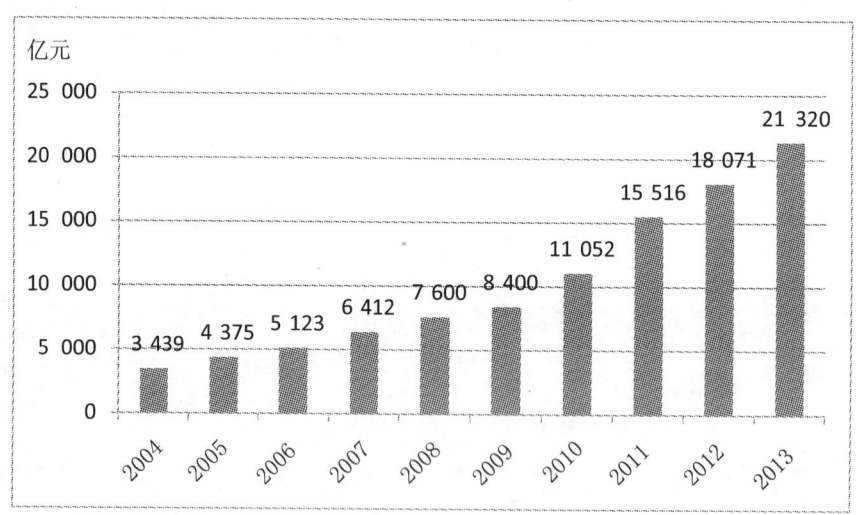

图6.5 文化产业法人单位增加值（单位：亿元）

数据来源：中经网。

从2005年~2013年，文化产业增加值年均增长率20.67%，而同期的

GDP 年均增速为 10.22%，文化产业增长率高出 GDP 增长率 10.45 个百分点。2012 年，文化产业增加值的增长率比同期的 GDP 增速高出 8.8 个百分点，2013 年文化产业增加值的增长率比同期的 GDP 增速高出 10.3 个百分点，文化产业的增长速度 2010 年逐步回落后，2013 年在国家政策的扶持下又开始上扬。见图 6.6。

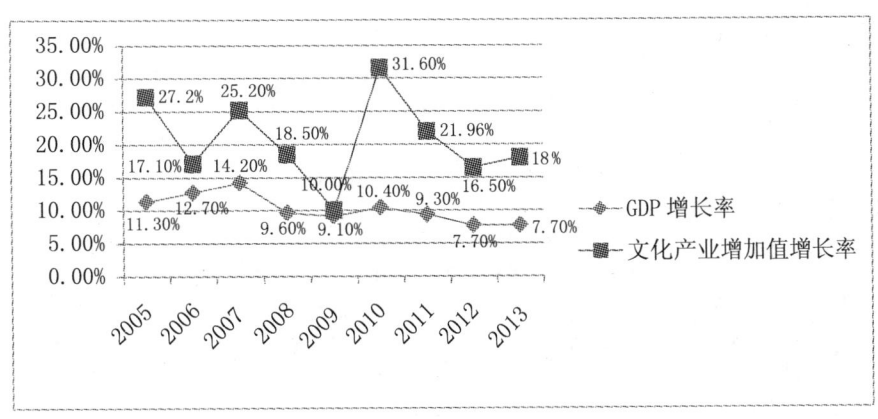

图 6.6　文化产业法人单位增加值增占率与 GDP 增占率对比

数据来源：中经网。

2004 年，文化产业增加值占 GDP 的比重是 2.15%，到 2012 年文化产业增加值占 GDP 的比重增加到 3.48%，在国民经济中的份额稳步提高，但同期，美国、日本、韩国的文化产业分别占到各自 GDP 的 24%、10%、7%，中国文化产业发展与世界发达国家之间还存在明显差距。据测算，2013 年中国文化产业增加值占 GDP 的比重增加到 3.77%，在国民经济中的份额持续提高，见图 6.7。2012 年我国文化产业实现较快增长，对经济总量增长的贡献为 5.5%，向支柱产业稳步迈进。

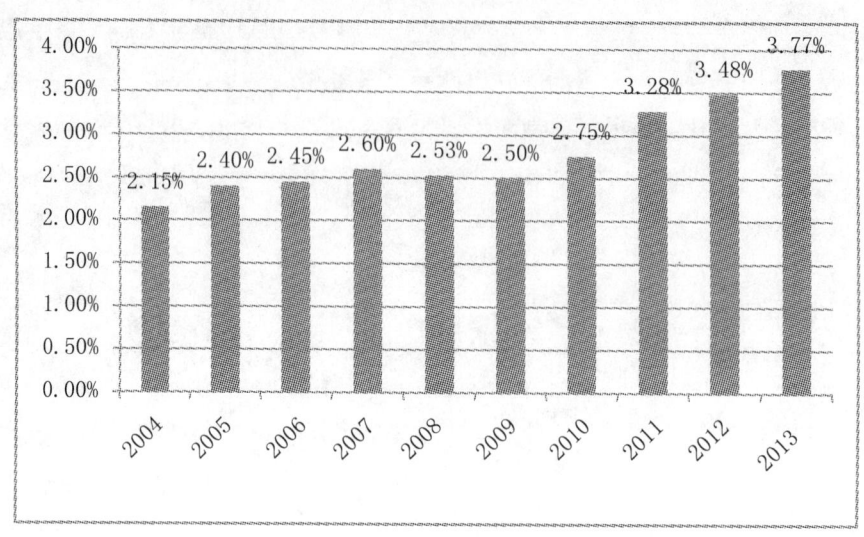

图 6.7 文化产业法人单位增加值占 GDP 的比重

数据来源：国家统计局。

按照市场规模的大小，我国主要文化产业主要产业门类可以划分为四个层次，一是超过千亿元的行业门类，共有两个，最大的数字出版行业（含网络游戏）为 1 935.5 亿元，其次是艺术品行业，市场规模为 1 784 亿元。由于 2012 年艺术品市场出现了下滑，所以数字出版行业超过艺术品行业。二是 500 亿～1 000 亿元的行业门类，共有 4 个，依次是报纸行业 852.32 亿元，动漫行业 759.94 亿元，图书行业 723.51 亿元，网络游戏行业 601.2 亿元。三是 100 亿～500 亿之间的行业，共有 3 个，依次是演艺行业 355.9 亿元，期刊 220.86 亿元，电影 170.73 亿元。四是 100 亿元以下的行业，共有 3 个，依次是网络音乐行业 45.9 亿元，音像制品行业 28.34 亿元，电子出版物为 9.2 亿元。

2011 年，中国文化产业 9 个主要门类的总产值为 6 497.27 万亿元，到 2012 年，9 个主要门类的总产值增加到 7 487 亿元，增长率为 15.23%。与 2011 年相比，2012 年超过千亿的行业依旧是两个，由于艺术品行业的下滑，数字出版行业（含网络游戏）超越艺术品行业成为第一大行业，显示数字出版行业依旧处于高速增长期。2011 年，中国第一次成为世界艺术品与古董市场的主力,其销售份额猛增至全球的30%,2012年却遭遇戏剧性下滑,下降了24%,重新回落到世界第二的位置,位居美国之后。《2013年TEFAF全球艺术品市场报告》指出,中国艺术品市场在近3年来第一次开始减速,其主要原因包括需求因素(受经济增长减速和持续的流动性紧缩影响)以及市场上高品质高价格的艺术品数量的减少。另外,许多艺术基金和其他带有投机性质的投资者也在去年减少了对艺术品市场的参与。

与2011年相比,2012年500亿~1 000亿元的行业由3个增加到4个,新增的行业为网络游戏行业,2011年产值为468.2亿元,2012年产值为601.2亿元,增长幅度高达28.3%。动漫产业在500亿~1 000亿行业的排名从上升到第二,增长率为22.23%。见表6.8。

表6.8 2011年和2012年文化产业细分行业对比

	2011年	2012年
超过千亿的行业	艺术品1 959亿元	数字出版1 935.5亿元
	数字出版1 377.9亿元	艺术品1 784亿元
500亿~1000亿的行业	报纸818.9亿元	报纸852.32亿元
	图书664.4亿元	动漫759.94亿
	动漫621.72亿元	图书723.51亿元
		网络游戏601.2亿元
100亿~500亿的行业	网络游戏468.5亿元	演艺行业355.9亿
	演艺233亿元	期刊220.86亿元
	期刊162.6亿元	电影170.73亿元
	电影131.15亿元	
100亿以下的行业	网络音乐27.8亿元	网络音乐45.9亿元
	音像26.1亿元	音像28.34亿元
	电子出版物6.2亿元	电子出版物9.2亿元
总计	6 497.27亿元	7 486.9亿元
2012年文化产业增长率	15.23%	

资料来源:根据统计局数据整理。

从我国文化产业近几年的发展态势来看,文化产业未来的发展潜力巨大。与美日韩等西方发达国家的情况相比,我国文化产业的发展仍处于初级阶段。美国的版权产业产值占到 GDP 的 24%,是第一大出口产业,日本的文化产业占 GDP 的比重超过 10%,韩国的文化产业占 GDP 的比重也超过 7%,而我国文化产业占 GDP 的比重 2012 年才达到 3.48%。

7. 主要文化企业增长迅速,国有文化企业是文化产业的主力军,民营企业正逐步成为推动文化产业发展的重要力量

从 2008 年~2012 年,由中宣部牵头、光明日报社和经济日报社联合主办的中国"文化企业 30 强"评选活动已成功举办四届,累计有 53 家文化企业入选。其中国有文化企业 43 家,占入选企业的 81%。"文化企业 30 强"设四个类别,即文化艺术、广播影视、新闻出版和文化新业态(第三届增设)。在广播影视和新闻出版两个类别中,连续 4 年全部被国有文化企业包揽,在文化艺术和文化新业态两个类别中,国有文化企业入选 14 家,占两个类别入选数量的 61%。

入选"30 强"的文化企业经营实力不断增强。首届"30 强"的户均主营收入,文化艺术、广播影视和新闻出版三个界别分别为 0.67 亿元、14.71 亿元、39.11 亿元,到第四届达到 4.93 亿元、65.12 亿元和 81.99 亿元。从户均资产看,首届三个类别分别为 0.59 亿元、22.07 亿元、26.07 亿元,到第四届分别达到了 8.97 亿元、67.31 亿元、69.87 亿元。从税前利润来看,首届三个类别分别是 0.18 亿元、2.42 亿元、2.55 亿元,到第四届达到了 2.10 亿元、13.5 亿元、6.47 亿元。见表 6.9。

表 6.9 "文化企业 30 强"经营实力经营指标界次文化艺术

经营指标	界次	文化艺术(亿元)	广播影视(亿元)	新闻出版(亿元)
户均主营收入	首届	0.67	14.71	39.11
	第四届	4.93	65.12	81.99

续表

经营指标	界次	文化艺术（亿元）	广播影视（亿元）	新闻出版（亿元）
户均净资产	首届	0.59	22.07	26.07
	第四届	8.97	67.31	69.87
户均税前利润	首届	0.18	2.42	2.55
	第四届	2.10	13.50	6.47

资料来源：2012 国有文化企业发展报告。

2013 年，第五届"30 强"评选进一步提高了入围标准，文化艺术类和影视制作类企业以主营业务收入过亿元、税前利润过千万元为门槛，其余类别以主营业务收入和净资产双过十亿元、税前利润过亿元为起步线。在多项指标标准提高的情况下，2013 年入围企业总数达到 113 家，比 2012 年增加 46 家。2013 年"30 强"企业总的主营收入首次超过 2 000 亿元大关，达到 2 047 亿元，比上届增长 28%。在涵盖门类上，首次有工艺美术企业、新媒体企业和跨领域、跨行业经营的综合性文化企业等入选。

从入选的企业性质来看，国有文化企业比较高，2013 年"30 强"企业中，国有或国有控股企业 23 家，占比为 76.7%，民营企业入选 7 家，2013 年占比为 23.3%，为历届最高，其中 3 家为首次入选。这反映了国有文化企业作为我国文化产业发展的主力军，体制机制改革的成果正在显现，民营文化企业在国家的引导下，正逐步成为推动文化产业发展的重要力量。第五届中国"文化企业 30 强"部分企业的财务数据，见表 6.10。

表 6.10 第五届中国"文化企业 30 强"部分企业财务数据

类别	企业名称	企业性质	2012 年财务数据
广播影视类	北京光线传媒股份有限公司	民营	营业收入 10.34 亿元，利润 3.92 亿元，比 2011 年分别增长 10.34%、82.61%
	湖南电广传媒股份有限公司	国营	截至 2012 年 12 月 31 日，公司总资产 138 亿元，净资产 43.8 亿元

续表

类别	企业名称	企业性质	2012年财务数据
	江苏省广播电视集团有限公司	国营	营业收入111亿元,增长率11%;资产总额达139.3亿元,同比增长32.1%
	江苏省广电有线信息网络股份有限公司	国有	总资产超百亿,净资产84亿元,实现收入34.2亿元、利润6.2亿元
	上海电影(集团)有限公司	国有	主营业务收入211 868.78万元,同比增长5.12%;利润总额26 408.22万元,同比增长21.54%
	上海东方传媒集团有限公司	国有	净资产134.21亿元,主营业务收入154.76亿元,税前利润22.56亿元
	中国电影股份有限公司	——	——
	中国国际电视总公司	国有	年均营业收入增长率近20%,总资产、年营业额双超百亿元
文化艺术类	保利文化集团股份有限公司	国有	——
	北京演艺集团有限责任公司	国营	——
	杭州宋城旅游发展股份有限公司	国营	营业收入58 615.71万元,利润总额34 119.93万元,其中文化演艺收入占股份公司收入的68.89%
	莆田市集友艺术框业有限公司	中外合资	主营业务收入37.96亿元、税前利润3.11亿元,分别比2011年增长31%和57%;2012年,产品出口创汇16.8亿元人民币
	上海文广演艺(集团)有限公司	国营	主营业务收入2.56亿元,其中演出收入1.96亿元
	中国对外文化集团公司	国营	——

续表

类别	企业名称	企业性质	2012年财务数据
其他	北京万达文化产业集团有限公司	私营	注册资本50亿元，资产310亿元
	西安曲江文化产业投资（集团）有限公司	国营	注册资本43亿元，总资产近400亿元

资料来源：根据《经济日报》2013年5月13日"第五届中国'文化企业30强'"报道整理。财务数据截至2012年年底。

根据财政部公布的《国有文化企业发展报告（2012）》，自1993年第一家文化企业长印股份（后改名ST万鸿）登陆A股市场以来，至2012年6月底，全国有33家文化类公司在A股上市，总市值超过2 000亿元，约占全部A股总市值的1%，其中国有控股文化上市公司有22家，占全部文化上市公司数量的2/3。如果按宽口径计算（不含偏重制造业的设计企业），2012年底文化类上市公司50家，比2011年底增加5家。2012年收入较上年增长25.56%，净利润增长19.93%，双双高于深市公司整体平均水平。

截至2011年末，国有文化企业数量为10 365户，资产总额15 966.44亿元，营业总收入7 976.95亿元，利润总额849.94亿元；文化产业增加值13 479亿元，占GDP（国内生产总值）的比重为2.85%，比2010年提高0.1个百分点，比2004年提高0.91个百分点。2011年中央文化企业主要经济效益指标，见表6.11。

表6.11 2011年中央文化企业主要经济效益指标

指标	数值	指标	数值
全员劳动生产率（万元/人）	28.81	平均营业利润率（%）	11.9
人均利润（万元）	13.22	平均所有者权益（%）	11.2

续表

指标	数值	指标	数值
人均净利润（万元）	11.14	亏损面（%）	28.6
平均资产利润表（%）	7.4	亏损企业亏损金额（亿元）	32.95

资料来源：2012 国有文化企业发展报告。

2013 年 12 月 30 日，中央文化企业国有资产监督管理领导小组办公室发布《国有文化企业发展报告（2013）》，报告显示，截至 2012 年末，全国国有文化企业共计 10 852 户，资产总额 18 210.3 亿元，全年累计实现营业总收入 9 022.2 亿元，利润总额 877.9 亿元。与 2011 年相比，2012 年国有文化企业的资产总额增长了 14.1%。在各类国有文化企业中，新闻出版发行服务企业数量占据明显优势。2012 年末新闻出版发行服务企业共计 3 475 户，占比 32%；数量位列其后的广播电视电影服务企业共计 1 416 户，占比 13%；文化产品生产的辅助生产企业共计 1 206 户，占比 11.1%。

根据罗兰贝格管理咨询公司于 2012 年年底发布的全球文化产业 50 大企业评选结果，中国地区有万达、腾讯入围。该排名以文化产业相关营业收入为主要指标，对全球文化产业内各细分领域的活跃企业进行筛选。美国华特迪士尼、新闻集团以及时代华纳分列前三，日、法、德、英等国知名企业皆有上榜。在入选的 50 家文化企业巨头中，美国的华特迪士尼以年文化产业营业收入 380 亿美元（2011 年）名列第一。万达集团在成功收购美国 AMC 影院公司后，以涵盖影视、综合文化场所、平面媒体、演艺内容的总计约 30 亿美元年营业收入排名第 37，而腾讯则以游戏产业收获约 25 亿美元，位列第 46。

8. 文化产业出口呈快速增长，贸易逆差进一步缩小

2012 年，我国文化产品出口总体呈现快速增长态势，文化产品出口额为 217.3 亿美元，同比增长 16.3%。2012 年，全国累计进口图书、报纸、期刊、音像制品、电子出版物、数字出版物数量 3 156.6 万册（份、盒、张），较 2011 年增长 4.5%；金额 46 807.6 万美元，增长 10.1%。全国累

计出口图书、报纸、期刊、音像制品、电子出版物、数字出版物数量2 087.9万册（份、盒、张），增长34.1%；金额9 474.1 万美元，增长28.1%。进出口总额55 585.8 万美元。出版物进出口实现营业收入86.5亿元，增长34.4%；增加值5.8亿元，增长17.8%；利润总额2.1亿元，增长21.1%。见表6.12。

表6.12 全国出版物对外贸易情况

类型	指标（单位）	累计出口	累计进口	总额	差额
图书、期刊、报纸	数量（万册、份）	2 061.77	3 138.07	5 199.84	-1 076.30
	金额（万美元）	7 282.58	30 121.65	37 404.23	-22 839.07
音像制品、电子出版物、数字出版物	数量（万盒、张）	26.15	18.56	44.71	7.59
	金额（万美元）	2 191.50	16 685.95	18 877.45	-14 494.45
合计	数量（万册、份、盒、张）	2 087.92	3 156.63	5 244.55	-1 068.71
	金额（万美元）	9 474.08	46 807.60	56 281.68	-37 333.52

数据来源：2012年新闻出版产业分析报告。

一般贸易主导出口，加工贸易大幅下降。2012年，我国以一般贸易方式出口文化产品149.8亿美元，同比增长48.3%，占同期我国文化产品出口总值的68.9%。同期，以加工贸易方式出口48.9亿美元，同比下降31.4%，占22.5%。

欧盟和美国为主要出口市场，对拉丁美洲、东盟和非洲等新兴市场出口增长较快。2012年，我国对美国出口文化产品61.5亿美元，同比下降3.8%；对欧盟出口51.7亿美元，同比增长1.6%；上述两者合计占同期我国文化产品出口总值的52.1%。同期，对拉丁美洲出口17.2亿美元，同比增长72.2%，占7.9%；对东盟出口15.4亿美元，同比增长1.2倍，占7.1%；对非洲出口13.6亿美元，同比增长1.2倍，占6.3%。

私营企业为出口主体，外商投资企业和国有企业明显下降。2012年，我国私营企业出口文化产品135.2亿美元，同比增长59.8%，占同期我国文化产品出口总值的 62.2%。同期，外商投资企业出口 68.3 亿美元，同比下降 19.8%，占 31.4%；国有企业出口 10 亿美元，同比下降 19.7%，占 4.6%。

广东、浙江和福建出口位列前三名，重庆和江苏出口增长迅猛。2012 年，广东出口文化产品 59.3 亿美元，同比下降 19.3%；浙江出口 23.6 亿美元，同比增长 24.3%；福建出口 20.1 亿美元，同比下降 0.9%；三项合计占同期我国文化产品出口总值的 47.4%。同期，重庆出口 17.1 亿美元，同比增长 2.8 倍；江苏出口 14.1 亿美元，同比增长 1.9 倍。

视觉艺术品为主要出口产品。2012 年，我国出口视觉艺术品 142.1 亿美元，同比增长 52.5%，占同期我国文化产品出口总值的 65.4%。同期，出口印刷品 28.5 亿美元，同比增长 7.1%；出口视听媒介产品 28.4 亿美元，同比下降 44.2%。此外，出口乐器 14.9 亿美元，同比增长 6.6%。[1]

2012 年，全国共引进版权 17 589 种（其中引进出版物 17 193 种），较 2011 年增长 5.7%（其中引进出版物版权增长 10.3%）；共输出版权 9 365 种（其中输出出版物版权 7 831 种），增长 20.3%（其中输出出版物版权增长 26.4%）；版权输出品种与引进品种比例由 2011 年的 1∶2.1 降到 1∶1.9。见表 6.13、表 6.14。

表 6.13 对外版权贸易总体规模

总体指标	数量（种）	较 2011 年增减（%）
引进	17 589	5.71
输出	9 365	20.33

数据来源：2012 年新闻出版产业分析报告。

---

[1] 顾阳："文化产品出口有望成为外贸新亮点"，载《经济日报》2013 年 3 月 28 日。

表6.14 对外出版物版权贸易的构成

类型	总额（种）	引进（种）	输出（种）	差额
图书	23 683	16 115	7 568	-8 547
录音制品	572	475	97	-378
录像制品	554	503	51	-452
电子出版物	215	100	115	15

数据来源：2012年新闻出版产业分析报告。

从版权引进来源看，从加拿大、日本和德国引进的版权增长很快，增长率分别达到了26.13%、22.37%和21.11%。而从澳门地区、香港地区、新加坡和台湾地区引进版权数量呈大幅减少，分别下降了95.83%、24.97%、20.90%和14.31%，见表6.15。

表6.15 2010年~2011年引进版权情况

指标	2011	2010	增长率
引进版权总数（项）	16 639	16 602	0.22%
从美国引进版权总数（项）	5 182	5 284	-1.93%
从英国引进版权总数（项）	2 595	2 429	6.83%
从德国引进版权总数（项）	895	739	21.11%
从法国引进版权总数（项）	720	737	-2.31%
从俄罗斯引进版权总数（项）	57	58	-1.72%
从加拿大引进版权总数（项）	140	111	26.13%
从新加坡引进版权总数（项）	265	335	-20.90%
从日本引进版权总数（项）	2 161	1 766	22.37%
从韩国引进版权总数（项）	1 098	1 027	6.91%
从香港地区引进版权总数（项）	658	877	-24.97%
从澳门地区引进版权总数（项）	1	24	-95.83%
从台湾地区引进版权总数（项）	1 497	1 747	-14.31%
从其他地区引进版权总数（项）	1 370	1 468	-6.68%

数据来源：国家统计局。

2011年,引进版权数量最多的前5位国家和地区分别是美国5 182项(31%)、英国2 595项(16%)、日本2 161项(13%)、台湾地区1 497项(9%)、韩国1 098(7%),见图6.8。

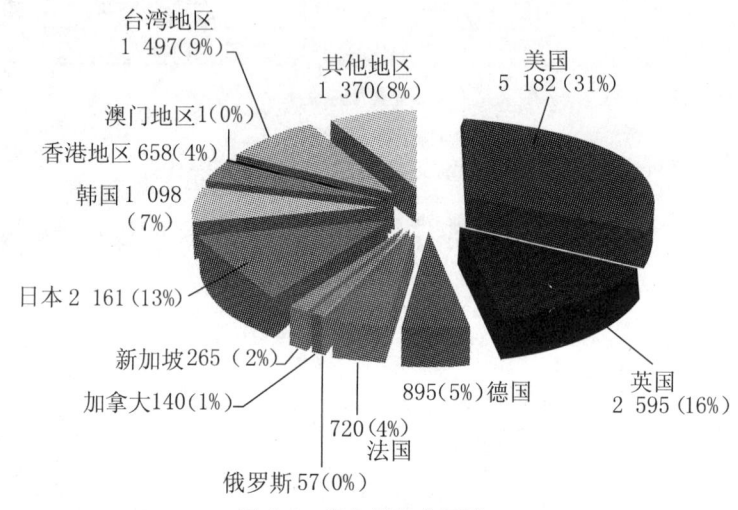

图6.8　版权引进来源情况

数据来源:国家统计局。

从版权输出的情况来看,2011年我国共输出版权7 783项,同比增长36.76%。版权输出增长最快的国家和地区,分别是我国澳门地区,增长516.67%;其次是俄罗斯,增长263.64%;再次是英国,增长143.26%。向加拿大输出的版权减少最多,减幅达81.40%;其次是新加坡,减幅41.07%;随后依次是日本和美国,减幅分别为12.62%和6.1%,见表6.16。

表6.16　2010年~2011年输出版权情况

指标	2011年	2010年	增长率
输出版权总数(项)	7 783	5 691	36.76%
向美国输出版权总数(项)	1 077	1 147	-6.10%
向英国输出版权总数(项)	433	178	143.26%

续表

指标	2011 年	2010 年	增长率
向德国输出版权总数（项）	146	120	21.67%
向法国输出版权总数（项）	129	121	6.61%
向俄罗斯输出版权总数（项）	40	11	263.64%
向加拿大输出版权总数（项）	16	86	-81.40%
向新加坡输出版权总数（项）	221	375	-41.07%
向日本输出版权总数（项）	187	214	-12.62%
向韩国输出版权总数（项）	507	360	40.83%
向香港地区输出版权总数（项）	448	534	-16.10%
向澳门地区输出版权总数（项）	37	6	516.67%
向台湾地区输出版权总数（项）	1 656	1 395	18.71%
向其他地区输出版权总数（项）	2 886	1 144	152.27%

数据来源：国家统计局。

2011 年版权输出最多是台湾地区，输出版权 1 656 项，占比 21%；其次是美国 1 077 项，占比 14%；再次是韩国和香港地区，分别输出版权 507 项和 448 项，占比 7% 和 6%。此外，还有高达 2 886 项版权输出到除了美英德法日韩等之外的其他国家和地区，占比 37%，见图 6.9。

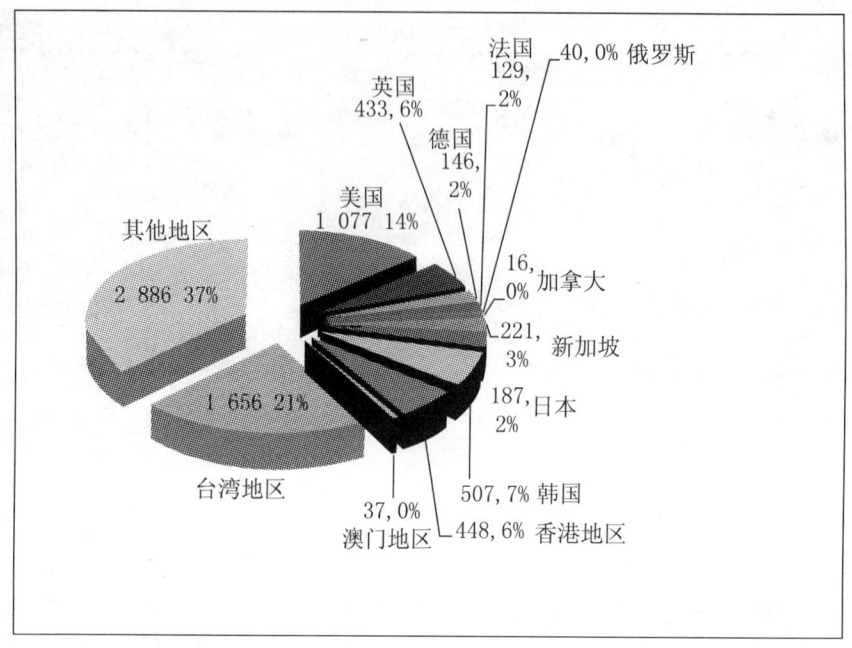

图 6.9 版权输出国家和地区情况

数据来源：国家统计局。

从版权合同登记的情况来看，2011 年，我国版权合同登记总数为 20 797 份，比上一年增长 37.2%。其中增长最快的是软件出版物版权合同，增长幅度高达 110%，其次是期刊版权合同，增长率 23.1%。电影版权合同 2010 年仅 2 项，2011 年减少为 0。电视版权合同工 2010 年为 1 份，2011 年增加到 3 份，见表 6.17。

表 6.17 版权合同登记数增长情况

指标	2011	2010	增长率
版权合同登记数（份）	20 797	15 160	37.2%
图书版权合同登记数（份）	14 401	13 303	8.3%
期刊版权合同登记数（份）	288	234	23.1%
音像制品版权合同登记数（份）	245	306	−20%

续表

指标	2011	2010	增长率
电子制品版权合同登记数	485	418	0.16
软件出版物版权合同登记数（份）	955	453	110.8%
电影版权合同登记	0	2	
电视版权合同登记数（份）	3	1	200%
其他节目版权合同登记数（份）	4 420	443	897.7%
合计	41 594	30 320	37.2%

数据来源：国家统计局。

9. 自文化单位"转企改制"以来，一大批弘扬时代主旋律，具有鲜明时代特色的文化作品脱颖而出，实现了社会效益和经济效益的统一

自从2003年文化单位转企改制以来，中宣部主办的精神文明建设"五个一工程"共评选了三次，一大批弘扬时代主旋律，具有鲜明时代特色的文化精品脱颖而出。

2007年9月9日，第十届精神文明建设"五个一工程"（2003~2006）公布，授予电影《张思德》、《云水谣》、《太行山上》，电视剧《恰同学少年》、《延安颂》、《插树岭》、《亮剑》，话剧《立秋》等8部作品第十届精神文明建设"五个一工程"的"特等奖"；授予电影《我的长征》、电视剧《八路军》、话剧《黄土谣》、歌曲《吉祥三宝》、广播剧《代表中国》、文艺类图书《笨花》等122部作品第十届精神文明建设"五个一工程"的"优秀作品奖"；授予电影《戎冠秀》、电视剧《红旗谱》、话剧《平头百姓》、歌曲《永恒的彩霞》、广播剧《有个同学叫江洋》、文艺类图书《八月桂花遍地开》等138部作品第十届精神文明建设"五个一工程"的"入选作品奖"，其中电影14部，电视剧31，戏剧29部，歌曲20首，广播剧13部，文艺类图书31种。

2009年9月21日，第十一届精神文明建设"五个一工程"（2007~2009）公布，共评选出《梅兰芳》等26部电影、《闯关东》等33部电视

剧、《福娃奥运漫游记》等6部动画片、《矸子山上的男人女人》等30部话剧、《我和你》等26首歌曲、《京城第一家》等15部广播剧,《八月狂想曲》等28种文艺类图书,共164个奖项。

2012年9月25日,第十二届精神文明建设"五个一工程"(2009~2012)公布,授予《建国大业》等26部电影、《我们的法兰西岁月》等33部电视剧、《兔侠传奇》等6部动画片、《郭明义》等32部戏剧、《走向复兴》等30首歌曲、《伟大的转折》等19部广播剧、《解放战争》等30部文艺类图书,共176部作品"优秀作品奖"。见表6.18。

表6.18 精神文明建设"五个一工程"获奖作品情况届次类别单位

届次	类别	单位
第十二届精神文明建设"五个一工程"(2009~2012)	电影	26
	电视剧	33
	动画片	6
	戏剧	32
	歌曲	30
	广播剧	19
	文艺类图书	30
	总计	176
第十一届精神文明建设"五个一工程"(2007~2009)	电影	26
	电视剧	33
	动画片	6
	戏剧	30
	歌曲	26
	广播剧	15
	文艺类图书	28
	总计	164

续表

届次	类别	单位
第十届精神文明建设"五个一工程"（2003~2006）	特等奖（电影3部、电视剧4部、话剧1部）	8
	优秀作品奖（电影19部、电视剧33部、戏剧25部、歌曲20首、广播剧17部）	122
	优秀作品奖（电影14部、电视剧31部、戏剧29部、歌曲20首、广播剧13部、文艺类图书31种）	122
	总计	268

资料来源：根据新华网相关资料整理。

这些获奖作品弘扬时代主旋律，具有鲜明的时代特色，题材、风格和样式新颖、生动、多样，体现了思想精深、艺术精湛、制作精良相统一的要求，实现了经济效益与社会效益相统一的目标。广大文艺、广播影视和出版工作者自觉地将精品意识贯穿创作始终，不断创新思路，勇于实践，注重积累，精心打磨，努力创作出了一大批紧扣时代脉搏、贴近时代生活、深受广大人民群众欢迎的精神文化精品力作。

三、中国文化产业安全存在的问题

1. 侵犯知识产权犯罪形势严峻，呈逐年递增趋势

文化产业是以各类版权作品为资源、建立在版权作品规模复制和广泛传播基础上的产业形态，其发展很大程度上与版权保护水平相关。中国逐步建立了符合市场经济要求和国际规则的比较完整的多层次的版权立法体系，建立了司法保护和行政保护并行的版权保护体系。但仍有很多需要完善和加强的地方。

目前，我国文化产业还处于发展初期，有关知识产权保护存在体制机制不健全、重视程度不高等问题。2012年是我国实施国家知识产权战略五

周年。根据全国"扫黄打非"工作小组办公室公布的 2012 年度"扫黄打非"十大数据显示,全国共收缴各类非法出版物 4 508.8 万件,共查处各类案件 1.5 万余起,表明中国致力打击非法出版物,查处制售淫秽色情出版物和有害信息行为,查办制售侵权盗版出版物和网上侵权盗版行为,整治非法报刊、非法网络报刊和非法报刊网站等方面成效明显。全国"扫黄打非"工作小组已连续十几年每年都举行集中销毁活动,近 5 年来开展 7 次集中销毁活动,累计销毁侵权盗版制品及非法出版物 2.33 亿件。仅 2013 年 1 月~4 月,全国共销毁盗版音像制品、盗版图书、盗版电子出版物及非法报刊 2 944 万余件。其中,河北、内蒙古、黑龙江、江苏、浙江、安徽、福建、山东、河南、湖北、广东、贵州、云南、甘肃等 14 个省、自治区的销毁数量超过 100 万件。2008~2012 年,全国检察机关共批准逮捕侵犯知识产权犯罪案件 11 723 件 19 786 人,提起公诉 17 062 件 29 481 人。2012 年,全国海关加强知识产权边境保护,累计查获侵权货物超 1.5 万批次,涉及货物数量 9 718 万件。2012 和 2013 年"扫黄打非"十大数据,见表 6.19。

表 6.19　2012~2013 年全国"扫黄打非"十大数据

序号	2012 年数据	2013 年数据
1	全国共收缴各类非法出版物 4 508.8 万件	全国共收缴各类非法出版物 2 053 万件
2	全国共查处各类案件 1.5 万余起	全国共查处各类案件 1 万余起
3	全年共清理境内网上淫秽色情等违法信息 370 多万条	全国共收缴淫秽色情出版物 67 万件,同比减少 30%
4	全国"扫黄打非"办联合 9 部委全年共组织 9 次督查行动	查处违法违规网站 1 万余家
5	北京"9.27"制售淫秽出版物团伙案主犯被判处有期徒刑 14 年	山西运城"9.20"假记者案涉案人被判处有期徒刑 10 年
6	广西刘某某因销售侵权盗版光盘 545 张被依法逮捕	湖北荆州"5.24"非法外挂案被处罚金 600 万

续表

序号	2012 年数据	2013 年数据
7	北京"MM 公寓"网站传播淫秽色情信息案抓获涉案人员 2 148 人	查处涉案金额达千万元以上的侵权盗版案件 7 起
8	江苏南京"6.04"批销盗版光盘案涉及光盘生产线 21 条	对未经批准擅自从事动漫音像制品的背景漫动天地文化传媒公司处以罚款 23 万
9	全国"扫黄打非"办全年受理群众举报、咨询电话 5.5 万个	全国"扫黄打非"办公室联合举报中心全年受理群众举报、咨询电话 6 万余个
10	2012 年集中销毁非法出版物 2 900 万余件	2013 销毁非法出版物 2 944 万余件

数据来源：全国"扫黄打非"办公室。

尽管如此，侵犯知识产权犯罪形势严峻，呈逐年递增趋势。2010 年英国研究公司 Envisional 应 NBC 环球（NBC Universal）公司委托对 BT（BitTorrent）网络数据量进行了大规模研究。结果显示，数据复制量排在第一的是色情内容，所占比例为 36%；排在二位的是娱乐电影，所占比例为 35%；排在第三位的是电视剧，几乎达到 13%。所有通过 BT 网络传播的数据中，超过 99% 是受版权保护的作品或色情图片。见图 6.10。

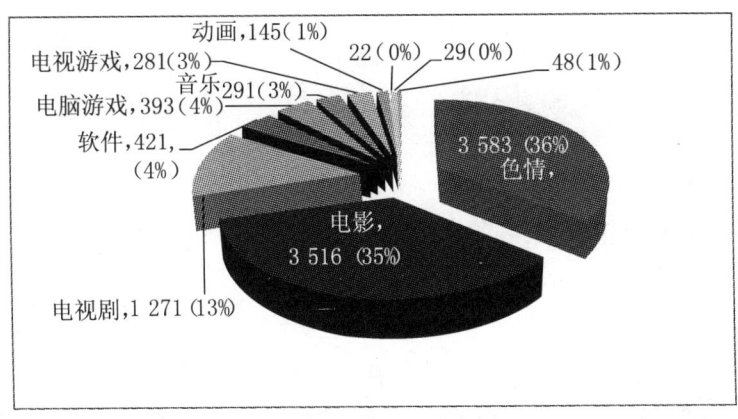

图 6.10 2010 年 BT 网络按照类型分类的被复制的前 10 000 个内容

数据来源：中国保护知识产权网，数据截至 2010 年 12 月。

在国内，版权、专利、商标领域侵权行为泛滥，网络盗版侵权现象十分严重。[1] 低成本、高收益使得搜索引擎、盗版网站、广告联盟已经形成了一条完整的灰色产业链。以国内知名文学网站盛大文学为例，数据显示，盛大文学开发的版权追踪系统，已追踪到近 1.4 万个盗版网站，盗版链接数量高达 1 236 万条。盛大文学所有的签约、独家版权作品都已经被盗版。[2]

2. 文化企业规模小、产业集中度低已成为制约文化产业快速发展的瓶颈

我国的文化企业尽管发展势头很猛，增长很快，但是与西方国家的文化传媒巨头相比，存在着企业规模过小、产业集中度过低的问题，使得我国企业在与西方文化传媒巨头的竞争中面临着规模上的劣势。我国文化产业虽然出现了一批大的企业集团，但小、散、弱仍是中国文化产业的现状，大型文化企业的市场占有率很低。目前中国出版集团的市场占有率最高，但也只有 6% 左右，第二位的占有率不到 3%。

在 2012 年《财富》杂志评选的"世界 500 强"排名中，娱乐与媒体行业中入选的企业共有 5 家，分别是排在 248 位的迪士尼公司、332 位的新闻集团、402 位的时代华纳、455 位的株式会社、492 位的贝塔斯曼集团，它们的平均营业收入为 27 634.55 百万美元，平均资产为 45 909.44 百万美元，平均拥有雇员 72 325 人，见表 6.20。而《财富》杂志评选的 2012 年"中国 500 强"中娱乐与媒体行业只有一家中文天地出版传媒股份有限公司一家企业上榜排名为 458 位，营业收入为 6 891.0 百万元，资产为 7 586.0 百万元，雇佣人数为 5 149。按照美元和人民币汇率（1 美元 = 6.5 元人民币）计算，西方娱乐与传媒巨头的均值为中文天地出版传媒营业收入的 21 倍，资产的 39 倍，雇员人数的 14 倍。

---

[1] 崔彧：“我国知识产权保护形势严峻”，载《中国社会科学报》2012 年 10 月 28 日。
[2] “盛大文学呼吁严把入网关严打网络侵权行为”，载比特网，http://net.chinabyte.com/321/12603321.shtml. 最后访问时间：2014 年 8 月 10 日。

第六章 中国文化产业安全形势分析

表6.20 2012年"世界500强"中的娱乐与传媒企业

2012年世界500强排名	2011年排名	公司名称	营业收入（百万美元）	利润	资产	股东权益	雇佣人数	国家
248	226	华特迪士尼公司（WALTDISNEY）	40 893.0	4 807.0	72 124.0	37 385.0	166 000	美国
332	284	新闻集团（NEWS-CORP.）	33 405.0	2 739.0	61 980.0	29 506.0	48 000	美国
402	363	时代华纳（TIME-WARNER）	28 974.0	2 886.0	67 801.0	29 957.0	34 000	美国
455	407	株式会社（MARU-HAN）	25 732.6	314.9	4 080.7	1 982.5	13 001	日本
492	444	贝塔斯曼集团（BER-TELSMANN）	22 426.6	646.6	23 561.5	6 890.1	100 626	德国
		均值	27 634.55	2 278.7	45 909.44	21 144.12	72 325.4	

数据来源：《财富》杂志中文网，2012年世界500强。http://www.fortunechina.com/fortune500/c/2012-07/09/content_106832.htm. 最后访问时间：2014年8月10日。

再以同属于互联网行业的谷歌和百度为例，谷歌在《财富》杂志2013年"世界500强"中排名第189位，百度在2013年"中国500强"中排名205位，见表6.21。按照美元和人民币汇率（1美元＝6.5元人民币）计算，谷歌的营业收入是百度的15倍，利润是百度的6.67倍，资产是百度的13倍，雇佣人数是百度的2.58倍。

表6.21 2013年谷歌和百度的财务数据对比

2013年排名	2012年排名	公司名称	所属行业	营业收入	利润	资产	股东权益/市值	雇佣人数
世界500强排名第189位	277	谷歌GOOGLE	网络服务和零售	52 203.0百万美元	10 737.0百万美元	93 788.0百万美元	股东权益 71 715.0百万美元	53 861

续表

2013年排名	2012年排名	公司名称	所属行业	营业收入	利润	资产	股东权益/市值	雇佣人数
中国500强排名205位	257	百度 Baidu, Inc.	互联网服务	22 306.0 百万元	10 456.0 百万元	45 669.0 百万元	市值 22 041.432 百万元	20 877

资料来源：《财富》杂志中文网，2013年世界500强、中国500强。

西方文化传媒巨头的庞大规模是不断兼并收购的结果。以全球知名的大型娱乐传媒跨国公司迪士尼集团为例，其发展过程中曾经历了三次大的并购。[1] 第一次是2006年并购皮克斯动画公司，实现了新旧媒体的整合。第二次是2009年并购惊奇娱乐集团，拓展了青少年受众群体喜欢的招牌角色。第三次是2012年收购卢卡斯影业，将"星球大战"品牌的衍生业务推向了国际市场。目前，网络媒体占迪士尼收入的46%，主题公园占30%，影视娱乐占14%，消费产品占8%，交互媒体占2%，见图6.11。

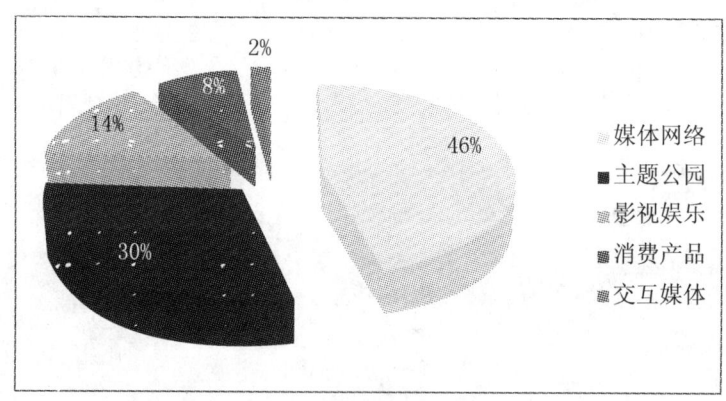

图6.11 迪士尼收入结构图

资料来源：张玉玲："中国文化产业步入并购时代？"，载《光明日报》2013年8月8日。

---

[1] 张玉玲："中国文化产业步入并购时代？"，载《光明日报》2013年8月8日。

3. 国有文化企业并购重组步伐缓慢，与国有文化产业在产业中的规模和地位十分不相称

国有文化企业并购不仅有政策鼓励，而且具有现实的经济基础。党的十七届六中全会通过的《中共中央关于深化文化体制改革、推动社会主义文化大发展大繁荣若干重大问题的决定》提出，鼓励文化企业以资本为纽带进行跨地区、跨行业、跨所有制兼并重组。财政部公布的《国有文化企业发展报告（2012）》显示，截至 2011 年末，国有文化企业数量为 10 365 户，资产总额 15 966.44 亿元，营业总收入 7 976.95 亿元，利润总额 849.94 亿元。在目前已上市的文化公司中，国有上市文化企业近 30 家，占文化产业全部上市企业数量的 2/3。上市的文化企业由于上市融资，拥有较强的资金实力，在并购层面上拥有得天独厚的资源。据统计，2010 年，境内上市文化企业并购重组 26 起，超过 2008 年 ~ 2009 年并购重组事件的总和。2012 年，文化产业领域共发生并购事件 96 起，其中公布金额的并购事件为 74 起，并购涉及金额规模折合为 5 194 658.42 万元人民币。文化产业的并购重组主要发生在网络新媒体及传统媒体领域，2000 年 ~ 2012 年期间，该领域并购事件数量占文化产业并购事件总量的 72%；涉及金额规模占总规模的 70%，成为文化产业并购的主力。

在文化产业并购中，民营文化企业十分活跃，而国有文化企业反应相对滞后。2010 年，民营企业并购 49 起，而国有文化企业只有 3 起；2011 年，民营文化企业并购 54 起，而国有文化企业只有 3 起。2012 年，民营文化企业并购 81 起，而国有企业并购只有 15 起，见图 6.12。2012 年度发生了多起我国文化企业跨境并购外国企业的案例，2013 年，文化产业的并购事件更是此起彼伏，见表 6.22。这些并购依旧主要是民营文化企业，并购的金额动辄十几亿、甚至是几十亿。国有文化企业并购进展较为缓慢，与国有文化产业在产业中的规模和地位十分不相称，另一方面也表明国有文化企业在并购整合方面还有巨大的空间。

表 6.22　2012 年~2013 年文化企业的部分并购

时间	并购方	并购对象	金额
2012.4	浙报传媒	盛大网络旗下的棋牌游戏竞技平台杭州边锋和电子竞技平台上海浩方	34.9 亿元
2012.5	万达院线	美国 AMC 影院公司	26 亿美元
2012.9	小马奔腾	美国著名特效制作公司 Digital Domain	3 020 万美元
2012.10	博瑞传播	网络游戏公司漫游谷	
2012.11	华谊兄弟	GDC	2 092 万美元
2013.1	阿里巴巴集团	音乐网站虾米网	期权加少量现金
2013.1	浙报传媒	盛大边锋浩方居	34.9 亿元
2013.2	奇虎 360	方研矩行公司的日志宝团队	
2013.2	掌趣科技	动网先锋	8.1 亿元
2013.3	浙江华策影视	海宁华凡星之影视文化传播有限公司	1 800 万元
2013.5	百度公司	PPS 视频业务	3.7 亿美元
2013.5	阿里巴巴	新浪微博	5.86 亿美元
2013.5	三五互联	中金在线	2.1 亿元
2013.5	阿里巴巴	高德地图	2.94 亿美元
2013.6	第一视频	彩票网	1.5 亿元
2013.7	华谊兄弟	银汉科技	6.72 亿元
2013.7	华策影视	上海克顿文化传媒有限公司	16.52 亿元
2013.8	百度	91 无线	18.5 亿美元
2013.9	华谊兄弟	浙江常升影视制作有限公司	2.52 亿元

资料来源：根据相关材料整理。

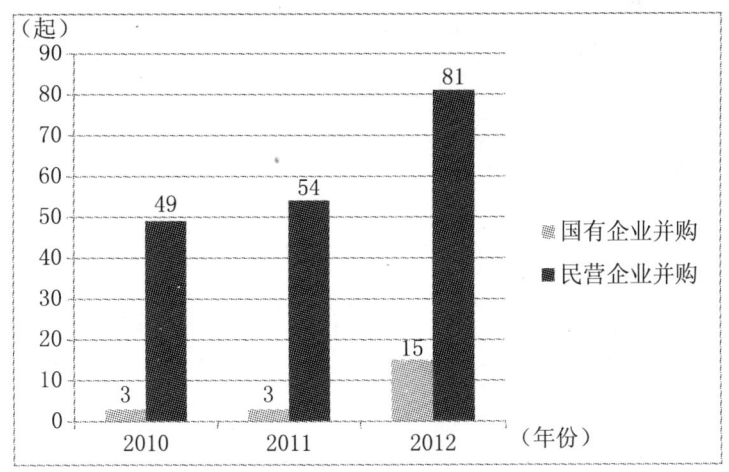

图 6.12　国有文化企业并购占文化产业并购的比重

资料来源：北京新元文智《2013 中国文化产业并购报告》。

国有文化企业之所兼并重组不积极，主要是体制机制的障碍。国有文化企业刚刚完成转企改制，行政色彩依旧比较浓，市场竞争意识不强。如何推动国有文化企业在产业整合并购上加快速度和加大力度，是当前我国文化产业向着集约化、规模化发展的重要课题。

4. 文化产业的增长以外延式增长为主，内涵增长不足

近些年来，文化产业的发展速度很快，但同时也暴露出一些突出问题，即过于偏重数量的增长，而内涵式发展明显不足。《2013 中国文化产业发展指数报告》显示，文化产业对我国总体就业贡献微乎其微，在 2006 年～2011 年间的文化产业从业人员占社会就业人员比仅增长 0.18%，同期我国第二产业、第三产业占社会就业人员比重分别增长了 4.2% 和 3.5%。报告显示，与 2010 年相比，2011 年中国文化产业发展指数值为 128.70，比 2010 年的 131.44，下滑了 2.74。据分析，文化产业内涵增长不足是总体发展指数下滑的主要原因，其中，文化市场体系、文化创新能力指数值均有所下降。

中国文化产业产业结构不尽合理，文化产业核心层比较小，外围层与

相关层比重过大。由于我国缺乏具有创新意识并能与国际接轨的高端文化人才,以及文化技术自主研发能力落后,使得我国的文化产业发展长期停留在相对低端、容易开发的外围层和相关层,比如文化旅游业、文化制造业、文化复制业、视听设备生产等,在一些地区,外围层和相关层文化产业甚至占到当地文化产业增加值的80%以上,而涉及文化产业核心层的文化内容产业则相对较弱,创造的产值较低。我国已成为世界主要出版大国,出版数量跃居世界前列。但是,中国出版物的年销售额仅为60多亿美元。在国外,仅培生集团2004年出版物销售总额就达到了70亿美元,汤姆森集团2005年出版物销售总额也达到了80亿美元。再比如影视业,我国每年生产电视剧数量位居世界第一,动画片数量位居世界第一,生产的电影数量位居世界第三,但能够走出国门、在国际市场上产生重要影响的作品却不多。

5. 外资进入中国文化产业步伐加快,通过合资、入股等方式迂回寻求控制权、主动权

中国加入世贸已有十多年,国内文化市场获得了飞速发展。外资进入中国文化产业的步伐不断加快,其进入方式也日益多样化,如参股、合资、项目合作、投资影院和剧场等硬件设施等,外商多路出击,布局中国文化市场和文化产业。外资传媒主要以跨国传媒巨头为先锋,以不触及意识形态的内容为主打产品,大多采取合资形式,渗透到我国传媒产业的各个方面。外资传媒进入中国市场的策略可概括为"外围渗透,步步深入"的战术,即主要选择科学技术、时尚、生活、体育、娱乐消费等与舆论导向关联度较低的"中性"领域作为突破口,逐步深入文化产业核心领域。从数量上看,从2006年到2011年,文化、体育和娱乐业外商投资企业数基本上保持稳定,2006年为2 308户,2011年为2 276户。但从占全国外商投资企业的比例来看,2006年为0.61%,2011年为0.51%,所占比例处于比较低的水平,见表6.23。

表 6.23　2006 年～2011 年文化、体育和娱乐业外商投资企业数

	2011	2010	2009	2008	2007	2006
外商投资企业数（户）	446 487	445 244	434 248	434 937	406 442	376 711
文化、体育和娱乐业外商投资企业数（户）	2 276	2 354	2 279	2 425	2 239	2 308
比例	0.51%	0.53%	0.52%	0.56%	0.55%	0.61%

数据来源：国家统计局。

从投资金额来看，2008 年文化、体育和娱乐业外商投资企业投资总额为 141.03 亿美元，2011 年增长到 192.2 亿美元。在外商投资企业投资总额中所占比例略有提升，从 0.61% 增加到 0.64%，见表 6.24。

表 6.24　2008 年～2011 年文化、体育和娱乐业外商投资总额

	2011	2010	2009	2008
外商投资企业投资总额（百万美元）	2 993 124.02	2 705 931.08	2 500 000.00	2 324 130.47
文化、体育和娱乐业外商投资企业投资总额（百万美元）	19 220.50	14 200.00	13 254.86	14 103.09
比例	0.64%	0.52%	0.53%	0.61%

数据来源：国家统计局。

从外商直接投资签约个数和投资金额来看，2007 年签约直接投资项目数 207 个，2011 年减少到 152 个，但投资金额却从 45 109 万美元增长到 63 455 万美元，见表 6.25。

表 6.25　2008 年～2011 年文化、体育和娱乐业外商直接投资项目数和投资金额

	2011	2010	2009	2008	2007
签订外商直接投资项目数（个）	27 712	27 406	23 435	27 514	37 871
文化、体育和娱乐业签订外商直接投资项目数（个）	152	168	158	170	207
实际利用外商直接投资金额（万美元）	11 601 100	10 573 500	9 003 300	9 239 500	7 476 800
文化、体育和娱乐业实际利用外商直接投资金额（万美元）	63 455	43 612	31 756	25 818	45 109

数据来源：国家统计局。

北京新元文智集团发布的《2012 中国文化产业资本研究报告》显示，2011 年文化产业投融资呈现出前所未有的活跃，其中起主导作用的是外资投资机构。在公布投资者的 202 起投资事件中，外资参与其中的 108 起投资事件，所占比例为 54%。

"入世"后，相关部门制订政策时，在某些传媒领域开放过头，突破了我国加入 WTO 的承诺。又有一些外资传媒主动突破禁区，越界行为时有出现。如新闻集团曲线进入青海卫视。2005 年 8 月，中宣部、文化部、广电总局、新闻出版总署、商务部、海关总署六部委联合下发《关于加强文化产品进口管理的办法》，文化部等五部委又联合制定了《关于文化领域引进外资的若干意见》，对外资传媒进入中国速度"过快"的问题进行治理整顿。

由于中国文化产业对外资的限制政策并没有大的松动，所以很多外资都在通过各种各样的策略迂回进入。2012 年 5 月 14 日，中国电影发行商博纳影业集团在纳斯达克公开宣布博纳影业已获得来自美国新闻集团的战略投资。根据协议，美国新闻集团将直接向博纳影业集团创始人、董事长

兼首席执行官于冬购买博纳影业集团19.9%的股权。这一消息的发布在业界掀起了极大的波澜。博纳影业集团多年来致力于内容制作和院线拓展，而新闻集团也有一定的电影制作经验和内容资源，双方的合作有利益结合点。但是外资通过控股和合资形式，参与正在飞速扩张的民营影视集团的方式，可以迂回确立自己在中国电影发行放映市场上的话语权和主动权，扩大自己制作的影片在中国电影市场的票房份额。这才是促成这桩收购案最关键的根源。

中国互联网产业受境外资本左右在互联网业内早已是一个心照不宣的事实，国内互联网外资控制度为90%以上。[1]中国B2B研究中心认为目前中国的互联网被外资控制的方式大致有三种形式：方式一，互联网企业本身就是外资直接投资控制的，如境外网站以中文版形式在中国落地或者在中国寻找代理人。方式二，通过各种途径运作国内互联网企业在境外上市。截至2009年中国具代表性的16家上市互联网企业14家在美国的纳斯达克上市，2家在香港上市。国内影响力最大的互联网无一例外都是在境外上市，如新浪、搜狐、网易、百度、携程、前程无忧、淘宝、慧聪、阿里巴巴等14家中国互联网企业总市值超过150亿美元。方式三，中国互联网企业的风险投资来自境外。影响力较大、发展前景好的没有上市的互联网企业，90%以上被外资控股。如中国汽车网、健康中国网、土豆网、当当网、酷6网、搜房网、卓越网、开心网、分众传媒、智联招聘、金融界、E龙、酷讯、IT168、盛大、久游、联梦、去哪儿、YOKA时尚、东方剑桥、金山公司、安全卫士360……几乎无一例外都选择卖给了外资，外资风险投资基金如凯雷、鼎晖、高盛、新桥、IDG、松禾、高原、德同、红杉资本、软银赛富、澳洲电讯通过对公司结构进行复杂而巧妙的设计，保证在实际上控制国内互联网，避开国内法律和政策监管。

---

〔1〕 中国B2B研究中心：《中国互联网外资控制调查报告》（2009版）。

第三部分

经 验 篇

经济全球化的过程，本质上是资本主义将其经济、文化模式不断地向全球扩展的过程。美国作为"二战"的战胜国，成为世界上的头号强国。伴随着美国势力的扩张，美国的强势文化不断侵蚀着非主流文化、传统部落文化，成为一种文化霸权。美国在世界范围内的文化输出引起了世界各国的文化危机，各个国家纷纷采取各种措施应对美国文化全球化带来的挑战，其中法国和澳大利亚对于本国文化的保护政策值得我们学习。

第七章 法国的文化产业保护政策及其启示

第一节 法国"文化例外"提出的背景

法国曾经的"欧洲霸主"、"世界霸主之一"地位为法国文化软实力的辉煌奠定了物质基础,使法国成为璀璨夺目的文化大国、世界文化艺术中心。20世纪的两次世界大战严重破坏了法国经济的发展,在1945年~1975年的黄金发展时期后,法国经济发展陷入了困境,国力逐步衰弱。随着1969年戴高乐告别政坛,法国的国力(包括文化软实力)逐渐走下坡路。首先是经济发展放慢。自1976年起,法国的年经济增长率呈下降趋势,甚至出现过负增长率,目前年经济增长率徘徊在1%~2%之间。法国的国民生产总值从1970年的世界第四位降到2007年的第六位,而人均国民生产总值从1973年的世界排名第4位降至2005年的第20位(根据国际货币基金组织)。经济困难导致法国失业率剧增,到2005年突破10%,而年轻人的失业率则达到20%左右。其次,法国政府的公共债务日益沉重,至2008年初达到12 506亿欧元,相当于法国年国民生产总值的65.3%。再次,在中国科学评价研究中心2007年发布的"世界大学科研竞争力排行榜"上,法国没有一所大学进入前80名,在该中心同时发布的"国家科研竞争力排行榜"上,法国只排第九名。最后,在瑞士洛桑的世界经济论坛(World Economic Forum)提供的2007年~2008年全球(各国)竞争力报告上,法国仅排第十八位。这摧毁了法国在国际上的强国形象,进而降低了其政治影响力和文化软实力。文化软实力属于上层建筑、意识形态范畴，硬实力属于经济基础、物质条件范畴。根据马克思主义经济基础决定上层建筑的原理，硬实力决定文化软实力。法国硬实力的下降必然导致法国的文化软实力的下降。

17、18世纪，法国的国力处于鼎盛时期，成为欧洲的中心，当时从宫廷装饰、言谈举止到文学艺术，法国的一切都成了欧洲各国宫廷模仿的榜样。法国曾经一度因拥有杰出的作家、艺术家、音乐家而赢得全世界的倾慕。而如今的法国，在全球文化市场上的影响力正一步步萎缩。历史上，从17世纪的莫里艾到19世纪的雨果、巴尔扎克、福楼拜，从20世纪的普鲁斯特、萨特、加缪到战后戴高乐时期的安德烈·马尔罗，法国产生了许多在世界范围内享有崇高声誉的大文豪。但如今却是另一番景象，尽管法国今年有727部新小说出炉，但是能在法国之外找到出版商的屈指可数。每年能进入美国文化市场的法国小说不超过12部，而与之相比，法国国内30%在销售的小说都是从英语翻译而来的。

法国是世界电影的发源地，自从19世纪末卢米埃尔兄弟放映第一部电影以来，法国电影的发展一直对欧洲乃至世界都产生了重要的影响。法国电影业曾经在世界上引领风骚，在一个世纪前的规模为世界之最。20世纪60年代新浪潮运动的兴起令法国电影的发展又达到一个巅峰，出现了像特吕弗和让-吕克·戈达尔等举世公认的艺术片大师。如今，法国每年仍出产约200部电影，在电影数量上超过欧洲其他国家。但是，多数电影都是针对国内市场的低预算制作，缺乏激动人心的大制作。

巴黎曾经是印象主义、超现实主义等各种学说和流派的发源地，是当之无愧的世界艺术中心，造就了莫奈、德加、塞尚、雷诺阿、马蒂斯、毕加索等一大批世界级艺术大师。然而，从商业上来讲，巴黎作为艺术中心的地位如今已经被纽约和伦敦所取代。据统计，经法国拍卖行卖出的当代艺术作品只占每年成交额的8%，而美国是50%，英国是30%。在全世界曝光率最高的十大艺术家中，美国和德国各占四个，法国一个也没有。

在音乐方面，尽管当今法国也不乏拥有国际声誉的作曲家和指挥家，但是都无法与20世纪的音乐巨人德彪西、拉威尔、萨蒂和米约相提并论。在流行音乐方面，20世纪上半叶法国的歌王歌后——查尔斯·德内、查尔斯·阿兹纳吾尔、艾迪特·皮雅芙曾红遍全世界。而如今，美国人和英国人是流行乐坛的绝对主宰。尽管2007年法国音乐产业在歌碟和音乐下载方面的产业总值是17亿美元，但是几乎没有一个歌手为其他国家的普通听众所熟悉。

法国文化的衰落不可避免地表现在法语的衰落上。从17世纪末开始，法语就取代拉丁语成为国际上的外交语言。19世纪末在亚非拉的殖民扩张，更是将法语的影响力扩展到全世界。时至今日，法语仍然是国际通用语言，法语文本在重要的国际谈判中也必不可少。但尽管如此，世界上学英语的人越来越多，法语的使用率在不断下降，就连在法国举行的国际会议，使用英语的次数也比法语多。当今的互联网革命加速了对法语的冲击。在互联网上流传的信息80%是英语，在剩下的20%当中，法语占其中的大约5%。

第二节　法国"文化例外"原则的提出及发展

20世纪80年代末，欧盟与美国就关贸总协定进行磋商谈判（1986年～1993年），美国坚持必须把视听产品包括在新的全球自由贸易协定之中。当时，美国电影向全球大举进攻，其电影出口额在所有出口产品中已位居第二，仅次于航空产品。法国为本国文化所受到的威胁深感忧虑，在荣誉逻辑的思想指导下，法国针对客观上存在的美国文化大量涌入，特别是美国坚持把文化产品和文化服务纳入自由贸易范围的要求，展开了关于"文化特殊性"的讨论，讨论的结果是法国各个政治派别在文化特殊性问题上达到了空前的一致，也得到了民众广泛的认同。人们普遍认为，文化财富和文化服务，不能按一般的商品那样对待。因为文化和媒介产品包含了民族国家的特性，不同于其他形式的商品，在具有经济属性之外对人类社会发展有着独特作用。法国又成功地说服欧盟的其他国家接受"文化例外"原则，统一立场，成功地阻止了美国的企图。在1998年经济与合作组织关于投资的多边协议谈判中，法国继续坚持"文化例外"的立场，孤军奋战，最终使谈判流产。

新世纪之交，法国对这一问题有了新的认识，认为"文化例外"不能准确全面地表达他们的思想，因为文化产品有价值观的一面，也有商业性的一面。特别是"9·11"事件让人们看到，缺乏文化方面的理解和沟通是造成西方与其它地区冲突的一个原因。法国虽然不赞成"文明冲突"的说法，但认为加强对话，增进文化交流是反恐的一个重要基础。为了在全球范围内创造条件，让更多的国家接受这一思想，法国总统希拉克在2001年联合国教科文组织大会上，正式将"文化例外"的提法改为"文化多样性"，将有关文化产品问题的讨论从世贸组织转向教科文组织。相对于"文化例外"，"文化多样性"的提法正面而且少了防御色彩，更容易获得国际社会的认同。2001年10月，第31届联合国教科文组织大会一致同意通过"文化多元性整体声明"，声明第一条就将文化多元性列入"人类共同遗产"，将其视为跟"人类生物序列中的生物多元性"一样不可或缺。在一些欧盟国家和加拿大等国的支持下，法国已经成为自由贸易原则下"文化特例"的领头代表，拥护对地方性、创造性和多元文化生活发展的支持和保护权利。

2013年3月，美国和欧盟启动"跨大西洋贸易与投资伙伴关系协定"谈判。法国继续高举"文化例外"大旗，力促欧盟将视听等文化产业排除在谈判范围之外。在捍卫文化方面，法国的态度十分明确。2013年5月13日，法国《文化例外2号法》协调行动政策建议报告出炉。为应对互联网时代日益严重的非法下载行为，法国曾于2010年颁布实施《创新与互联网法》，采取渐进的警告、惩戒、处罚措施打击网络非法下载，规范网络环境。2012年法国左翼执政后否定该法，称其造成文化创作者与网民之间的对立，不利于文化多样发展，提出将制定《文化例外2号法》取而代之。《文化例外2号法》是法国左翼政府执政一年来着力推动的数字时代文化发展政策的重要内容，旨在促进艺术创作、文化繁荣和文化内容全民共享，奠定数字时代文化政策体系基础。为制定该法，法国政府于 2012 年 9 月任命资深文化人士皮埃尔·莱斯居尔为"数字时代数字内容和文化政策协调行动"总负责人，针对所有涉及数字变革的文化艺术领域，在全国范围内面向广大专业人士开展为期半年的征询、会商和研讨行动。表 7.1 是皮埃尔·莱斯居尔提交的《数字时代文化政策调研报告》概要。

表 7.1 《数字时代文化政策调研报告》概要

项目	内容
政策建议原则	既要为广大民众提供便捷分享文化的可能性，又要正视无偿享有文化内容的不现实性。既要鼓励各种形式的文化创作，又要把握创作和分享文化之间的利益平衡
预期目标	·与欧盟国家合作，制定符合民众期待和社会发展实际的打击非法获取文化资源行为的有效办法，保障创作者权益 ·建立有效机制，对与创作相关的利益采取平衡分配的办法，调整利益分配格局，避免文化产品网络传播过程中产生的价值集中在强大网络运营商手中 ·投资文化内容数字化工程建设，建立创作资助机制，完善著作权管理办法，满足民众的数字文化需求
政策内容提要	（一）促进民众分享网络文化资源 1. 通过文化作品数字化手段丰富网络文化资源 2. 推动体现创新性和文化多样性的数字文化平台的发展 3. 向公众推荐便捷高效、遵守著作权法的文化内容网站 （二）保障创作者应得利益和资助创作 1. 保障创作者在其作品数字化传播过程中应获取的资金回报 2. 提高数字文化产业链各环节运营商税收，用于资助文化内容创作 3. 支持文化内容创新和资金投入方式的更新 （三）加强知识产权保护 1. 将打击网络非法下载行为转向重点打击营利性盗版行为，削弱渐进惩戒办法 2. 完善适用于数字时代发展的知识产权保护法 3. 提供查询运用元数据的便利条件

2013 年 5 月 13 日，法国文化部部长菲利佩蒂引领欧盟另外 13 个国家的文化部部长，共同签名致信欧盟当值主席国爱尔兰的文化部长，要求欧

盟维护其"文化例外"立场,除将视听领域排除在自由贸易谈判之外,还应将其从传统文化领域扩展到数字领域。2013年6月14日,菲利佩蒂在法国《世界报》发表题为《法国——直面自由市场坚持"文化例外"的先锋》的文章,称"'文化例外'是法国一贯坚持的政治信念和思想原则,文化产品不是一般商品,市场往往会忽视其特殊价值。一个国家具备在世界上展现自身特色的能力是十分重要的,我们不能在盲目的市场法则中抛弃文化、迷失自己。"2013年7月15日,法国外交部部长法比尤斯与菲利佩蒂在《费加罗报》发表联合署名文章称,"唯有文化才能成就法国的伟大",强调了在同美国的贸易谈判中坚持"文化例外"的重要性,其目的在于保证文化多样性及法国文化的国际影响力。

值得注意的是,法国政府并不将"文化例外"原则合法化,他们反对美国电影的涌入,同时又鼓励多媒体领域形成有竞争力的法国企业,与欧洲及全球市场上的最大媒体集团相竞争。因为一旦将"文化例外"原则合法化,政府势必陷入自相矛盾的陷阱中,而这正是各国文化产业政策上的微妙之处:当自身是弱者时,则擎起"文化例外"的大旗作保护;当自身是强者时,则祭出市场规律的口号去要求公平的待遇,正如美国一贯的论调:"对文化产品唯一的禁令只应取决于其在市场上的失败或成功。且让自由选择权归大众吧。"

从政治上来说,法国捍卫"文化例外"有三方面的原因。首先是内因。尽管法国文化从业人员较少,但他们影响很大,如果法国不能在国际谈判中保护文化产业,在国内就会面临巨大政治压力。其次是外因。法国部分人认为,法国已不再是军事、经济或外交上的主要强国,但在文化领域法国仍可以有所作为,"文化外交"能够让法国在世界上继续拥有一定影响力,并维护其在欧洲的领导地位。文化产业背后蕴含的巨大经济效益,也是法国坚持"文化例外"的动因之一。文化产业是未来产业,新兴市场国家的中产阶层对文化产品需求日益旺盛,法国可利用这一机遇。法国主张的"文化例外"主要指视听领域,这些领域涉及巨大的国际市场和经济利益。视听产业对于法国非常重要。法国每年生产约200部电影,为欧洲之最。而其他欧洲国家电影院中约 80% 的电影来自美国。电影、电视和网络输出的是价值观和世界观。美国早已洞悉文化软实力的重要性，并且投入了大量精力和财力来保护并促进其视听产业在全球获得经济利益。法国才竭力挑战美国文化霸权，维护其"文化例外"。

第三节　法国的文化保护政策

学术界普遍认为，当前世界各国的文化政策可以分为两类：以自由主义为特征的美国模式和以国家干预为特征的法国模式。美国的文化政策体现了其自由主义传统，强调文化产品生产、销售的高度市场化和最小化政府干预；而法国则强调文化产品不同于一般商品的"文化"属性，对自由主义的文化政策提出质疑，其文化政策模式大多强调政府对本国文化产业的理性规划。

（一）法国文化政策概述

在法国，把文化作为一项全国性的事务，由国家最高统治层进行统一管理和规划的历史可以追溯到 17 世纪法王路易十三、路易十四统治时期。1959 年，法兰西第五共和国正式组建文化事务部，将文化事务集中在专门的中央政府机构中，标志着法国开始有了"完整的文化政策"。文化部的成立标志着法国文化政策开始步入迅速发展的快车道。国家在文化政策领域的绝对主体作用表现在诸多方面：国家在全国范围内引领文化导向，在文化领域建立价值标准，对文化领域的工作人员进行管理和培训等等。作为国家在文化领域的化身，文化部代表国家发挥四个主要职能：立法与限制的职能、直接管理文化机构的职能、再分配资金的职能以及活跃文化氛围的职能。

1. 文化政策的制定和实施

1959 年 7 月，戴高乐总统任命法国著名作家马尔罗为文化事务部部长。1959 年 7 月 24 日的政府令明确了文化事务部的职责："使最大多数法国人能够接近人类的尤其是法国的文化杰作，确保他们对我国文化遗产的兴趣，促进文化艺术创作，繁荣艺术园地。"法国文化部主要通过两种方式影响文化活动：一是常规行为，根据国会通过的法律文本；二是直接行为，即国家预算拨款。地区文化部门对当地的文化事业负有完全责任。在政府权力分散的过程中，这是一个以协作为基础的新的公共行为模式，在国家对文化资助继续扮演重要角色时，地区部门的作用明显增加，目前已占据总资助的60%。

自从法国文化部成立以后，法国的文化政策在总体上保持了连贯性和持续性。即使在倾向于经济自由主义的右派政府上台期间，中央政府也没有明显地减弱对文化事务的干预，法国文化政策总的方针和原则也并没有大的变化。而在密特朗总统执政的14年间（1981~1995年），法国更是全面强化了国家对文化事务的控制。不仅国家对文化事业的资金投入大幅增加，而且赋予了法国文化政策更多的内涵，更加强调文化的公益性："文化部的使命是培养全体法国人发明创造的能力，使他们能够自由地验证自己的才华，并能按自己的意愿接受艺术培训。为了集体的共同利益，保护全国和地方以及不同社会团体的文化财富，为艺术作品和艺术思想的创造，提供支持和帮助，并使这些作品获得广大的欣赏者，在世界文化的自由对话中，促进法国文化艺术的发展。"此后的希拉克政府更是把推广法国文化看作是重塑法国世界大国地位的重要举措，赋予其更多的政治内涵。在这种情况下，文化要服务于国家的政治，因此，国家对文化事业的控制得到了空前加强，许多文化事务被国家用正式法律来规范。其中"关于法语使用的法案"，简称杜蓬法，是学术界关注最多的一个。追求荣誉也顺理成章地成为法国文化政策的指导思想。之后各个时期的文化政策无一不体现了这一原则。如果说利用文化彰显法国作为大国的荣耀是法国文化政策的指导方针，那么国家干预则是这项方针最有力、最直接的手段保障。与美国采取的管理模式完全不同，法国在文化发展上并不信赖市场机制，他们以丰富的文化遗产为自豪，注重以文化和艺术为主轴，倡导培育高雅文化的消费市场。在这一理念指导下，国家制定各种政策，以政府特有的行政力量，大力扶持本国文化事业与文化产业。

2. 财政政策

国家文化预算是推动文化发展的重要保证，法国自 2008 年至 2011 年间，文化投入从 59.77 亿欧元逐年增加到 75 亿欧元，增长了 20%。与此同时，为适应文化发展现状，明确各部门职能，提高政府文化管理的效率，法国文化部近几年还进行了大规模的机构改革与重组，经过合并与精简，形成目前文化部的四大部门：文化遗产总司、艺术创新总司、媒体和文化产业总司以及总秘书处。同时，世界经济一体化背景下，文化交流日趋国际化，国家文化安全问题日益凸显，数字技术突飞猛进，传统文化与媒体陷于困境等趋势，法国文化部未雨绸缪，推出了一份长达 302 页的报告《2020 年法国文化和传媒——新时代的文化部》，适时而有针对性地提出从 7 个方面应对面临的局势：创建数字文化政策，逐渐形成各地区文化资源平等的格局，建立一种协调公共文化机构系统的机制，促进建立一种欧洲模式的文化政策，建立部际协调机制促进与私有领域的互动，建立一个文化政策行动的创新实验室。这些举措表明，法国政府清醒地意识到文化发展所面临的新形势和新情况，并富有预见性地采取了必要的应对措施。近年来，法国不断加大文化投入，即使在欧债危机持续蔓延，欧洲各国普遍削减文化预算和投入的背景下，法国依然高度重视文化发展，并给予充足的资金保障。法国文化部门 2011 年 9 月公布的 2012 年文化预算总额达到了 106.2 亿美元，比 2011 年增加了 0.9%，占国家总预算的 0.76%。法国 2012 年的文化事业经费（不包括人员薪酬）共计 30.1 亿美元，比 2011 年增长了 2.9%；人员薪酬 9.24 亿美元，比 2011 年增长 1.6%；用于出版发行、文化产业和新闻媒体的经费为 66 亿美元，与 2011 年基本持平。文化研究项目经费为 2.55 亿美元，同时地方政府的文化经费达到 11.68 亿美元，比 2011 增长了 0.6%。

法国是图书生产、销售和出口大国。据统计，法国共有 4 000 多家出版社，每年出版新书约 4.5 万种，其中 1/2 为新书，1/2 为重版书，每年营业额为 24 亿欧元左右。从经济方面来看，出版业属于一个小的经济行业，但它在文化行业中又数老大，超过了影视、唱片业。出版业已成为法国的"第一文化产业"。在全球图书市场中,虽然法国人口仅有5 000多万,但其图书销售额和版权贸易量却占到了全世界的14.7%。法国政府文化和交流部下设的图书与阅览司的主要任务是保护和支持创作和出版,扩大图书的出口,帮助图书和阅读活动的开展。该司掌握着一笔主要用于对整个出版产业链进行资助的资金,但它不直接对法国出版企业进行资助,而是通过国家出版中心对出版业给予扶持和资助。国家出版中心资助的主要对象是作家、出版社、期刊、书店、图书馆,文化团体和文化活动等。在这一点上,没有其他任何国家可以与之相比。2004年由法国文化和通讯部支持的全国赞助图书和阅读计划项目有3.73亿欧元,主要有三项任务,其中第一项优先资助的是作者、出版社和独立书店,第二和第三项是对图书馆的资助。2004年,法国全国图书中心将4 500万欧元用于支持为图书链的正常有序进行而制定的各种政策(例如,保护公共借阅权、统一书价制度等)和直接资助作者、译者、出版商和书商以及图书和阅读宣传活动。2004年,对作者的资助达到307万欧元,对出版商和书商的直接资助达到了250万欧元,对图书宣传活动的资助达到174万欧元,对由于发展公共借阅权而使图书馆额外购买图书的资助达到150万欧元,对特殊的主题收藏图书的资助达到550万欧元。

法国为出版业贷款创造条件并实行优惠政策。由于出版社和书店经常经费不足,特别是一些小型出版社和书店情况更为严重。而且,出版行业的利润微薄,投资风险大,银行贷款困难。为此,政府与出版业相互担保公司建立了特殊担保基金会,以保证出版商和书商能从银行获得贷款。早在1983年法国就成立了电影及文化工业投资委员会,该委员会由政府拨款2 800万法郎作为保证金,来保证包括出版业在内的文化业能从银行获得贷款。这样,法国出版业从银行贷款就有了双重保证。另外,政府还为他们的贷款给予优惠条件,比如,优先贷款、放宽贷款期限、低利率等。法国图书中心除了在每年的年初为开业1年以上的中小出版社和书店提供5年~10年的贷款外,这些出版社和书店所在地区的文化部门和银行还对出版社给予资金支持(有时由电影和文化产业资助所担保)。除了申请补助外，出版社的单个图书项目也可以申请贷款，如外国文学类图书可以申请生产成本的50%的贷款，古典文学、哲学和科技类图书可以申请生产成本66%的贷款。申请这些贷款要求印数不少于500册，一旦在以后的销售中失败，其中25%的贷款将作为对出版商的补助。

3. 税收政策

法国专门制定文化产业某个门类或每个领域独有的税收征管政策，其征收目的是专款专用于有效扶持相关文化艺术领域和文化产业门类的发展与繁荣。见下表7.2。基于世界文化产业走向与本国文化艺术的主导产业发展方向，法国分别制定了出版、影视、录像、文化艺术品、演出娱乐、文化旅游和数字游戏等产业的税收优惠政策，这些政策具有税率低、减免额度大、税负轻、扶持力度强劲的特点。如法国销售货物或商品的增值税税率为19.6%，而对出版企业的销售额和新闻出版物分别仅按5.5%和2.1%的税率征收；对全国电视税按2%的优惠税率征税；在演出娱乐业产业中，除了综艺性演出收入免税以外，所有演出的销售收入按照5.5%的优惠税率征收增值税，而文化演出团体按2%的特别优惠税率计税，均大大低于一般商品的增值税税率。

表7.2 法国文化产业的税收优惠政策列表

文化产业领域	税收征管政策内容	税收征管目的
出版产业	①税务机关将出版人上缴的0.2%的图书营业额税和由出售复印机的商家上缴的3%的复印机营业额税上交给国家图书中心作为其资金来源。②出版业适用5.5%的增值税低税率。③已注册的新闻出版物按2.1%的增值税优惠税率征收。	征收税金专款专用于资助法国出版产业发展
电影电视产业	①对电影门票销售收入按照5.5%的低税率征收增值税，其税款专门用于资助电影业发展。②对色情和一般暴力影片征收11%的特殊附加税，用以资助电影业发展。③在电视上播放的电影依10%的税率缴纳播放权税，税款用以保护版权，资助电影业发	征收税金专款专用于保护影视版权，资助法国影视产业发展

续表

文化产业领域	税收征管政策内容	税收征管目的
	展。④电视税按2%的特别优惠税率征收增值税	
录像产业	①录像出售或出租按出版商对发行商批发价的2%征收录像出售出租税，其税收收入用以资助录像业的发展。②1985年开始征收私人复制版税。销售者销售的音像产品（如硬盘、CD、DVD、MP3等）根据其净销售收入按照产品不同税率征税，它是一种间接税	征收税金专款专用于资助法国录像与音像产业发展
艺术品产业	①艺术品产业的销售收入可享受特殊的增值税减税优惠待遇，即作者本人或者权利所有者直接出售作品，买方按5.5%的优惠税率缴纳增值税。②若艺术品交易在欧盟国家销售的，在艺术品出口缴纳5.5%的优惠税率增值税；若艺术品在欧盟国家以外出口销售的，免征增值税	征收税金专款专用于资助法国艺术品交易产业发展
演出娱乐产业	①除综艺性演出免税外，所有演出的销售收入按照5.5%的优惠税率征收增值税。②对于新创作的演出娱乐节目，前140场演出收入可按2.1%最低优惠税率征收增值税，超过140场以上的演出收入应按5.5%的低税率征收增值税。③文化演出团体按2%的特别增值税优惠税率征收。④大多数剧场经营按5.5%的增值税优惠税率计算缴税	征收税金专款专用于资助法国文化娱乐产业发展
文化旅游产业	①非营利性文化教育、旅游培训取得的收入免税。②企业和各类文化旅游团体（组织）用于文化遗产维护的费用可作为特别投资支出允许税前扣除	征收税金专款专用于资助法国文化旅游产业
数字游戏产业	①对数字游戏开发商可在纳税额中减除游戏开发成本的20%计算应纳税额。②本国游戏企业出口的高技术数字游戏软件免征增值税和企业所得税，同时给予全额退税，但高技术数字技术由法国相关最高部门确认	征收税金专款专用于资助法国数字游戏产业发展

资料来源：高强：《法国税制》，中国财政经济出版社2002年版。赫斯蒙德夫：

《文化产业》，张菲娜译，中国人民大学出版社2007年版。

为扶持文化产业中健康艺术内容和产业经营行为，政府专门开征某些税种，将征收的税款专款专用，强有力地支持相关文化产业的发展。如对色情和暴力影视文化产品征收不低于11%的特殊附加税收用于资助纯文艺类、儿童剧、记录科普类影视作品的制作与传播；对电视台播放的电影依10%的税率征收播放权税，将收取的税金用于打击盗版，保护法国的影视知识版权，促进本国影视产品与服务的健康发展。

为了鼓励本国文化产品和服务的出口，法国为文化产业制定了特别的税收优惠政策。如艺术品在欧盟国家以外出口销售的免征增值税；经法国预算部（相当于财政部）、科技部、海关等相关国家部门的认定许可后，本国游戏企业出口的高技术数字游戏软件免征增值税和企业所得税，同时给予其全部出口数额全额退税的税收优惠待遇。

为了激励私人企业或个人支持文化产业发展，法国制定有完善且专门鼓励文化艺术产业捐赠与赞助的税收优惠政策。1954年法国颁布的《税制总法典》首次明文规定了文化赞助的税收优惠条款。随着社会的进步及民间参与文化艺术业的实践热情高涨，先后制定颁布了《遗产捐赠与继承抵偿法》（1968年），《企业参与文化赞助税收法》（1984年）、《共同资助法》（1987年）、《文化赞助发展法》（1989年）、《文化资助税制优惠》（2003年）等一系列完善的文化产业赞助税收法律体系。对文化赞助的性质、范围、条件、对象、目的以及税收优惠方式等进行了严格的法律界定，内容涉及法国文化艺术的众多领域。截至2009年法国由此而动员了1 200家以上企业出资3.98亿欧元资助各种文化艺术活动。法国政府以文化赞助税收政策为杠杆，以企业自身的经济利益为动力，驱动企业、公司、个人积极参与文化艺术活动，对文化产业发展的作用不可低估。

4. 法国文化政策的特点

法国政府的文化资助模式主要有以下特点：

第一，政府对文化发展高度重视并提供资金保障。法国历届政府坚持为文化发展提供充足的资金保障,政府对一些国家文化机构团体以及与国家有合同关系的文化团体每年给予固定补贴,金额逐年增长。这在西方国家是不多见的,文化投资的绝对数额在逐年增加,在国家经费预算中所占比例也在逐年提高并已稳定在1%左右。

第二,政府对文化的投入采取直接拨款方式。法国政府由文化和通讯部对重要文化机构、地方政府、有关部门直接拨款。重要文化机构包括国家重点文化设施、重点文艺院团和一些艺术院校等。对一些重要文化活动直接提供资助,法国的公益性文化单位所需经费完全由政府负担,人员享受公务员待遇,如图书馆。政府对艺术表演团体的资助数额巨大,巴黎国家歌剧院等主要国家剧院财政拨款占剧院总收入的66%~80%。地方政府对文化的投入也相当可观。各地都有文化体育中心,经费主要源于政府补贴,各地都有公共图书馆,对当地居民免费,即使是临时居住的外国人也可办借书证借阅馆内书籍和音像制品。

第三,政府对文化的投入主要依靠合同进行管理。法国政府通过签订文化协定的契约形式确保实现政府的管理目标。政府的具体文化发展目标通过财政投入的方式来明确。近年法国政府为避免文化设施文化活动和文艺团体过分集中在巴黎地区,开始实施文化分散政策,将文化活动资金和设施分散到全国各地。1995年~2005年的10年间,政府2/3文化投资用于巴黎外省,重要文化设施大部分建在外省,目标是实现三个平衡:巴黎与外省的平衡、城市与农村的平衡、市区和郊区的平衡。政府利用合同形式对政府资助的部门和单位进行管理和监督确保投入经费的使用效果实现政府的管理目标。

(二)法国的文化遗产保护

法国政府将文化遗产的保护放在文化政策的首位,认为文化产业关系到国民素质、民族传统和凝聚力、国家形象及国家文化安全等,是与其他产业有着巨大区别的特殊领域,需要对其采用一系列保护政策。法国是世界上第一个以公众利益的名义对历史文化遗产立法保护的国家。在文化遗产保护法的建设方面,法国一直走在世界的前头。据不完全统计,法国在近多年的法制建设中,仅文化遗产法一项,便颁布过100多部,为法国人依法保护自己的传统文化遗产奠定了坚实的基础。法国文化遗产保护方面的主要法律见表7.3。

表7.3 法国文化遗产保护方面主要法律

年份	法案名称
1840	《历史性建筑法案》
1887	《纪念物保护法》
1913	《历史古迹法》
1930	《景观保护法》
1941	《考古发掘法》
1967	《景观保护法》(修订)
1960	《国家公园法》
1962	《历史街区保护法》
1973	《城市规划法》

来源:根据相关资料整理。

法国现行遗产保护体系中的内容主要包括历史建筑、景观地、保护区、"建筑、城市、风景遗产保护区",以及历史艺术城市、特色小城镇。①历史建筑。1913年,《历史建筑保护法》颁布,奠定了当代法国遗产保护实践的基础。这一法律把拟保护的建筑分为"列级保护的历史建筑"和"注册登录的历史建筑"两类。中央政府的文化部负责管理历史建筑的保护工作。到2006年法国历史建筑42 000处,其中,列级保护的14 500处,注册登记的27 500处。②景观地。1930年,法国颁布了《景观地保护法》。该法保护的对象是具有"艺术、历史、景观的价值或是留下传说的、留下人类痕迹的"景观。景观地保护的管理工作由国家负责。被保护的景观地也有列级保护和注册登记两类,到2010年法国共有7 350处景观地,其中,2 650处列级保护(总计806 000公顷),4 700处注册登记(总计1

650 000公顷)。③历史保护区。1962年,法国颁布关于历史街区保护的法令——《马尔罗法》,开始了在城市地区将建筑遗产保护与城市发展相结合的实践。国家文化部负责对保护区工作的管理。全国有历史保护区100个,其中已审批63个,拟批调研37个。④建筑、城市、风景遗产保护区。1983年,法国通过的《地方分权法》提出了这种新的遗产保护概念——建筑、城市和风景遗产保护区(ZPPAUP)。它包括了文物周边500米半径的地区,同时涉及具有遗产价值的任何类型的城市或自然风景地区,应用范围广泛。至2006年,全国共有500处ZPPAUP,其中包括已经批准的400处,正在调研的100处。⑤历史艺术城市。这项措施开始于1985年,由文化部与地方政府签订协议,宣布给某市"历史艺术城市"的称号。城市政府负担主要的保护责任,投资保护修复,动员居民参与,对青少年宣传教育,开展相应的旅游展示等。财政部给予少量财政补贴。现在法国共有119个历史艺术城市。⑥特色小城镇。"特色小城镇"起源于1970年,属非政府组织的概念。它最初指布列塔尼地区具有悠久历史和丰富文化遗产的,人口规模在3 000人以下的小镇。法国全境共有120个~140个特色小城镇。

在法国,文化部是文化遗产保护的最高决策机构。该部下设文化遗产司,专门负责文化遗产的保护。由于这项工作具有一定的专业性,所以该司既有行政管理人员,也有专职科研人员。文化遗产司下设四处、三科,专职负责不同类型的文化遗产的保护。这些单位包括:文化活动及事务处、遗址处、文化遗产管理处、文化遗产登记管理处、人类学遗产管理科、影像类遗产管理科、推广暨国际事务管理科。这些科室主要负责法国文化遗产保护工作的规划、决策、领导与监督。此外,文化部文化遗产司还负责法国国立古迹建筑博物馆、古迹信托及若干所文化遗产保护研究教学及信息搜集机构的管理。需要说明的是,从1995年起,法国文化遗产管理机构出现了较大的组织变动。一是法国主管建筑工程的职能部门建筑司并入文化部,因而造成该司与原文化遗产司职能上的冲突,二是国家级历史建筑全权委托给"古迹信托"代管,又一次引发了托管方与文化部门的矛盾，给法国文化遗产保护工作带来一些不便。

法国是遗产大国，文化遗产保护任务相当繁重，因此，在每个行政区的政府内部都设置有文化事务部，专门负责各行政区域内文化遗产的保护及管理工作。这些地区性文化遗产保护机构包括专责区域文化遗产管理局、专责区域遗址管理局、专责区域文化遗产登记管理局、专责区域人类学遗产管理局等四个局级单位。它们也是法国文化遗产保护工作的具体执行单位。国家级项目主要由 15 个左右的地方文化遗产管理局和纪念物遗产科中的监督官员负责实施。

法国的文化遗产普查可以上溯至王权时代。现代意义上的遗产普查一般认为肇始于 1962 年，称为"法国古迹和艺术财产普查"。1964 年 8 月 4 日，在时任文化部长马尔罗（André Malraux）和艺术史家安德烈·沙泰尔（André Chastel）的倡议下，通过了古迹和艺术财产普查的法律。由此兴起了一次全国性的文化遗产普查，普查结果通常被表述为"从小汤勺到大教堂"。如果说这次普查的首要目标是覆盖全境的话，那么普查至今仍未完成，并且永远也进行不完。原因是当时普查的下线是 1850 年，很多遗产被遗漏。遗产的概念也在不断扩展。随着时间的流逝，很多"新兴事物"沉积成为文化遗产，如近年来很热门的工业遗产。法国的文化遗产普查可称得上是一项永不落幕的系统工程。

为做好文化遗产普查工作，法国文化部主持出版了一系列科学标准，如 1971 年出版的《地毯：方法和用语》，1972 年的《建筑：方法和用语》。此后，有关建筑、雕塑、家具、花窗玻璃、金属艺术、花园、陶瓷、城市空间、马车等普查的标准，普查用的术语词典和技术规范等纷纷出炉。2001 年，具有综合指导意义的《文化遗产普查的原则、方法和实施》第一版出版。2007 年，文化部又推出第二版。每次普查行动，根据主题在部分国土范围内系统地开展，或者普查区域内所有遗产，或者选取一类遗产进行专题普查。

2007 年 3 月，法国国家文化遗产普查委员会成立。其前身是 1985 年 4 月成立的古迹和艺术财富全国普查委员会。依据法律，普查委员会有权处理一切关于遗产普查的问题。委员会主席由文化部部长担任。除主席外，有14个成员：4个中央政府和国家级机构成员、5名大区代表、5名专业人员。除中央政府成员外，其余人员任期3年，由文化部部长任命。秘书处设在文化部遗产局。法国共有约300人从事遗产普查工作，普查行动覆盖超过1/4的国土。普查的范围很广，包括在所有国土上人类创造的一切财富的总和：建筑与规划，物品和用具，无论是共有还是私有，时间范围从5世纪直到调查前30年。普查采取实地调查的方式，参照档案和文献，"观察、分析和描述在原地的对象"。在国土之外的法国文化遗产，也在普查之列，如驻外使领馆的建筑和可移动物品。文化部重视文化遗产普查结果的使用情况，力图使所有人均能够了解、使用。据了解，法国已经组织出版了超过800种文献，分地区介绍文化遗产普查的成果，覆盖国土面积约35%。

（三）对广播电视业的支持与保护

20世纪80年代以来，卫星电视传输方式的兴起给欧洲人使用电视的方式带来了一场革命，也为欧洲广播电视立法机构限制国外广播电视节目的进入提出了新的挑战。其中，法国在有关方面的法规和条款最为详细。从1996年开始生效的一项法律要求全法国1 300多家电台在每天早6点30分至晚10点30分之间的音乐节目必须播送40%的法语歌曲。同样，各电视台每年播放法语电影也不得少于40%，违者处以罚款用于资助民族文化。

为了抵制外来文化对本国文化的侵袭和影响，法国视听最高委员会对引进境外节目作了规定，有线电视网播出的节目中，欧洲节目的比例要占到60%（欧盟成员国的视听作品同样适用），超过了欧盟所规定的国产节目比例50%以上。其中法语节目占40%，即至少40%的法国内容在播出日的全天及黄金时间播出，即所有播出时间的40%必须按照"法语为主的制作语言"的规定，用于播出法语节目。法国规定国外节目的比例不得超过40%，通常对违规者处以罚款。在国内节目配额制实施的头几年，法国对违规者的处罚大约达到了1 000万美元。法国还出台了各种不同法规针对各种影视作品的独立制作部门。电视机构必须将其年收入的15%～20%用于委托独立的欧洲制作公司制作"原版法语"节目，进行首轮播出，其中主要是法语故事片、"有创意"的纪录片和动画片等。其中部分的收入可以投资于室内节目制作或是由该公司的子公司制作，上限为1/3。独立制作公司并不直接或间接由一家电视机构控制（最多拥有20%的股份），同时不拥有任何一家电视机构5%以上的股份。电视机构可以将其节目配额的播出权下放给任何一家私营电视机构，最长期限为四年（提供财政资助的多数电视机构为五年）。法国电视和有线电视频道每周必须播出一定数量的电影（每年低于200部），以帮助法国电影宣传；同时，法国电视和有线电视频道必须播出规定数量的独立制作的电视剧。

法国对于外国在广播电视领域的投资在股权上进行了限制。法国规定所有欧盟投资者在法国拥有任何私营频道的股份不得超过25%。非欧盟成员国或欧盟成员的经济合作与发展组织，不能直接或间接拥有20%以上的股份，也不能直接或间接拥有被批准用法语播出的地面电视或广播节目。非欧盟成员不允许在有线电视机构中拥有绝大部分股权。

对于电视合作制作，法国也作出了限制。法国电视制作业每年投资约13亿美元，涵盖了故事片、微型连续剧、情景喜剧片、纪录片、杂志节目、儿童节目、音乐节目和游戏节目等所有的节目领域，其中27%通过合作制作或提前出售找到海外合作伙伴，80%的节目由独立制作公司完成。对于合作制作，法国视听最高委员会规定：为了获得"原版的法语视听作品"的授权，从而从各种不同公共计划中受益，原版的法语节目"必须由一家法语为主的制作机构（或两家最大的）根据其最终支出费用，至少资助其中的15%；原版作品必须主要用法语拍摄；至少有80%的财政资助来自于法国的合作伙伴，至少50%的制作费用必须在法国花费。对于法国资助不足80%的国际合作作品，如果满足一定的标准，也可以被视为合格的欧洲作品。"

（四）对电影行业的支持和保护

法国政府通过政策和立法，对电影产业实行扶持性的资助制度，并随着时代发展和市场变化的需要不断调整日益完善。法国早在1948年就开始实行电影资助制度，由政府设立电影产业临时资助基金，以支持战后法国电影的振兴。1959年1月8日，法国文化部成立后，从原来归属教育部和工业部的法国国家电影中心划归文化部管理，此时的电影中心开始设立电影产业资助账户，同时还进一步将相关扶持政策规范法制化，由此出台了《电影资助法》，该法明确规定电影产业享受国家扶持资金，但在资金来源上不直接从国家财政拨款，而是从每张售出的电影票中征收10.72%的税，所得税款直接纳入国家电影中心管理的电影产业资助账户中，作为电影产业发展资助基金。1984年，由于电视的普及和电视行业的蓬勃发展，法国又通过立法从电视台的营业额中征收5.5%的税，税款纳入电影产业资助账户，作为电影产业发展基金的又一资金来源。因此，从那时起，电影产业发展基金正式更名为影视产业资助基金。1993年，法国再次颁布法令，对电影录像带和影碟征收2%的营业税，税款补充进入影视产业资助基金。随着互联网的出现，电影业不断受到冲击，于是法国政府又采取付费点播方式来满足法国人休闲生活的需要，并逐渐成为重要方式。2004年，法国立法规定，所收点播费用也需交纳2%的营业税，作为影视产业资助基金的另一补充来源。经过60多年的不断完善，法国电影资助制度完全形成，为法国电影提供了制度和资金上的保证，使法国电影保持着较强的创造力和竞争力。

据法国文化部公布的电影方面的数据，2000年~2005年，法国电影占法国市场的比例在27%~35%之间，美国片则始终保持在60%左右。2004年在法国发行的法国片144部，美国片有194部，但票房收入前10名，法国片只有3部，其他都是美国片。法国在欧洲是拥有电影院数量最多的国家（法国5 000家，德国4 000家，英国2 500家），但是它们放映的美国电影数量却是比较少的，美国电影大约占据了法国市场的60%~70%，而在英国占到75%，在爱尔兰占到90%。法国电影只占到美国市场的1%~2%。

面对好莱坞电影的强势进攻，"保卫法国电影委员会"等民间组织呼吁政府以"政治力"形式介入电影产业。而事实上,法国政府也一直以正面干预的方式推行文化保护政策。为了促进和保护本国电影业的发展,提高国产影片的竞争力,早在1948年,法国政府就公布了一系列带有强制性质的本土电影保护及资助政策。其中,具有决定意义的规定有:①提高本土影片放映比例;②对美国影片输入进行配额限制;③加大对美国影片的税收力度,并将所得金额用来资助法国本土影片的生产。政府大力扶持电影业,不但从财政上给予资助,还在发行渠道上予以保证。法国多年来一直实行电影门票附加特种税,用以支持电影业的发展。到了1998年,法国对电影业共提供了26.3亿法郎的资助,其中24.25亿法郎来自本行业的各种税收,2.05亿来自国家的拨款。在"政治力"介入后,法国电影开始复苏。

近20多年来,法国电影在与好莱坞电影的艰苦抗争中逐渐走入了平稳发展期:法国影片年产量基本保持在120或130部以上,本土票房占有率也始终保持在30%左右。但是,与此同时,法国电影危机论的呼声却在日益高涨。这是因为:其一,主创人员的艺术化追求使法国电影与娱乐产业的距离在加大;其二,好莱坞电影的市场攻势在加强。因此,法国电影产业不得不进行新的选择。在20世纪80年代,法国出现了一股"非艺术化"的电影创作思潮。该思潮强调法国电影应该拍摄大众所喜闻乐见的传统影片,主张以大明星和好故事来吸引更多的电影观众。这一思潮不仅赢得了广大观众的支持,而且还得到部分具有人文批判精神的知识分子的拥护。在这一思潮的影响下,法国影片在保持其艺术个性的前提下开始了大众化、商业化的转型。如今,由法国著名导演吕克·贝松创办的"欧罗巴公司"已经成为可以和好莱坞一较高下的大型电影制作公司,其制作电影的规模、水准、模式都借鉴吸收了好莱坞的特色与风格,并已拍摄了一系列大众化、商业化的电影。

法国政府实施的"电视无国界"指示("Television Without Frontiers" Directive)和配额制度限制了美国影片在法国影院和电视上播放的数量。1989年10月,为了保护欧洲文化特性,欧盟通过了欧盟广播指示(The

EU Broadcast Directive)。该指示要求欧盟成员国"确保不论在什么情况下，通过可行的和恰当的方式，除了新闻、体育、比赛、广告和文字电视广播节目时间之外的用于娱乐节目的时间段"里，必须保证有51%以上的时段用来播放欧洲本土制作的节目。法国在该指示得以通过的过程中起了极大的促进作用，并在本国体制内实施严格的配额制度。为了更坚决的履行自己保护本国文化的承诺，法国甚至要求它的电视台和电影发行人从欧洲邻居那里购买影片。

（五）对于网络新媒体的支持和保护

当今网络处于英语文化一统天下的状况，各国政府纷纷对此做出了反应，反对"数字化侵略"和"信息殖民化"的呼声越来越高，法国、加拿大、德国、日本、新加坡以及一些第三世界国家，纷纷提出要防止强权文化利用信息高速公路侵蚀其本国民族文化，采取各种对策和措施。法国政府还积极推进自己的网络文化工程等。法国的文化保护政策曾经用来防范美国的文化入侵，但由于因特网的无政府主义特征，以及法国网民同时使用法语和英语的现状，法国现在则提倡"文化多元化、民主化"，一方面积极开发法语网上词汇体系，另一方面则积极扩散法语网站的影响。

2004年年底，拥有全球最大搜索引擎的美国Google公司宣布，该公司将与美国纽约公共图书馆以及哈佛大学、斯坦福大学、密歇根大学和牛津大学的图书馆合作，将这些著名图书馆的馆藏图书扫描制作成电子版放到网上供读者阅读。在2015年工程完工时，Google将建成全球最大的网上图书馆。2005年4月，法国总统府宣布，希拉克总统将向欧盟所有成员国建议，加速数字化欧洲图书馆的建设。法国媒体普遍认为，此举意在与美国Google搜索引擎公司全力打造的全球最大网上图书馆相抗衡。法国总统府在新闻公报中表示，加速欧洲图书馆的数字化建设是维护文化多样性的一项艰巨任务。希拉克总统已经提出，包括法国在内的欧洲各国图书馆资源必须在最大范围内、以最快速度在网上被人们共享。为此，他已要求法国国家图书馆以及文化部研究数字化欧洲图书馆建设所需的一切条件，并将在几周后向欧盟国家提出合作实施这一工程。据法国媒体报道，鉴于这一图书馆有可能推动美国压倒性的话语权,法国国家图书馆馆长诺埃尔·让纳内在 2005 年 1 月就曾提出,必须对 Google 的资源垄断进行"欧洲人的反击",从而让人们了解欧洲的智慧、历史以及文化遗产。

2010 年 3 月,欧盟委员会出台的《欧洲 2020 战略》发布了 3 项任务,即智慧型增长、可持续增长和包容性增长。该战略指出智慧型增长意味着要强化知识创造和创新要充分利用信息技术。欧盟 5 个最大的经济体德国、英国、法国、意大利、西班牙作为欧洲信息技术产业发展的领头羊,其发展方向各有侧重互有补充,而法国对文化数字化的重视独树一帜引起世界多国文化部门和文化艺术界人士的关注。2010 年 9 月 22 日,法国文化部在新闻发布会上宣布,法国文化科学和教育内容数字化工程将从当年第四季度正式启动,总预算为 7.5 亿欧元,其中 75% 用于项目投资,25% 用于资助部分科研计划。在 2010 年法国欧洲文化遗产日上,法国文化部推出的一系列三维数字化文化产品,让参观者通过点击鼠标即可轻松游历法国各地知名文化遗产。这是一个大型文化工程启动的前奏。

法国文化数字化政策落实在各行各业,包括图书出版、音乐、电影、音像、摄影图片、电子游戏等。在面向机构和个人广泛征集项目后,由专门评审委员会遴选确定项目,给予不同程度的投资和补助。仅 2010 年 7 月中旬结束的第一批征集,收到的候选项目就有 141 个。第二批项目征集计划在 2011 年第二季度进行,对 20 世纪的有版权保护但已退出市场的 50 万本图书进行数字化处理,加大对法文电影的修复和数字化处理,建立汇集 1929 年~1989 年拍摄的 3 000 部法文影片的视频点播平台,建立交互式统一数字平台,实现读者与所有加盟媒体以及媒体之间数字资源的自由交易,创建囊括法国所有免费及收费数字影视资源的门户网站并为用户提供更为便捷快速的服务,对所有有助于文化产业各领域适应并应用数字化技术的基础性研究项目进行资助,包括文化内容数字化转换技术、数据压缩技术、识别技术、索引搜索技术、存储技术版权保护等。

(六) 法国的对外文化政策

法国作为抵制美国文化入侵意志最坚决、行为最果断的国家,不仅积极寻求欧盟内部其他成员国在寻求文化保护对策方面的支持,还把这种寻求的眼光拓展到了国际范围。

为了进行世界贸易组织谈判,有 25 个会员国(德国、澳大利亚、加拿大、法国、英国、新西兰等)的电影家协会代表根据世界电影家论坛的框架于 1999 年 11 月 20 日通过了保卫"文化例外论"的文件。1999 年 9 月 5 日于加拿大蒙克东举行的第八届法语国家会议重申了文化多样性的重要性。

2003 年 10 月,由加拿大和法国牵头,大约 60 个欧洲国家和发展中国家主张达成一项关于文化多样性的联合国公约,发起新一轮的全球文化保护战役。有关各方将就一项在拟定中的联合国协议开始谈判。这项协议旨在帮助其他国家保护本民族文化,以免被好莱坞"同化"。法国总统希拉克在联合国教科文组织大会上发表讲话时说,如果这样一项公约得以通过,"担心失去独特身份的国家和民族就能以更大的信心向世界敞开大门"。

法国政府在保护本国文化遗产与文化产业文化市场的同时也非常重视法国文化的国际影响力。法国认为法语文化的生存状态事关法国国家利益和命运,因此保护和复兴法语文化的国际地位成为法国国家文化战略的核心内容。1970 年第一个政府间的法语国家组织"法语国家文化技术合作机构"(Agency for Cultural and Technical Cooperation)在尼日利亚成立,21 个国家参加了该组织。1997 年,"法语国家文化技术合作机构"改组为"国际法语国家组织"(International Francophone Organization,IFO)。国际法语国家组织拥有 57 个成员和 20 个观察员。近 40 年来,IFO 成员国家和地区从 21 个增加到 57 个,涵盖五大洲占世界人口总数的 10%,世界工业总产量的 12%,国际贸易总额的 15%。IFO 带有浓烈的法语文化色彩,增强了以法国为轴心的法语文化的向心力。在国际法语国家组织发展的过程中,法国逐渐地强化了对该组织的主导权。第九届~第十四届国际法语组织的会议主题,见表 7.4。

表7.4　第九届–第十四届国际法语组织会议情况

时间	界次	地点	主题
2002	第九届	黎巴嫩首都贝鲁特	"不同文明的对话"
2004	第十届	布基纳法索首都瓦加杜古	"团结一致，持续发展"
2006	第十一届	罗马尼亚首都布加勒斯特	"教育信息化"
2008	第十二届	加拿大东部城市魁北克	"文化多样性"
2010	第十三届	瑞士西部旅游城市蒙特勒	"法语国家面临的挑战和未来远景"
2012	第十四届	刚果民主共和国首都金沙萨	"经济发展的关键与环境面临的挑战"

来源：根据相关资料整理。

　　法国在世界各地设立数目众多的法国文化协会，为各国法语教学提供教师，为各国的法语教师提供赴法进修的奖学金。法国在152个驻外使馆设立了文化处，在20个驻外领事馆建立了文化组。法国已与一百多个国家签有文化协定和文化交流计划，在世界68个国家开办了134个文化中心和文化学院。在法国举办外国文化周文化季文化年等活动已是持续了若干年的传统，法国曾先后与埃及、以色列、摩洛哥、捷克、中国等国家举办文化交流活动。进入新世纪，法国力图用文化大国来提高其国际威望和政治地位的战略意图显而易见。

　　二战以后，美国就把对外传播平台的运作与公共外交的政策性目标结合在一起。在阿富汗战争和伊拉克战争之后，美国又先后开播了跨地区的阿拉伯语媒体Sawa电台（2002年）和al-Hurra电视台（2004年），这两个媒体与CNN、ABC、NBC、FOXNews等大媒体一起对外播送。而半岛电视台的崛起更促使法国下定决心打造自己的国际传播平台，在世界舆论的"心理和思想"争夺战中力争赢得自己的地位和身份认同。2006年12月6日20点29分，法国首个全天24小时播报国际新闻的电视台France24在巴黎开播。它由私营的法国电视一台（TF1）和法国电视集团（France Télévisions）合资共同持股组建，属于由国家提供补贴的合营公司。

France24 是一个具有综合传播功能的媒体，拥有五个传播平台：三个互动和互补的互联网站（法语、英语、阿拉伯语）和两个同步对外发布实时信息的电视频道（一个完全播出法语节目，一个播出75%的英语节目和25%的法语节目）。当前数字播出范围是欧洲、中东以及美国的纽约和华盛顿特区，播出范围可以覆盖90多个国家的7 500万个电视用户，而三年之内将扩大到整个南、北美洲和亚太地区。France24总裁普齐拉克说："France24虽然不是法国的喉舌媒体，但它展示的是法国的观点，它根据新闻业的客观和独立原则以及法国特有的价值观来处理国际新闻。"希拉克在France24开播之际接受采访时说："像法国这样的大国对世界发表自己的看法是必要的……这个任务实际上由France24来完成。"

在当今世界，任何挑战文化霸权的文化举措不仅需要政治勇气，同时也需要在资金、人才、制作和技术等环节保持相应的竞争力。France24所面对的主要竞争对手是BBC、CNN和半岛电视台，它最令人担心的是资金问题。2006年12月6日，法国《人道报》发表一篇题为《France24中的三色世界》的文章，表达出这种担忧："雄心勃勃地与享有盛名的BBC和CNN竞争的France24在2007年度的预算是8 600万欧元，在随后的四年左右每年是8 000万欧元。如此少的预算与CNN的12亿美元和BBC的6亿欧元相比是微不足道的。"但France24的编辑部主任格列高利·德纽认为，France24有一个非常重要的记者网络，它的背后还有两个母公司以及其他的国际新闻专家的支持，特别是法新社和法国国际广播电台。France24虽然在预算方面暂时处于弱势，但它拥有由28个民族的170名记者和50名技术人员组成的工作团队，同时它还与法国的相关国际媒体合作，组建了庞大的记者网络，将有效地利用信息资源来弥补资金弱势，挑战BBC和CNN。

第四节　法国文化产业保护政策对我国的启示

法国的文化治理模式是典型的国家主导型，强调国家和政府的主导作用，面对美国在文化领域咄咄逼人的态势，法国采取了"文化例外"的保护政策，这些情况都与中国非常相似。由于法国建立的是政府主导型的文化事业与文化产业，没有建立起符合经济发展规律的市场主导型的文化产业，其可持续发展的能力不强，会随着国家的经济社会意识的兴衰而波动。自20世纪70年代中期以来，法国的文化软实力在逐渐地衰落。2007年12月发布的美国时代周刊以封面专题"法国文化已死"一文报道了法国文化软实力衰落的现状。法国的文化发展模式在近30余年的部分衰落值得中国的深思与借鉴。

1. 过度的文化保护政策不但保护不了文化产业，反而会限制文化产业的发展，从而导致国家软实力的衰退

法国提出"文化例外"原则的背景是法国经济实力和国际影响力日渐衰落，这是法国文化竞争力下降的无奈之举。法国保护文化产业的目的在于维持法国的文化软实力，但是法国对于文化产业的过度保护却导致了法国文化软实力的进一步衰落。法国政府一直非常重视对于文化市场的扶持，政府每年将GDP的1.5%投放在文化和娱乐活动上，与之相比，德国只有0.7%，英国只有0.5%，美国只有0.3%。法国文化部慷慨地将大量资金投入博物馆、歌剧院和艺术节，供养了148个文化团体、26个研究中心、176个考古队和11 200名文化官员，数字比例高得离谱。而誓将"法兰西文明再次发扬光大"的萨科奇总统上任后更是将文化部的预算增加了3.2%，达到110亿美元。法国政府对于文化产业的补贴政策也引来了众多的批评。批评者称，补贴保护了庸才，过分保护文化产业限制了创作者的视野和创作热情。在一个被配额和语言屏障保护起来的国内市场，法国制作人不需将版权卖到海外。法国电影只有1/5销到了美国市场，1/3销到了德国。法国作家马尔特尔说："要不是因为铺天盖地的文化部门，法国人的文化生活大概可以更丰富多彩。"他认为法国的文化补助政策保护庸才，限制创作者的视野和热情，导致如今法国根本无力抵御美国文化的入侵。

我国政府也投入了大量的财力扶持文化事业和文化产业，对文化产业

尤其是核心文化产业也采取了严格的保护政策。这些政策措施出台的背景也是基于我国文化产业市场化水平低、竞争能力弱，无法参与国际竞争。本来，对于弱势产业保护的目的是避免国外强势产业的损害，通过政府扶持增强它们的竞争力，但是现在文化产业很多扶持政策只是为了扶持而扶持，为了保护而保护，最终看似产业发展态势不错，实则偏离市场需求，市场竞争能力反而下降，比如动漫产业的分钟补贴政策看似促进了动漫作品产量的大幅上升，但实际上却造就了大量的劣质产品，损害了动漫产业的竞争力。因此，我们有必要对于现有补贴政策是实际效果进行评估，对于不利于产业市场竞争能力增强的产业扶持、补贴政策，要坚决取缔。

2. 我们要认识到法国实施"文化例外"原则的实质，不能一味地强调文化特色

文化层面虽然属于精神层面，但却与物质层面无法分离。在全球化趋势导致产品和服务在全世界范围更加自由流通的时代，在全世界都要遵循WTO规则的情况下，世界任何地方，只要有需求存在，就可以得到满足。物质与文化是一体的，无法通过主观的愿望，让文化"例外"起来。早在20世纪60年代后期，后来成为卡特总统国家安全顾问的地缘政治家布里辛斯基认为，在"电子科技革命"的效应之下，一个全球化的社会即将诞生，从发生在美国社会的诸多征兆可见一斑。他认为，美国生活模式对全人类而言是迟早的事，美国之所以占有新世界文明灯塔的位置，多亏它所具备的"文化吸引力"，他们的模式，他们的电视节目、他们的资讯、他们的科学发现、他们的企业管理方式等。虽然布里辛斯基的观点有失偏颇，但全球化带来的经济、文化的趋同显现却是存在的。

法国虽然倡导"文化例外"，但是法国政府并不将"文化例外"原则合法化。法国倡导的"文化例外"并不是真的"例外"，而是保护本国文化产业的一种手段。当自己是弱者时，则擎起文化例外的大旗作保护；当自己成为强者时，则祭出市场规律的口号去要求公平的待遇。正是因为看到了"文化例外"防御的色彩过浓，法国近年来用"文化多样性"来替代"文化例外"。

法国政府主导式的文化政策，以及在全球化背景下提出的"文化例外"原则都和我们国家的情况非常相似，都是希望在经济全球化、贸易全球化的同时，保持自己国家文化的独立性，以及本国国民的"民族特色"。对我们国家而言，文化不仅仅是"民族特色"，更是"意识形态"。我们国家虽然没有像法国那样明确提出"文化例外"原则，但实际上我们一直在强调"中国特色"。如果我们像法国那样把"特色"作为文化保护的一种手段，对于我们争取时间培育自己的文化竞争力当然是有好处的。但是，如果我们真的把自己的文化作为一种"特色"来建设，无视世界文化的发展趋势，对于提升我国文化"走出去"以及提升我国文化的国际影响力是不利的。

3. 法国文化遗产保护的经验值得我们学习和借鉴

放眼世界，法国在文化遗产保护方面走在世界各国前列，积累了大量保护的经验，对于我国完善文化遗产保护体系具有重要的借鉴意义。比如以《遗产法典》为核心建立的法律保护体系；法律保护过程中强调专业性；对遗产的科学管理，对遗产价值的充分合理的开发利用；以登记保护和分类保护为核心的层次分明的保护体制；偏重对物质文化遗产的保护；强调国家主导，并以税收、政策等方面优惠措施激励引导的保护策略等，都对我们富有启迪意义，值得我们参考借鉴。

虽然我国已形成了以《中华人民共和国文物保护法》为核心，以行政法规、部门规章和地方法规为骨干的文物保护法规体系，在文化遗产的法律保护方面取得了重要发展。但是，我国现有的文化遗产法律保护主要还存在以下问题：第一，缺乏系统的文化遗产立法体系。从我国现行的有关文化遗产保护的立法来看，物质文化遗产的法律保护是以文物保护为核心，由于文化遗产的范围要大于文物的范围，因此文物保护法难以涵盖所有类型的文化遗产。而在非物质文化遗产的法律保护方面，我国目前尚缺乏统一的较高层次的立法。此外，从分类上看，我国现行的立法未能对文化遗产予以抽象化和概念化，而是明确区分为物质文化遗产和非物质文化遗产，但事实上其两者有时是紧密联系在一起的，如建筑和建筑的方式方法，简单地割裂二者的联系容易导致在具体的保护过程中出现偏差，进而失去保留文化遗产原生价值的意义，不利于对文化遗产的整体保护。第二，法律保护方式过于行政化，缺乏统一高效的管理体制。法律保护方式的行政化，主要体现在现行的多部门分级管理体制上，这种文化遗产的行政管理模式导致具体的法律执行困难重重。第三，法律保护内容的规定比较笼统，可操作性不强。我国现行文化遗产保护法的主旨多侧重于明确保护对象、保护内容和保护方法，而对于保护实施过程中所涉及的一些具体法律问题，如保护范围的确定方式、保护管理机构的设置与运作程序、监督机构的设置与职责、保护资金的来源与金额比例等还都缺乏明确规定。

借鉴法国的经验，我们应该尽快完善中国文化遗产的法律保护。首先尽快建立完善的立法体系。在宪法保护历史文化遗产的大原则下，将物质文化遗产和非物质文化遗产分别立法，作为文化遗产法的基本法，并辅之以行政法规、部门规章和地方性法规予以补充完善，待时机成熟后再制定统一的文化遗产法；应将有关非物质文化遗产的法律法规予以整合，形成专门的针对历史文化遗产的法律法规体系。其次，尽快统一文化遗产保护的行政管理体系。统一和有效运转的行政管理体制是实现文化遗产法律保护的重要因素。从法国相应的行政管理机构的设置来看，法国文化部始终是文化遗产保护的核心机构，文化部下又设有专司各种不同类型遗产的部门，在地方也设有专司文化遗产保护和管理的行政机构。除此之外，法国还设有部际联合机构负责协调不同部门在文化遗产保护和管理过程中的职责。我国在此方面处于"多头管理"的状态，存在很多弊端，应借鉴法国经验，尽快建立起有效运转的统一的行政管理体系。最后，设立专业性咨询机构，并从法律上赋予其一定职权。咨询机构是确保文化遗产得到专业、科学保护的基础，也是体现社会参与性的重要内容。我国现有的咨询机构偏重行政主导，缺乏应有的独立性和制约性，其主要原因在于法律法规未能明确赋予其一定职权，这也是造成我国文化遗产保护水平较低的重要原因之一。因此，有必要在中央和省级文化遗产行政管理机构之下设立咨询机构，专门负责各种文化遗产的清点、登录、评定的咨询，依法对其职责予以明确规定，并赋予其一定的监管职权，维护其相对独立的地位。

4. 借鉴法国的税收政策，支持文化产业的发展

首先，实施费改税，开征专门税种支持我国文化产业的持续发展。发展文化产业需要有足够的资金对产业竞争的弱势领域——文化基础设施等加以重点扶持。我国应借鉴法国的税收制度与税收政策经验并结合自身文化产业发展的现实国情，改革现行的文化事业建设费，将其改革、优化成为具有中国特色的文化产业税。开征的目的是通过征税获得持久而稳定的财税资金进而强有力地支持我国文化战略产业和支柱性产业的持续发展。

其次，优化与完善我国文化产业税收优惠政策。我国应借鉴法国完善的文化产业税收优惠体系，丰富与完善现行文化产业税收优惠政策。在税种优惠方面，鉴于现行文化产业税收优惠仅局限于增值税、营业税、企业所得税和个人所得税等少数几个税种，激励力度不足，因而应学习法国的税收实践经验将文化产业税收优惠政策扩大到现行所有税种之中，以全面激励我国文化产业的发展。在税收优惠属性方面，我国应改变现行只在货物与劳务税类、所得课税才有文化产业税收优惠政策的现状，在税收优惠属性上涵盖到财产课税、资源税类、行为课税和目的课税方面，完善我国文化产业税收优惠方式。在税收优惠内容方面，我国应增加与非物质文化遗产保护、文化娱乐休闲、数字游戏、文化信息技术、广告会展、文化创意、文化网络、动漫卡通等新兴文化产业相关的税收优惠政策内容，尤其对于重点支持的文化产业及其项目应准许其税前据实扣除加速折旧的部分和风险准备金；对中国文化企业的创业投资可按其创投资金的相应比例税前抵扣创投企业的应纳税所得额。

最后，灵活运用税收政策引导、激励企业和民间资本投资发展文化产业。我国应充分运用税收优惠措施鼓励民间资本投资文化产业。企业可采取参股、入股、合资、特许经营等运作形式投资国家需要扶持的文化产业项目，政府可在投资抵免、税项扣除、税额减免等方面给予税收优惠支持；应借助税收政策的杠杆、引导作用，鼓励社会民间资本进入非物质文化遗产、文化基础设施、公益性文化项目等非营利性文化产业领域给予其

税利返还、投资退税——税率式减免、税基式减免等不同形式的税收优惠待遇；为激励民间资产对文化产业项目捐赠的积极性，应借鉴法国的捐赠税收政策，扩大现行捐赠税收扣除标准。

第八章　加拿大的文化产业保护政策及其启示

加拿大政府和人民对文化产业极为重视，其文化政策也服务于保护和发展加拿大文化这一既定目标，并不惜为此与美国争执，这在平衡的美加双边关系中颇为突出，显示了加拿大执行其文化政策的坚定性。

第一节　加拿大的"文化主权"及其提出的背景

加拿大文化滥觞于古老的北美土著文明，然后经历了法、英殖民时期的发展，最终形成于20世纪之初。土著文明是加拿大文化得以发育的基础，而法、英殖民文化则为它注入了新的血液和营养。加拿大文化在主体上是欧洲文明的延伸，其特点为多元化基础上的二元性。它以英裔文化为主，法裔文化为辅，同时包含土著及其他族裔文化的复杂成分，其中法裔文化有较大的独立性。它的形成既是世界文明融合的结果，也是加拿大各族裔彼此政治斗争的产物。

一、加拿大的"文化主权"原则

长期以来，加拿大政府一直非常重视和支持文化活动。这些文化活动既包括文化内容，也包括文化设施。加拿大文化与传播委员会曾给文化下过一个定义："文化是我们社会的灵魂，它反映了我们的信念，我们的生活道路和我们对周围世界的看法。"加拿大政府支持文化活动的历史源远流长,因为历届政府都认识到,文化是一种"公共产品"[1],它需要政府进行协调和干预,以促进国内文化内容的生产和传播渠道的扩展,同时,有效地与外国的文化商品和服务进行竞争。所以,如果没有政府的干预,广大公众就无法享受到充足的文化产品。关于政府是否应该支持文化建设,一直有不同的看法。文化赋予我们作为一个民族和一个国家的基本意义。加拿大人一直把文化视作独特的东西,为自己的文化而骄傲,并把文化发展与生活质量紧密地联系在一起。加拿大文化产业对经济繁荣的贡献非常大,约占国内生产总值(GDP)的5%。虽然加拿大政府的文化政策并不以经济利益为导向,但文化对经济的贡献不可小视。

加拿大创造性地提出了"文化主权"的概念与观念,相对于几个世纪前提出的"国家主权"概念而言,其先导性和独创性是显而易见的。加拿大政府认为,所谓文化主权是指加拿大有能力得以自行而不受干扰地制定法律、法规和政策,以有效地保护和推动符合加拿大人民利益的文化与文化产业。加拿大将文化产业定义为涉及文化商品的、生产与营销的领域,不仅包括诸如报纸、书籍等产品,而月包括广告等服务,从而广义地界定了文化主权所涵盖的范畴。除推行文化主权的能力之外,加拿大还十分强调推行文化主权的强有力的意愿与意志,没有这样的意愿,即便有能力也很难捍卫自身的文化主权。

在加拿大,关于文化主权的讨论可以追溯到英联邦时期,那时加拿大主要受欧洲文化和生活方式的影响,特别是英国和法国的影响。20世纪20年代以后,随着美国的崛起和商业无线电广播的兴起,为应对美国文化的影响,加拿大建立了区别于美国文化的加拿大文化,加拿大在1929年成立了加拿大皇家广播委员会,并成为1936年成立的加拿大广播公司的前身。从20世纪40年代开始,如何增加文化产品成为加拿大联邦政府的文化政策之中心议题。1957年联邦政府颁布了《加拿大理事会法》,并设立加拿

---

[1] 公共产品是指关乎公众福利,但私营领域又无法以公众能够接受的价格进行生产的产品。

大艺术理事会，其目的乃是推动和促进加拿大的艺术产品生产。

二、"文化主权"提出的背景

加拿大之所以关注文化主权，是由以下因素所决定的：

1. 与世界上最大的文化产业产品出口国美国有着开放的边界

美国是加拿大的唯一邻国，是世界上经济最发达、军事实力最强大、政治影响力最巨大的国家，也是世界上最强大的文化产业生产国，其出产的电视节目、录像节目、电影、书籍均具有世界范围的影响，对作为紧邻国家的加拿大的影响就更大，何况美加之间又无语言障碍。以美国出版物为例，它一般只标示两个价格，一个是在美国国内的售价，另一个便是在加拿大的售价，这在世界各国出版物中是仅见的。由此可见，美国是把加拿大视作美国市场的延伸。而且，加拿大大多数居民居住在离美加边境数百公里的区域内，从而使美国文化产品特别是广播电视节目可以非常便利地通过卫星和其他方式进入加拿大，为加拿大人所收听、收看。虽然加拿大贸易总体上是顺差，但在文化商品和服务贸易方面却是逆差。

2. 除了地理上的邻近，美加两国还有着文化上的亲缘

美国和加拿大都是盎格鲁－撒克逊文化主宰的国家，虽然相对而言加拿大人较为保守，美国人比较激进，但这只是程度上而非本质上的差别。英国在"七年战争"中击败法国夺取"新法兰西"后，本想通过从十三殖民地输入英裔移民来同化法裔加拿大人，但这一政策非但没有实现预期的目标，反而成了美国革命爆发的重要原因之一。美国革命后，大批效忠党人移居加拿大。他们的到来不仅促进了英裔、法裔加拿大人的分立，以及英国政治制度主导性的确立，还对加拿大的政治文化和民族性产生了非同寻常的影响。正是由于效忠派反对美国式的暴力革命，坚持忠于英国王室，主张通过循序渐进、和平的改革来实现政治发展，加拿大才形成了根深蒂固的保守主义传统。

3. 地缘与文化上的接近为美国文化的渗入提供了有利的先决条件，而美国的大陆主义思潮则对这种趋势起到了推波助澜的作用

大陆主义实质上是一种扩张主义，其最初的思想源泉来自清教始祖的

"天赋使命观"。早期的清教徒们认为,他们是上帝的选民,其神圣的道德义务是建立基督教楷模,并以此来重新塑造世界。"天赋使命观"使美国人产生了这样的信仰,即美国的文明是人类迄今为止所出现的最高文明,其他国家民族能否达到美国的水平取决于美国对他们教化的努力:随着时间的推移,邻近的落后国家势必会争相投入美国的怀抱,美国的影响也注定要扩大到整个美洲。这一信仰渐渐演化为以所谓"天定命运"(Manifest Destiny)论为代表的大陆主义。在美国人信奉的"天定命运"中,加拿大应该成为美利坚民族的一部分,认同于他们的文化。长期以来,大陆主义者始终觊觎加拿大,欲将它兼并入美国。

4. 市场规模小

加拿大人口约3 500万,其文化消费有限,这个小市场还被两种官方语言分割为两个更小的市场,两个小市场的结构基本相同,不足以使文化产业成为商业上赢利、无须政府资助的产业,换言之,完全依赖商业行为运作文化产业不太可行。加拿大文化产品必须与从美国进口的大量的、高质量的文化产品进行价格竞争,但美国市场规模巨大,单位生产成本相对较小。结果是,加拿大文化产品生产商被迫以高成本投入生产,但以低价位进行销售,因为价格被进口文化产品左右了。这是加拿大生产商面临的最不利的竞争因素,图书、期刊、电视节目、录音制品生产莫不如此。如果加拿大政府对文化产业听之任之,放任不管,就会为美国文化产业进入加拿大提供充分机会,甚至有可能垄断加拿大的文化市场。这是加拿大政府绝对不愿意看一到的。文化主权从而成为它抵御美国文化影响的挡箭牌。

5. 国土庞大

与相对较少的人口相比较,加拿大拥有世界第二大的国土面积,从而呈现出地广人稀的特点,尤其是部分加拿大人散居全国各地,向他们提供文化服务只能由加拿大政府承担,而不可能指望私人企业去做赔本买卖。例如,由加拿大政府出资建立和运营了加拿大广播公司,其目标便是向加拿大境内所有500人以上的社区提供广播电视服务。加拿大政府关注文化主权就如同其关注领土主权一样,它不愿失去魁北克省,同样也不愿失去对庞大国土上人民的文化影响,并且努力化在庞大国土上施加文化影响的不利因素为有利因素,这便是对文化主权的强调。

6. 文化差异

加拿大拥有英语和法语两种官方语言,有着日益庞大的移民族群,从而形成多民族、多种文化、多种宗教相互交织的文化格局,这使本来就较少的人口进一步划分成更小的语言文化群体。加拿大内部的文化安全主要来自三个方面:其一是魁北克族裔民族主义;其二是土著民族主义;其三是"第三种势力"的身份诉求。魁北克族裔民族主义反映的是英裔、法裔之间的文化竞争与冲突;土著民族主义折射的是土著人对加拿大政府的政治压制和文化同化的不满;"第三种势力"的身份诉求体现的是加拿大社会中的文化歧视。加拿大政府对此采取的措施是,对魁北克族裔民族主义者进行政治上的妥协和文化上的安抚。对土著人和"第三种势力"两大少数族裔群体的文化权利予以承认,并对它们的文化诉求给予象征性的支持。保护文化差异已纳入加拿大文化政策之中,并成为文化主权主张的推动力之一。

由于加拿大是唯一拥有两种官方语言的西方移民国家,由于其独特的地理位置和人口、国土因素,加拿大在西方发达国家中具有某种独特性,正是基于此,加拿大提出了保护文化主权的主张。美国化的危害在于其文化中心主义信条和霸权话语的逻辑。加拿大之所以成为它的受害者,首先源自两国之间实力的悬殊,其次是加拿大民族认同的脆弱。两者都对加拿大的民族身份构成了威胁。

三、加拿大多元文化政策的形成

纵观加文化政策发展史,大致可分为三个阶段:同化、熔炉和多元文化。最初推行同化政策的目的是使其他移民集团同化于不列颠文化,以加强英裔加拿大人的地位,削弱其他民族势力。然而,19世纪后期,移民大量涌入,民族成分日趋复杂,以至于英裔加拿大人再无能力"消化"众多族裔带来的五花八门的民族文化,从而使同化政策宣告"流产"。随之而来便是熔炉政策的出台。尽管人们花了不少时间去努力寻觅,但最终还是未能在境内找到一个既能让盎格鲁人满意,法兰西人赞同,又能得到乌克兰人、日耳曼人、华人等其他族裔支持的中心熔点。这样一来,加政府只好对熔炉政策浅尝辄止,并在一时无万全之策的情形下,默认多元文化并存的现实。

确切地讲,"多元文化"一词在加拿大从提出到实现经过了半个多世纪。最初提出多元文化是在 1922 年。到了 30 年代,多元文化有了新的发展,"多元文化政策"成为时髦的口号,但当时加拿大社会内部对此争议很大。60 年代,加拿大法裔掀起了一场声势浩大的独立运动,这场惊心动魄的运动尽管以失败告终,但它却使加拿大政府更加清楚地意识到了民族、文化政策的重要性。为了顺应时代的发展、维护国家的统一,1971 年,加拿大皮埃尔·特鲁多政府宣布实行双语框架内的多元文化政策,明确指出多元文化政策是全体加拿大人民的政策。其核心是:承认其他族裔文化的存在及贡献,反对种族歧视。民族平等。这一决议的重要历史意义在于它不仅使如拿大率先放弃了二次大战前后实行的同化政策,成为世界上第一个奉行多元文化政策的国家。更重要的是这种多元文化政策,加强了国内各族裔的团结,极大地繁荣了本国文化,丰富了加拿大文化的内涵,为日后加文化产业的形成奠定了坚实的基础。1982 年,加拿大颁布了《加拿大权利和自由宪章》,1988 年正式通过了《加拿大多元文化法》,重申了 1971 年实施的多元文化政策。根据《加拿大多元文化法》,加拿大承认族裔与文化多样化之合法性,视多元文化为加拿大民族的基本特征与宝贵资源,保障所有公民保存和分享民族文化遗产的权利,鼓励他们为民族文化的繁荣做出应有的贡献。

第二节 加拿大的文化保护政策

一、加拿大文化保护政策的历史演变[1]

徐琴媛在《加拿大的传播本土化》一文中,把加拿大政府对美国文化的抵制分为三个阶段。第一阶段是从广播兴起、CBC出现到1968年广播电视委员会的成立,主要是建立起保存民族文化的广播制度;第二阶段是20世纪60年代末~80年代末,在多元文化政策确立后,在广告播出、税收和政府资助等方面鼓励本土文化而限制美国文化;第三阶段是20世纪80年代末至今,是保护本土文化与限制美国文化政策措施的进一步深化阶段。[2]

1. 建立保护民族文化的广播制度阶段(20世纪20年代~60年代末)

(1)艾尔顿委员会提出广播要为加拿大服务。早在20世纪初,加拿大就针对美国文化的渗透采取了反渗透的维权斗争。那时,当美国娱乐圈明星、美国的价值观充斥着加拿大广播的时候,许多具有民族主义思想的加拿大人就呼吁政府采取措施,抑制美国思想文化的入侵。为了制定一项有效的政策,加拿大政府于1928年成立一个由加拿大商业银行总裁约翰·艾尔顿(John Aird)公爵负责的调查广播事业的皇家委员会,这个委员会在历史上被称为艾尔顿委员会。加拿大政府给委员会的使命是:广播如何为加拿大人的利益服务、如何为加拿大的国家利益服务。鉴于当时很多加拿大广播公司加入了美国的广播网络,委员会也被要求评估这种状况对加拿大主权的影响。委员会于第二年提出报告,指出加拿大人有着一个共同的观念,加拿大的电台听众需要加拿大的广播。报告提醒政府注意那些对加拿大民族构成威胁和破坏作用的外国(主要是美国)广播节目,指出"不断收听这些外国节目极易使国内青年人适应非加拿大的理想与观念"。

---

[1] 姜文斌:"政治、文化、经济目标之平衡加拿大广播电视产业政策演变及其启示",华中师范大学2013年博士学位论文。
[2] 蔡帼芬:《加拿大媒介与文化》,中国传媒大学出版社2004年版,第75~89页。

加拿大社会各界对艾尔顿委员会的报告进行了长达四年的漫长辩论。最终，1930年上台的新政府采纳了委员会的大部分建议，决定在加拿大建立公共广播垄断的单一体制。1932年，政府颁布了《加拿大无线电广播法案》(The Canadian Radio Broad casting Act)，建立了加拿大全国无线电广播委员会 (CRBC)，这即是后来的加拿大广播公司的 (CBC) 的前身。加拿大自由党新政府上台后，于1936年通过了新修订的加拿大《无线电广播法案》(The Canadian Radio Broadcasting Act)。根据这个新法案，加拿大全国无线电广播委员会被撤销，取而代之的是新成立的加拿大广播公司 (CBC)。CBC不但自身是广播服务提供者，还被授予监管加拿大私营广播的权力。它"直言不讳地维护文化主权"，是加拿大对美国文化入侵的认真抵抗。总的来说，二战前，加拿大政府并未完全忽视民族文化安全的维护。但当时它更强调经济与政治事务的优先性，没有制定出全面、具体的文化政策。二战结束后，加拿大人的民族自豪感倍增，与此同时美国文化的渗透也更为严重，他们越来越迫切地认识到强化加拿大民族身份、遏制美国人蚕食的必要性。在新一轮民族主义声浪中，加拿大政府开始推出系统的民族文化政策。

（2）梅西委员会对加拿大文化政策的反思。1949年国家艺术、文学与科学发展皇家委员会的成立便是其最重要的举措之一。该委员会由加拿大前驻联合国高级专员、时任多伦多大学校长文森特·梅西任主席，因此又被称作梅西委员会。梅西委员会受加拿大政府委托对加拿大广播公司、国家电影局、民族博物馆和国立档案馆等联邦机构进行考察。梅西委员会报告的关键词是"加拿大文化"，即建立加拿大独特的文化身份。一方面，梅西委员会正式提出通过文化来实现和强化国内各民族的融合和加拿大化，以文化建设贡献于国家主义和国家构建。另一方面，梅西委员会的报告再次确认美国的大众流行文化对加拿大文化而言是一种"侵略性"和"威胁性"的力量，因此政府有必要采取措施促进加拿大本土文化之发展。为了实现以上目标，梅西报告提出一系列措施和手段。报告指出，国家电影局、民族美术馆、与国立图书馆等机构对民族文化起到了保护和促进的作用，但政府还要加大投入，建立新的机构，扩大它们的功能，让它们更好地为民族文化的发展服务。关于高等教育，报告敦促政府拨款补助各所大学，为学者、学生提供财政资助，尽快培养民族文化研究的人才，推动这一方面的学术研究。

梅西委员会的建议为加拿大政府确立并完善其文化政策拟订了新的议程。在随后的十多年中，加拿大国立图书馆、民族博物馆的分馆及加拿大委员会等文化机构相继建立，其中加拿大委员会的成立是一件具有重大意义的事件。加拿大委员会自成立之日起便开始向民族艺术家、人文学者和民族文化机构提供基金极大地推动了加拿大文化的保护与研究。由于政府的有力支持，研究加拿大文化的学术团体迅速增加，多数高校也于70年代开设了加拿大文学课，诸如诺司普·弗瑞和查尔斯·德·康宁克等一批享有国际声誉的民族文化学者先后涌现。与此同时，加拿大的民间文化也得到了重视。政府对族裔传统的挖掘与维护不仅丰富了民族文化遗产，而且还为多元文化主义的到来铺平了道路。

（3）富勒委员会建议加强对于加拿大内容的监管。1955年，加拿大政府为了评估广播产业现状委任了第二届皇家调查委员会，指定加拿大造纸协会总裁罗伯特·富勒担任该委员会主席。富勒委员会的任务是在梅西委员会所做工作的基础上，继续考察加拿大文化面临的困境，寻求更有效的解决方案。在富勒委员会的建议下，加拿大政府设置了广播监理会，并且推出了《广播法案》。广播监理会主要负责审查广播电视节目中是否有足够的加拿大内容，但它并没有具体规定要求的比例。随后在其基础上成立的加拿大广播电视委员会则明确规定，电视节目中60%的内容必须取材于加拿大；广播节目中30%的内容必须与加拿大生活相关。加拿大《广播法案》于1958年首次颁布，1968年加拿大议会对于《广播法案》进行了修订，明确使用公共资源的公立和私立广播公司都必须为国家利益服务，决定成立独立公共监管机构：加拿大广播电视委员会（Canadian Radio–television Commission，简称CRTC），并赋予其广泛监管权力。1968年《广播法案》标志着现代加拿大广播政策的开端。新法案是第一个目标取向

（objectives–based statute）的广播法案，法案中的一系列目标由议会设定，其设定原则乃是基于广播对于保持和强化加拿大主权和身份认同的重要作用。上述政策的实施无疑为加拿大人强化民族认同，抵御美国的文化大陆主义打下了良好的基础。

2. 鼓励本土文化限制美国文化阶段（20世纪60年代末~80年代末）

二战后，特别是60年代后，情况发生了变化，加拿大政府开始着手拟定抵御美国文化入侵的专项措施。在它推出的一系列文化产业政策中，除了皇家出版委员会提出的保护方案外，《外资审查法》和在此基础上修订的《投资加拿大法》，以及在北美自由贸易区谈判中坚持予以文化产业豁免权的政策是这方面最重要的举措。从二战结束到60年代，加拿大政府在文化产业的保护政策上主要强调加拿大内容的含量，60年代后开始转向对民族文化产业的优惠和对美国人竞争力的削弱。1961年皇家出版委员会建议，对美国人的出版物征收歧视性广告费和邮资费；欧里尔瑞委员会主张，政府应阻止那些含有开拓加拿大市场广告的外国期刊进入加拿大，而且在这些杂志上做广告的费用不能享受国家税务减免。迪芬贝克政府基本上采纳了这些意见，但迫于美国的压力，豁免了《时代》与《读者文摘》两家杂志。1974年特鲁多政府推出了《外资审查法》。该法案规定，所有出售给外国的加拿大公司，不管它们原先属于谁，在交易举行之前，必须接受政府审核，看其是否有利于国家利益，再决定可不可以转让。书店、出版社等文化产业均在受审之列。这项法案显然主要是针对美国人的。据加拿大官方统计，19世纪60年代美国对加拿大直接投资占其对外直接投资总数的30%以上，加拿大近27%的工业资本掌握在美国人手中。

得益于美国在政治、经济上的强盛，其文化上的吸引力也与之俱增。加拿大人喜爱阅读美国的《生活》（Life）、《时代》（Time）等杂志，乐于收听全美广播公司（NBC）和哥伦比亚（CBS）等广播公司的节目，往往在不知不觉中养成了不折不扣的、美国式的文化品位。加拿大政府显然早就清醒地认识到了美国文化的渗透问题。它在加强了二战前成立的加拿大广播公司（CBC）等文化机构的同时，又建立了皇家民族艺术、文学与科学发展委员会和加拿大委员会等机构来扶持和促进民族文化的发展。然而，加拿大政府的举措收效甚微，加拿大人依然难以拒绝美国文化的诱惑。美国的电视节目、音乐和文学在加拿大极为流行，其风头压过本土的竞争者。60年代的一项抽查表明，在哈利法克斯，每天晚上有57%的观众收看美国的节目；在多伦多这个比例更是高达74%。在70年代初举行的一项民意调查显示，50%的加拿大人认为，美国的电视节目要优于加拿大的，30%的人觉得两者相差无几，仅仅15%的人认为加拿大的节目更好。美国文化的诱惑力直接左右了加拿大人的文化倾向，严重地冲击了他们的民族认同。

加拿大自由党政府在1980年8月任命了联邦文化政策检讨委员会，由作曲家路易斯·阿普勒鲍姆（Louis Applebaum）与作家雅克·赫伯特（Jacques Hebert）共同担任主席。因此，委员会的报告在历史上被称为《阿普勒鲍姆－赫伯特报告》。这是加拿大继1951年梅西委员会的报告后的第二次审查文化机构和联邦文化政策的行动。1982年，委员会提交了调查报告。首先，与梅西委员会报告相同，此报告也强调了政府不干预艺术家的重要性，即保持一臂之距，这是当时梅西委员会报告建议成立半自治的艺术资助机构——加拿大委员会（the Canada Council）时提出的原则。其次，梅西委员会认为商业性文化，特别是大众传媒，对传统文化和加拿大主权都构成了威胁。《阿普勒鲍姆－赫伯特报告》则对文化产业采取了更加务实的态度。报告建议CBC放弃商业广告、关闭CBC电视制作机构、停止生产CBC电视节目；取而代之的是，CBC向独立电视节目制作公司购买节目，从而促进独立节目制作产业的发展。此外，报告还建议CRTC督促私营广播公司投入足够资金来制作加拿大原创节目。

3. 保护本土文化与限制美国文化政策进一步深化阶段（20世纪80年代末至今）

为应对加拿大广播产业的新形势和挑战。加拿大政府成立了一个广播电视政策特别工作组，由·佛罗莱恩·卡普兰（Florian Caplan）和杰拉尔德·索瓦格（Gerald Sauvageau）共同担任主席，这个工组在历史上被称为

"卡普兰－索瓦格工作组"。1986年，工作组向加拿大议会提交了调查报告。关于国家公共广播公司CBC，工作组提出的主要建议包括：所有广播执照持有者都是加拿大公众的受托人；在保证加拿大拥有真正国家广播电视系统（英语和法语）这一点上，CBC应该发挥中心作用；保障对CBC的资金供给；CBC电视中的所有美国节目尽快被撤下；承认法语广播在魁北克及全国广播系统中的特殊性。关于私营广播电视产业界，工作组建议CRTC发放执照时，对私营公司制作和播放加拿大内容的节目提出更加严格的要求；同时，政府也应该对私营业界提供支持和保护，鼓励私营公司履行《广播法案》中设定的目标。从卡普兰－索瓦格工作组报告可以看出，公共利益、国家主权仍然是工作组的主要关切，同时，工作组建议政府继续支持文化产业之发展。卡普兰－索瓦格工作组的许多建议被加拿大政府采纳，体现在1991年制定的新《广播法案》中。新法案是历史上曾经出现过的法案的继承与创新，其中对1968年《广播法案》的内容继承最多。

1993年，涉及加拿大广播系统管理的联邦政府部门—加拿大通信部被拆分，其技术方面的职能转交给加拿大工业部，而文化方面职能由新成立的加拿大文化遗产部负责。联邦文化遗产部通过规划政策、提议立法、启动项目等来推动加拿大广播产业的发展，最终服务于加拿大社会。实际上，加拿大遗产部相当于加拿大的"文化部"，是联邦政府负责包括广播在内的一切文化领域事务的部门，其与CRTC在广播监管权力上有一定"重叠"。在实际操作中，遗产部涉及广播的业务主要是对一些文化项目的资助，这与CRTC负责日常监管业务有很大不同。1999年，CRTC颁布的具体政策措施如下：对于拥有多家电视台的大型广播集团公司，每周必须播放8小时国产优先节目，且要安排在黄金时段（晚7点~11点）；对其中一些节目类别，政府将提供退税激励。此外，CRTC在1998年颁发的《商业广播政策》（Commercial Broadcasting Policy）中，对申请广播电台所有权转让的私营业者，CRTC要求申请者捐献所有权转让金额的6%用于资助加拿大本土广播内容的生产。可见，在私营广播主导加拿大广播市场的情况下，为避免经济法则支配下广播公共服务功能的丧失，加拿大政府对私营业者加强了监管，确保广播法所规定的加拿大内容政策得到贯彻和落实。

1991年《广播法案》实施十余年后，加拿大议会遗产常务委员对《广播法案》实施以来的加拿大广播系统的健康状况进行了一次评估，检讨广播是否有效地服务于公共利益。委员会由CliffordLincoln担任主席，于2003年发布名为《我们的文化主权：进入第二个世纪的加拿大广播》（Our Cultural Sovereignty: The Second Century of Canadian Broadcasting）的报告。

2010年，加拿大议会"产业科技常委会"（Standing Committeeon Industry Science and Technology）出台一份报告，题目为《加拿大电信产业外资所有权规定与管制》，认为从经济角度来讲，加拿大对电信产业普通传输企业（commoncarriers）的外资限制不利于产业的发展。鉴于经合组织国家大多解除了电信的外资进入限制，该报告建议加拿大在普通电信传输领域解除外商投资限制，促进电信产业生产效率的提高；作为试点，可以首先取消卫星传输的外资限制。此外，该委员会的报告也提出同样的问题，即在广播电视与互联网日益融合的时代，如何保证加拿大内容的线上呈现，以实现保障加拿大的文化主权的目标。

二、加拿大文化产业的管理机构

1. 加拿大的文化产业组织管理机构及分权制[1]

纵观加拿大文化管理体制的组织结构，可大致分成四层，见图8.1：第一层为联邦内阁和议会。第二层有两个方面：一是联邦政府机构包括遗产部、外交贸易部，一是各省、区政府内设的文化部。第三层为遗产部负责的、具有相对独立管理权限的一系列分管文化领域的联邦文化机构，如：国家电影局、广播电视通讯委员会、加拿大理事会等。第四层为一系列文化艺术的基本经营单位。

---

[1] 戴茸："加拿大文化产业的行业管理"，载《北京观察》2001年第10期。

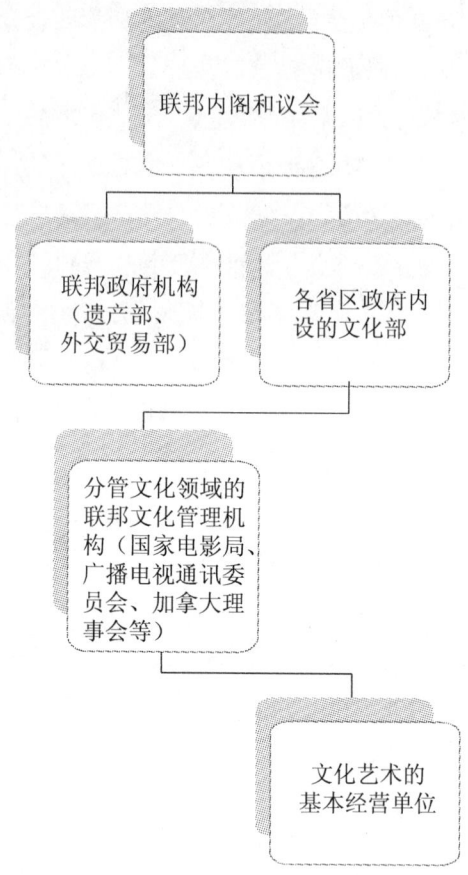

图 8.1　加拿大文化管理体制的组织结构

上述各层之间在组织上的联系是分权制，主要表现在以下几个方面：

（1）省、区政府对联邦政府相对独立，对文化事务的管理有自主权。

（2）遗产部在地方政府中无下属机构（主要通过该部国际及政府事务司协调联邦与地方的关系）。

（3）各省、区政府内设"联邦和省政府关系局"，负责在联邦和省政府间的联络工作。

这种层层分权，是依靠政策调节的管理方式进行的。各省、区文化部长年会已成为全国文化管理的纽带。

2. 加拿大文化产业的主要行政管理机构及其职能

遗产部负责对整个文化产业的宏观调控，其中包括制定有关法规，指导文化产品市场的开发，协调与包括外交贸易部、财政部、人力资源部、工业部、统计局等各部门之间的关系。其前身是国务部和通讯部。20世纪80年代伊始，加拿大联邦政府宣布将负责制定文化政策的工作由国务部移交给通讯部，同时还特别将国家的广播、影视、表演艺术、美术、图书、出版、档案馆、博物馆等统一归入该部管理。1993年，自由党在全国大选中获胜，重组内阁，将通讯部改为遗产部，对其职能又做了相应的调整，文化产业司应运而生，职能主要负责制定文化产业发展政策、项目以及制定旨在强化本国文化产业的立法和规章等；促进加拿大人拥有的出版公司的发展；开发加图书杂志出版及其他文化产业发展项目；鼓励加电影和录像产品的开发；审查版权政策并会同加拿大工业部加强在数字化时代版权保护的现代化；实施对加拿大音像公司的资助项目并协助开发国内外市场；审查有可能由非加拿大人拥有和控制加文化企业的外国投资项目。遗产部的工作职责如下：①促进加拿大不同文化作品、故事和符号的创造和传播；②促进人们参与本国的文化生活；③促进人们之间的联系和不同社区人们之间更深层次的理解；④促进人们对共享公民权的权利、责任的理解和增加人们参加市民生活的机会。该部门的构成见图8.2。

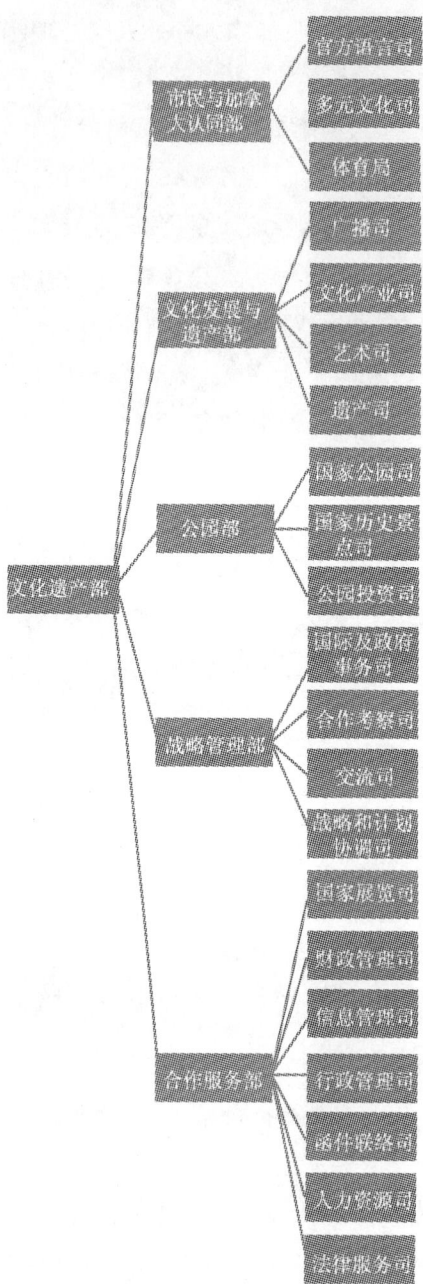

图8.2 加拿大文化遗产部的构成

参与行政管理的主要机构有加拿大广播电视通讯委员会：负责全加广播及有线电视公司的申请、颁发营业执照、有线电视市场研究、制定收费率、征询并处理订户意见等各项工作。加拿大国家电影局及加拿大影视公司：前者主要负责促进生产国民感兴趣的影片，后者旨在努力开发加电影、电视业的制作。加拿大理事会：负责资助各类表演及视觉艺术团体和个人，鼓励发展新的艺术形体和个人，鼓励发展新的艺术形式及项目。推出图书出版业开发项目及出版发行支持项目，前者侧重辅助图书出版业在国内开发市场，后者通过以资助国内外图书市场开发以及发行费用，刺激对加图书的需求。加拿大音像代理集团为私人集团，参加国家音像发展计划的实施，以确保音像市场具有长期的生存力。

加拿大政府的文化政策范围非常广，以促进全体公民参与文化生活为主要目标，这是文化遗产部制定政策的基础。加拿大文化遗产部也负责一些与文化有关的其他事务，如促进多元文化发展，促进官方语言使用，以及体育、文化遗产和国家公园等。通过国会的授权，文化遗产部部长也负责管理一些其他的联邦文化机构，如加拿大电视电影发展公司、加拿大文艺理事会、国家图书馆、档案馆、博物馆，以及国家公园系统、国家战略管理委员会等。

三、加拿大的文化政策

1. 加拿大文化政策的目标

加拿大文化政策的要旨是保护其文化的自主性和独立性，这不仅为加拿大历届政府所遵循，而且可以称得上源远流长。早在1929年，加拿大皇家广播委员会即认为确保加拿大文化的特征是符合其国家利益的，这一思路因而始终贯穿在其指导下的广播节目中，并为了达到宣传加拿大文化这一目的而创设了加拿大广播公司。加拿大人颇为自豪地把保护其独特的文化称作"伟大的文化实验"，加拿大广播公司的设立因而被视作这一试验的开端。目前，包括广播、电视、音乐、电影、音像、出版以及多媒体在内的所有文化领域均作为"伟大的文化试验"的领地。

加拿大政府的文化政策目标一直没有改变，即"确保加拿大文化表达和文化产品的市场空间,促进高质量的加拿大文化内容的创造,反映加拿大多元文化的特点,保护加拿大文化遗产。"加拿大文化政策也要关注加拿大人的诉求。虽然大部分加拿大人对政府干预文化发展的政策表示支持,但加拿大政府也要考虑这种扶持政策的代价是否会被公众接受。更重要的是,政府政策决不能限制加拿大人对文化产品的选择权,它必须确保加拿大以更加开放的姿态面对世界。同时,政府公共文化基金的使用非常谨慎和有效率,从长期来看,如果不能取得明显效果,这种扶持性文化政策是没有生命力的。

2. 加拿大的文化政策

加拿大是联邦制国家,文化由联邦、省、市政府分别管理。一般情况,联邦政府负责全国性的文化事务及文化产业的发展,主业进行指导和管理。省、市政府也依据所辖范围,通过颁布各种法规和条例进行指导和管理。同时,每年一度的"部长级会议"负责协调联邦政府与省和地区政府在文化方面的事务。加拿大文化政策只是一个总称,它事实上是多种政策行为的组合,包括文化保护政策、电影政策、电视政策、图书出版政策等等。实施文化政策的机制与途径主要有以下四项:立法、法规和条例、项目支持和税收措施。[1]

(1)立法。用立法的方式推行其文化政策是加拿大的一个主要手段,而且是刚性手段。立法主要在联邦政府层面上展开,省政府有时也通过立法方式保护自己的有特色的文化,例如,魁北克省。通过立法,联邦文化机构得以创立,文化权力得以确立。加拿大的许多文化组织和机构,包括联邦级的,都是先立法后成立的,如:国家电影局,是在 1950 年颁布《国家电影法》时成立的;加拿大理事会,是在 1957 年颁布《加拿大理事会法》后成立的。甚至有一些部委也是在立法之后建立的,如遗产部的前身——通讯部,就是按照 1969 年出台的《通讯法》与 1970 年出台的《通讯部法》组建的。

---

[1] 任一鸣:"加拿大文化主权与文化政策",载《国际观察》2011 年第 3 期。

在文化领域不同的方面,譬如:广播、影视等,政府均制定有相关的法律,如《国家图书馆法》(1953年)、《国家艺术中心法》(1966年)、《电影发展公司法》(1967年)、《文化财产进出口控制法》(1977年)、《加拿大多元文化法》(1985年)、《公共档案法》(1987年)、《国家公园法》(1988年)、《艺术家地位法》(1992年)、《电讯法》(1993年)等。这些法规有些自颁布至今并无大的变更,有些则随着社会的发展在不断地完善。加拿大健全及完善的文化法规为各级政府和主管部门管理文化产业提供了切实可行的法律依据。加拿大文化方面的立法见表8.1。

表8.1 加拿大的文化政策

法律名称	目的	主要内容
广播法(1991)	规定加拿大所有电台、电视台运作制度和指导方针的联邦法律。	第三条明确要求所有电台、电视台:"保护、丰富和加强节目中的加拿大文化、政治和经济主题,鼓励加拿大意识的表达"。此外,《广播法》还对外资作了限制,规定外资拥有广电企业的上限为20%。
加拿大理事会法(1995)	推动和促进艺术研究和欣赏以及艺术创造	该法设立了加拿大理事会,作为推动和促进艺术研究和欣赏以及艺术创造的联邦机构,并在该理事会主持下建立一系列文化资助项目以支持加拿大艺术的发展。
加拿大电影发展公司法(1984)	推动和促进加拿大电影业的发展	根据该法创立了"加拿大影视公司",并负责对优秀加拿大影片的颁奖。
加拿大广播电视和通讯委员会法(1991)	对加拿大广播电视和通讯领域进行政府监管	据此设立了加拿大广播电视和通讯委员会。
版权法(1997)	保护加拿大版权所有者的利益	《版权法》制订于1924年,此后不断修订以适应科技发展和加拿大加入双边和多边贸易机构与国际条约后所引起的变化,近十年来已修订5次之多。

续表

法律名称	目的	主要内容
国产税法（1995）	保护加拿大杂志出版业	专门针对渗透进入加拿大的外国杂志而修订的，规定所有外国杂志在加拿大境内印刷的第二版不能作为加拿大本国杂志而享受税收优惠。
所得税法（1997）	保护加拿大的杂志和电视台享受税收优惠	1997年修订后，规定加拿大广告公司在加拿大人拥有75%以上股份的杂志和拥有80%以上股份的电视台做广告可以享受税收减免优惠。
外资审查法（1974）	保护加拿大文化产业控制权	所有出售给外国的加拿大公司，不管它们原先属于谁，在交易举行之前，必须接受政府审核，看其是否有利于国家利益，再决定可不可以转让。书店、出版社等文化产业均在受审之列。
投资加拿大法（1984）	试图在保护民族文化产业的同时，尽可能多地吸引外资	对外国人在加拿大的重大投资项目须经加拿大政府审议，确保外国投资不损害加拿大人的经济和就业利益。

来源：根据相关材料整理。

（2）法规和条例。其刚性仅次于立法手段，常常作为立法的辅助手段和派生手段，或作为具体的实施细则。例如，根据《广播法》制订了"加拿大节目条例"，要求所有电台、电视台播放一定比例的加拿大国内节目，并由广播电视和通讯委员会对此进行监督，实行强制管理。

（3）政府项目。政府出资支持文化产业发展，由相应的政府机构或公司实施。例如，加拿大理事会负责对艺术的资助，影视公司和特殊影片基金资助电影制作，图书出版产业发展项目则对加拿大出版物提供支持，这样，不同文化领域的特殊需求可以得到满足。联邦文化遗产部每年面向加拿大全国推出近50个带经费的项目计划，在其网站上公开发布，供业内人员和机构申请。各省和市也设有同类或相应机构资助文化活动。加拿大政府还不断加大文化经费投入，增强文化机构开展文化经贸活动的能力。加拿大联邦政府预算中有5%投入到艺术、文化和媒体领域。

（4）税收优惠。根据《1997年所得税法》，政府可以对文化投资和文化产品创新实行税收减免优惠。按照加拿大税务总署的规定，健康福利、教育、宗教和有益社会四类机构和组织可申请减免税收。具体的税收优惠见表8.2。2011年加拿大影视生产服务应纳税抵免支出近1.1亿加元。而且加拿大大多数省级政府都有影视制作应纳税抵免政策，在2010年~2011年度，联邦和省级政府应纳税额约占加拿大影视产品预算的30%。文化艺术机构接受投资款和捐赠款，可以根据有益社会类别享受政府税务部门免税待遇。凡向税务部门申报并获核准减免税优待的文化艺术机构，接受捐款时免交所得税，同时捐助者可以享受联邦税退税优待，从而鼓励对文化产业的捐赠。据统计，加拿大国家税务总署每年用于对申请减免税注册的机构免征所得税、对捐赠者减免税以及对享受减免税优惠机构的退税总支出达19亿加元，其中相当部分资助了文化事业。

表8.2 加拿大对于文化产业的税收优惠

对象	类别	税收政策
纳税人（个人、公司和信托机构）	个人收入所得税	实行累进税率，对部分资本收益征税，享受税收抵免或减免，并可做经营或资本损失处理。文化产业优惠政策：影视制作应纳税抵免、加拿大艺术品交易应税收入减免、艺术家存货应税收入减免、艺术家捐赠享受等额收入豁免
	企业所得税	对小企业实行特殊税率，对部分资本收益征税，同时实行税收抵免或减免，并可做经营或资本损失处理
非纳税人（非营利组织、慈善机构和政府机构）	具有受赠资格的慈善机构和国家艺术服务组织	实行税收抵免或减免。博物馆取得的文化捐赠资产，经认证后可以享受资本收益税收豁免。免征企业所得税
	非营利组织	免征企业所得税

资料来源：根据以下材料整理。湛志伟："加拿大对文化产业的税收优惠"，载

《光明日报》2013年5月2日,第16版。

此外,基金扶助也是实施文化政策的途径。政府注资与吸纳社会资金建立各类文化基金,支持文化事业。除加拿大政府建立的联邦级法人机构"加拿大创新基金会"之外,加拿大还有众多的全国性和地方性文化基金,影视方面如加拿大故事片基金、加拿大独立电影和录像基金、加拿大电视剧基金;音乐方面如加拿大音乐基金;出版方面如加拿大期刊基金;数字技术方面如加拿大新媒体基金、加拿大信息存储基金、加拿大新媒体研究网络基金、合作伙伴基金、门户基金等。

3. 加拿大文化政策的特点

加拿大政府扶持文化发展的政策有几大要素:保障言论自由和选择自由,实施符合不同文化领域的政策措施,维护各级部门的伙伴关系。加拿大联邦政府在文化事务中所扮演的角色也在不断发展变化。以1957年为界,联邦政府扶持文化发展的政策分为截然不同的两个时期:

第一个时期(1957年以前),加拿大政府扶持文化发展的模式比较传统,主要是建立一些大型国家文化机构,比如博物馆、文化遗产保护机构、公共广播机构和战争时期的电影生产机构。国家艺术画廊(1880年)、国家档案馆(1912年)、加拿大广播公司(1936年)、国家电影委员会(1939年)和国家图书馆(1953年)就是在这一时期建立起来的。

第二个时期(1957年以后),主要是建立扶持文化发展的长效机制,其中最重要的是在"国家艺术、文献和科学发展皇家委员会"的建议下,成立了加拿大文化理事会。此后的25年中,政府又出台了一系列的扶持政策,促进加拿大电影、出版、电视和音乐产业的发展。同时,加拿大政府发展形成了一套文化政策框架,包括立法、行政管理、税收、外国投资等各方面的措施,以确保文化政策目标的实现。行政管理方面有"加拿大内容管理规定",并成立了一个管理广播电视、有线电视和电信产业的机构,该机构负责颁发营业执照;税收方面有《消费税法案》第19条,对期刊、报纸和广播电视运营商征税;对文化领域的外国投资也设置了一些规定;

通过一系修正案对《版权法案》进行修改，并引入私人复制和版权邻接权的概念。

加拿大文化政策已经成为国际上广泛承认的一种独特模式，它包括以下几个要素：

（1）言论自由：加拿大人生活在一个自由民主社会之中，文化表达自由既是加拿大人的渴望，也是民主社会的必要条件。

（2）选择自由：如果公众对文化产品（包括加拿大文化产品）没有广泛的选择权，根本谈不上言论自由。这一条也暗含着这样一个意思，即确保加拿大文化产品的市场空间。

（3）一套文化政策措施：政府有一套行之有效的办法，以确保文化政策目标的实现。这些政策措施必须符合不同文化领域的实际，而且其效果如何，还要看具体执行情况和公众接受的程度。

（4）伙伴关系：在制定有关文化政策时，联邦政府与省政府、市政府、私营部门、非营利机构以及其他各领域密切合作，力争达到最佳效果。同时，在制定加拿大文化政策目标和措施时，也要充分考虑到加拿大的多元文化特质和人口变化。

（5）重点。加拿大的文化政策的重点是：保障公平竞争、降低成本及限制外资进入。加拿大文化政策一直把保障加拿大公民的文化权利放在头等位置，让人们享受到更多的文化产品和文化服务。这个目标从未改变，变化的只是达到这个目标的手段。让加拿大人了解"加拿大内容"[1]是加拿大文化政策的主要驱动力，确保"加拿大内容"在市场上的份额是加拿大制定措施时的主要考虑。表8.3是加拿大对于内容的要求和相应的扶持性政策。

---

[1] 所谓"加拿大内容"（Canadian content，简称CANCON或CAN – CON）政策，系指加拿大广播电视和电信委员会（CRTC）要求广播电台和电视台（包括有线和卫星电视专门频道）必须播出一定比例的"加拿大内容"节目。"加拿大内容"有两层含义，第一层含义是从内容生产者而言，要求是全部或至少部分地由加拿大人创作，生产，呈现或以其他方式贡献的内容；第二层含义指内容本身，即在本质上是加拿大性质的文化及创意内容。

表 8.3 对加拿大内容的要求和扶持政策

对象	内容要求	扶持政策
广播电台	主要针对音乐类节目。流行音乐类节目，要保证35%选曲为加拿大歌曲；特殊兴趣类音乐节目中的音乐会，要保证25%选曲为加拿本音乐；特殊兴趣类音乐节目中的爵士乐和布鲁斯音乐，要保证20%选曲为拿大音乐；民族台播放的音乐类节目，要保证7%选曲为加拿大音乐。	①对私营广播电台申请执照和进行产权转让时提出资金"捐献"要求，用于支持本土内容生产。②要求私营广播电台从全年收入中抽出一定比例支持内容生产。③退税。④是通过联邦文化遗产部直接注资给相关基金会。
电视台	对私营传统电视台全天需要播放60%的加拿大节目，晚间需要播放不少于50%的加拿大节目。对国家公共广播公司CBC，在任何时段都须播放不少于60%的加拿大节目。2000年，CRTC取消了对传统地面电视台投资加拿大节目生产的要求。对付费电视、专门频道等收费电视服务播放加拿大节目的时间和投资要求，CRTC根据个案情况作出具体决定。	对电视节目及电影制作的资助主要来自于加拿大传媒基金、Telefilm Canada、省政府资助机构、私营部门的捐献以及联邦和省政府的退税。加拿大政府的资金政策主要扶持内容独立制作公司。这类独立制作公司获得的资金包括：预生产资金、节目预售收入、国外发行预付款、退税及其它政府资助（如基金会资助）。
广播传输公司	CRTC要求广播信号传输公司对传送加拿大本土节目要优先于外国节目，并遵循以下优先顺序：①CBC运营和拥有的地方电视台节目；②经各省教育主管部门指定的教育电视节目；③其他地方电视台的节目；④CBC运营和拥有的地区性（regional）电视台节目；⑤其他地区性电视台节目。	"加拿大拥有权"（Canadian ownership）是加拿大广播政策的一个基本原则。1991年的《广播法案》规定，"加拿大广播系统必须为加拿大人有效拥有和控制。"

来源：根据以下资料整理。姜文斌："政治、文化、经济目标之平衡加拿大广播电视产业政策演变及其启示"，华中师范大学2013年博士学位论文，第74~84页。

四、加拿大对于文化产业各子产业的扶持政策

加拿大文化政策措施主要是为了克服竞争上的不利因素,让国内外企业平等竞争:即设法降低加拿大生产商的成本,提高外国生产商的成本,并限制外资进入加拿大市场。根据不同的领域,加拿大政府采取不同的措施。

1. 对出版业的扶持政策

对图书出版业,主要是降低加拿大生产商的成本,并限制外资入境。加拿大政府通过政府采购和提供资助等方式,让加拿大图书价格降下来。同时,加拿大政府也设立基金,为加拿大图书的宣传和销售提供资助,扶持加拿大作者,提供职业培训,帮助加拿大出版业建立一套高效的基础设施。加拿大政府限制外资进入,确保加拿大图书市场主要由加拿大人所有的出版社组成。由于期刊出版的特殊性,政策框架比较复杂。加拿大政府用直接资助的办法鼓励"加拿大内容"的编辑和期刊的发行,并通过立法限制外国期刊出版商进入加拿大期刊广告市场。加拿大对销售美国或外国杂志没有任何限制。他们试图限制外国杂志向加拿大公司推销广告服务赚取加拿大的广告费。加拿大也试图把文化产业从提议中的《多边投资协议》中排除出去。

加拿大遗产部图书出版业发展规划(Book Publishing Industry Development Program,BPIDP)是1986年为取代此前的加拿大图书出版发展规划(Canadian Book Publishing Development Program,CBPDP,1979)而设立的,其宗旨是促进加拿大出版业,确保反映加拿大文化多样性和语言二元性、并由加拿友人创作的图书可供国内外读者选择购买。该规划通过培育一个强大的可持续发展的加拿大图书出版业,出版、言传加拿大人创作的图书,帮助加拿大出版商在国内外发行销售其图书。加拿大艺术委员会则是申请出版资助的另外一个重要的途径。加拿大艺术委员会向加拿大人职业作家、创作集体和出版商提供一系列基金。除了资助加拿大文学的创作、翻译、出版及宣传,还设立基金资助作家的培训、文化节,以及赛诗会、故事会及电子文学一类的新型活动所有加拿大艺术委员会项目对本土艺

家或艺术组织,以及加拿大不同文化及地区团体的艺术家和艺术组织都予以支持。详细见表8.4。

表8.4 加拿大对于出版业的扶持政策

规划名称	措施	条件/内容
加拿大遗产部图书出版业发展规划	1. 资助出版商	①申请者的收入至少75%来源于出版及其图书的销售。
		②加拿大人所有权及控股必须在75%甚或更高。总部和至少75%的雇员必须在加拿大。
		③出版商必须是独立经营,包括非营利性出版社大学出版社作为例外可以申请。
		④出版商必须以图书出版为主要业务运营并至少36个月。有关版税支付的所有合同义务。
		⑤出版商必须以印刷品形式出版加拿大人创作的商业图书至少15种。
		⑥出版商必须已经全面履行版税支付的所有义务。
	2. 资助出版产业及协会	有4类项目:包括各种类型的出版产业项目基金,致力于加拿大图书出版领域的发展,协会、团体、代理机构或代表图书贸易的一方或多方面的公司可以申请。
	3. 支持加拿大书业供给链建设/发行援助	代表加拿大图书出版业的专业协会、代理机构及团体,以及符合资助出版商项目条件且至少拥有两家符合BPIDP资助条件的其他出版商的发行权的加拿大出版商有可能获得援助。
	4. 国际市场销售援助	本项目的资助条件与出版商资助项目条件相同。加拿大图书出口协会(AECB)代表加拿大遗产部管理本项目。
加拿大艺术委员会系列基金	1. 出版商创办基金和补贴	通过向小出版商或新成立的出版商提供的出版商创办基金以及常设出版商的补贴来施行。
	2. 翻译基金	向加拿大人创作的文学作品的首次翻译(译成法语、英语或某种本国语言)提供财政援助。
	3. 作家宣传巡游	符合加拿大艺术委员会图书出版支持条件的图书的加拿大作家、图画家或翻译者的巡游可以获得此项支持。

续表

规划名称	措施	条件/内容
	4. 创作与出版联合行动计划	为增加公众了解加拿大作品、图书与期刊程度及获取途径或者直接提高作家或出版商创作、生产和传播加拿大文化能力的联合促销行动计划提供财政援助。

来源：根据以下资料整理。李祥洲："加拿大政府对图书出版业的扶持措施"，载《出版参考》2003 年第 30 期。

2. 对于广播业的扶持政策

加拿大广播政策由广播法令第三部分规定：①广播频率是公共财产；②广播节目应该为了促进国家认同和维护文化主权而提供公共服务；③为了能够在娱乐节目中展现加拿大人智慧，加拿大广播电视业应该提供能够表现加拿大人的态度、观点、想法、价值观和艺术创造力的节目。

为了促使这个政策产生效力，加拿大的广播电视管理者——加拿大广播电视委员会建立了"配额"制度以管理加拿大节目内容的数量。加拿大甚至更进一步规定了什么是"加拿大节目"的具体标准。比如，一首歌曲至少要满足以下标准中的两项才可以被考虑作为"加拿大选品"。这些标准是：①作曲或歌词主要由加拿大人完成；②作曲由加拿大人独立完成；③歌词由加拿大人独立完成；④全部在加拿大录制或者全部在加拿大表演或实况转播的现场表演音乐会选目；⑤1991 年 9 月 1 日以后录制或现场表演的音乐会选目。如为加拿大人与外国人共同作词作曲，根据官方认可的有演出权的演出团体的演出记录，该加拿大人在节目单上至少应有 50% 的署名权。

在商业广播政策指导下，每周的调幅和调频电台中所播出的音乐节目中 35% 应该是由加拿大人制作的。另外，从周一到周五，早上 9 时到晚上 9 时之间播出的音乐节目的 35% 应该包括有关于加拿大的内容。法语广播电台要求保证每周所播出 65% 的有声音乐使用法语，同时要求从周一到周五，早上 9 时到晚上 9 时所播出的有声音乐的 55% 同样使用法语。每周在少数民族广播电台播放的音乐中的7%应该使用加拿大语。

3. 对于电影业的扶持政策

美国好莱坞电影从19世纪20年代就称霸世界影坛。1920年,美国派拉蒙公司在加拿大建立了发行公司,9年后就占领加拿大放映市场的1/3。至今加拿大的影院尤其是大城市的首轮影院,有很多仍为几家美国公司所控制。1967年,为了保护民族文化事业的发展,联邦政府成立了加拿大电影发展公司。与国家电影局不同,该公司并不制作和发行电影,而只向国产影片提供资助,实际上是一个电影基金会。1977年,加拿大政府还通过鼓励性税收政策刺激国产影片的发展。

4. 对于电视业的扶持政策[1]

为了保证加拿大内容的比例,加拿大内容条例规定,私营电视台每年所播放的内容中至少60%应该包含有关加拿大的内容,测量范围涵盖播出的全过程,或者至少包括从早上6时到午夜之间50%的时间。加拿大广播公司,作为一个全国性的公共广播电视机构,应该保证它从早上6时到午夜所播放的所有节目的60%由加拿大节目构成。同时,它应该保证在其播出全过程中有关于加拿大的节目数量一直维持在60%水平。评估在一个电视节目中的有关于加拿大的内容是根据以下标准:是否它的制片人和关键工作人员是加拿大人;为了制作这个节目支付给加拿大人的薪水数额;在技术制作方面花在加拿大的资金数额。广播公司也应该对加拿大戏剧给予充足的重视,在这种戏剧形式中,关键"角色"的扮演能够较为充分地展示加拿大人的形象。

专业和按次计费的付费电视服务并不适用于加拿大电视广播委员会所设定的取得执照的内容要求标准。它所需要考察的内容主要包括服务内容的性质和所提供的节目类型和可用性。这些方面的内容会在执照周期更新时被加拿大广播电视委员会重新评估。

为了符合加拿大"内容条例"规定的"加拿大"标准,一个加拿大广

---

[1] 韩有业:"加拿大文化与媒介政策",载《记者摇篮》2012年第3期。

播电视节目制作公司应该持有至少50%的股权以及分享50%的利润。这个规定适用于所有同另一个国家的合作者成立的合资公司，但前提是，合作者的国家同加拿大并没有在电影和电视制作方面的协议。同时，这个标准并不适用于另一类合资公司，这类合资公司的合作者来自联邦国家、法语国家，或者这个国家同加拿大在电影或者电视制作方面有相关条约限制。

为了鼓励加拿大广播公司制作高质量的节目，政府一直坚持提供发展基金，加以扶植。1997年加拿大广播电视和电讯委员会授权5家电视台提供点播服务，同时规定在播放的节目中必须有5%的内容是有关加拿大的，而且这些电视台每年必须拿出年利润的5%资助加拿大的电视节目制作。

5. 加拿大的对外文化政策

加拿大自身所处的国内和国际政治环境决定了其对国家认同和文化主权的特别重视，这也体现在加拿大与其它国家签订的双边或多边贸易协定中。1994年，加拿大与美国及墨西哥签订《北美贸易协定》（NAFTA），加拿大提出了保留"文化例外"的权力。根据《北美自由贸易协定》附录第2 106条，加拿大可以采取或维持保护文化产业的政策措施，不受协定义务的约束。第2 106条同时也规定，对文化产业豁免措施可采取同等商业效果的反措施。美国国会在通过《北美自由贸易协定》时警告，如加拿大利用协定的文化豁免条款，美国有权报复。[1]与此类似，加拿大与智利、以色列等其他国家签订的贸易协定，也包括了绝对"文化例外"条款。多年以来，加拿大已经在其外交战略和双边贸易协定中把文化例外原则制度化，主张一个国家的文化主权没有谈判的余地。

基于文化例外原则，加拿大政府支持建立文化多样性国际协定。1998年6月，来自发达国家和发展中国家的19位文化部长相聚加拿大渥太华，商讨"在逐渐全球化的世界中保持民族文化的重要性"。这次会议可以看

---

[1]《北美自由贸易协定》生效后，在公众舆论压力下，加拿大政府曾两次尝试利用文化豁免的规定保护国内文化产业。1995年加政府决定取消美国乡村音乐电视在加拿大有线电视的节目，改为播放本国新乡村网络的节目，美国贸易代表即威胁报复，最终以两个电视台合并的方式解决两国的贸易纠纷。另一次为1995年的美国《体育画报》进入加拿大引发的冲突，详见后面案例。

作是早些时候联合国教科文组织召集的一次会议的延续。然而，美国各大报纸都把这次会议看作是由加拿大主办的意在抵抗美国文化威胁的会议。1999年，加拿大成立了"文化产业顾问工作组"，致力于推动国际文化多样性法律文件的建立。2005年，在联合国教科文组织大会上，成员国以压倒多数的优势批准了《保护和促进文化表达多样性协定》。加拿大与法国等国成为促成该协定出台的领导国家。《保护和促进文化表达多样性协定》指出，文化产品和服务传递身份认同和价值观，不应该只作商业价值之考虑，肯定了各国政府有权对文化产业做出特殊政策安排，以促进文化的多样性表达。近年来，加拿大积极地开展与其他国家的合作，以抵制美国的文化渗透。

目前，加拿大已经与30多个国家在签署了合作协议，加强在维护本国文化方面的国际合作。加拿大曾经是英属殖民地，有着深深的文化渊源，两者都是盎格鲁撒克逊文化。正因为如此，英加两国的合作进展顺利，与英国的合作为加拿大带来了丰厚的出版收入，使后者能够更好地保护和资助其文化产业。法国也与加拿大有着同样的担忧，所以两国之间的合作有着更广阔的平台。加拿大制作的节目在爱尔兰、新西兰、德国、挪威大受欢迎。

第三节　加拿大捍卫文化主权的尝试：美国－加拿大期刊争端案例两则

加拿大与美国的文化关系是一对十分复杂的关系，既有相互合作，又有摩擦和冲突，更有加拿大对美国文化的提防和抵御。在两国文化关系中，合作固然是主流，但加拿大作为文化弱势一方，其坚持文化主权和文化例外，数十年来与美国的文化摩擦值得关注。其中19世纪70年代围绕美国《时代/读者文摘》以及20世纪90年代美国《体育画报》在加拿大出版发行的冲突就为我们提供了两个考察加美文化关系与加拿大维护其文化主权的极佳案例。

加拿大杂志业数十年来一直面临着生存危机，即便最为著名的加拿大杂志，诸如《星期六晚刊》，在过去的30年中也只有微利而已，加拿大期刊市场的半壁江山被美国杂志牢牢掌握。对加拿大杂志业未来的担忧促使加拿大政府多年来多次采取行动保护加拿大杂志业，从给予在加拿大杂志上刊登广告的公司以税收优惠来吸引广告投入，到对渗透进入加拿大的美国杂志课以重税，特别是1976年加拿大政府通过了《C-58修正案》对美国以《时代/读者文摘》为代表的杂志进行限制，以及1995年对进入加拿大的美国《体育画报》进行惩罚，均引发了美加两国之间的激烈冲突，成为对加拿大捍卫其文化主权、执行其文化政策的严峻考验。

一、对美国《时代/读者文摘》在加拿大发行的限制引发的冲突

20世纪70年代，由于中东石油危机的影响，加拿大经济出现衰退，魁北克省、阿尔伯塔省联合挑战加拿大联邦政府，要求联邦权力更多下放给各省。而美国资本的大量涌入，对加拿大经济和文化构成前所未有的挑战。为此，加拿大参议院特别委员会在其1970年报告中指出，如何维护加拿大文化的独特性将是我们这一代加拿大人面临的最严峻考验，只有调动一切所能调动的力量，才可能也才能够维护加拿大文化的独特性。正是在这种形势下，加拿大反美情绪空前高涨，从而推动加拿大联邦政府弱化美国影响。1971年，加拿大电视广播和通讯委员会向参议院提出一系列建议，要求加强对边境电视广播的管理，其中包括禁止一些美国电视广告进入加拿大，同时修改《所得税法》，以达到阻止美国文化入侵的目的。而美国《时代/读者文摘》在加拿大所享有的税收优惠政策，则成为此次反对美国文化入侵的主要目标。

加拿大不顾美国国务院的严重抗议，不顾当时美国国务卿基辛格的亲自关注，最终于1976年7月16日通过了《C-58修正案》（BillC-58，亦称《时代/读者文摘法案》）。该法是对《所得税法》的修订，按照该法，从1975年12月31日起，投放到非加拿大杂志而目标群体为加拿大的广告投入，不能享有税收抵扣与优惠。而其对加拿大杂志的定义是：加拿大人拥有75%的股权，董事长与75%的董事会成员必须是加拿大公民；杂志必须在加拿大编辑、排版和印刷；其内容必须有80%以上与非加拿大杂志不

同。显然,该法从各方面对美国杂志进入加拿大作了限制。该法生效后,《时代》杂志1976年在加拿大的广告收入较之1975年大幅下降,达64.2%,《读者文摘》则小幅下降3.3%。这被视为战后加拿大反美文化的一大胜利。美国的回应是:针锋相对,同样限制美国公司在加拿大刊登广告。

二、美国《体育画报》进入加拿大引发的冲突

20年后,又一场加美文化冲突爆发了,这一次还两度上诉到新成立的世界贸易组织,真正具有国际影响。早在1965年,加拿大政府便接受皇家出版委员会的建议,在《加拿大关税》9958条款中规定对假冒加拿大杂志的外国杂志课以重税。1993年,美国《体育画报》通过卫星传送的方式将其编辑好的版面绕过加拿大海关发送到加拿大境内付印,美国杂志摇身一变成为加拿大杂志,并在加拿大境内大肆营销。对这种明目张胆的渗透进入行为,加拿大杂志业工作小组于次年提交其研究报告,认为如不对《体育画报》采取任何措施,将有100多种外国杂志步其后尘,其结果是加拿大杂志将失去约37%的杂志广告市场。为此,该小组建议对渗透进入加拿大的外国杂志的广告收入课以80%重税。1995年,加拿大政府采纳了该建议,《国产税法》应运而生,《体育画报》等杂志受到重大打击。

对于加拿大政府保护其文化产业而对美国杂志大开杀戒的做法,美国方面十分不满,美国政府以加拿大实行保护主义政策为由将加拿大告到了世界贸易组织,提出加拿大违反了"关税与贸易总协定"中有关自由贸易的条款,要求世界贸易组织作出裁定,从而使加拿大撤销其相关政策,修正《国产税法》。世界贸易组织在经过调查和辩论之后,于1997年1月16日作出裁决,判定加拿大反渗透进入税违反了关贸总协定相关条款,要求加拿大更改相关法律,取消这项税收,加拿大败诉。但加拿大不甘认输,6月2日,向世界贸易组织提出上诉,认为反渗透进入税是对付美国杂志不公平竞争所必需的,也是保护加拿大文化产业所必需的。然而,加拿大又一次失败了。6月30日,世界贸易组织作出最终裁决:加拿大必须在6个月之内修订其相关法律,取消反渗透进入税,而且,加拿大政府向加拿大杂志提供的邮费补贴也必须取消。

尽管遭受重大挫折，加拿大政府保护文化产业的决心并未动摇，反之，在不违反关贸总协定条款和尊重世界贸易裁决的前提下，加拿大继续其捍卫文化主权的方针。1998年7月30日，加拿大文化遗产部公布了一项新的政策以替代原先不被世界贸易组织所认可的政策。新政策规定：取消对渗透进入加拿大的外国杂志的海关限制；不再征收反渗透进入税（国产税）；为与关贸总协定保持一致，对邮政补贴项目进行调整，不再对加拿大杂志提供优惠邮寄费率，而是国内外杂志享受同一费率，但加拿大政府则将邮政补贴直接支付给加拿大杂志出版者；截止加拿大广告公司在外国杂志上做广告，违反该规定的外国杂志也将受到罚款处理。从上述规定来看，加拿大政府确实尊重了世界贸易组织的裁决，但又没有放弃对文化主权的追求和对本国文化产业的保护。美国政府对加拿大的新政策表示了强烈不满，认为它是"新瓶装陈酒"，只是调换了一下形式，而实质上依然是保护主义，并威胁要再次告到世界贸易组织。加拿大政府声称新政策符合关贸总协定相关条款规定，而加拿大国内则是支持和反对者皆有，杂志业作为受益者当然坚决支持，但广告业却颇有微词，认为其从业范围受到了限制，并表示要努力推动取消限制。至由此看来，加拿大政府顶着国内外双重压力颁布的新政策，显示了其捍卫文化主权并推行其文化政策的坚定性。

三、对于美国《体育画报》事件的进一步分析

尽管WTO判加拿大输了这场官司，但为什么加拿大反而认为加拿大取得了胜利。[1]如果我们仔细研究《加拿大－美国期刊协定》[2]的内容和加拿大争取到的东西，我们就会发现的确是加拿大取得了这场冲突的胜利。

第一，美国同意加拿大对外国期刊出版商进行的一系列限制。其中包

---

[1] 见张玉国与加拿大前任文化遗产部出版司司长（Director General）阿兰·克拉克（Alan-Clark）的访谈："独特的加拿大文化政策模式"，载《中国图书商报》2004年08月06日，第013版。

[2] 注：这是加拿大和美国在争端之后，又经过艰苦谈判和磋商签署的一项协定。

括,外国期刊出版商在加拿大出版的期刊,绝大部分内容必须采自加拿大,这样才能经营针对加拿大市场的广告。美国在其签署的其他多边贸易协定中,一直坚持要求其他国家取消限制、使投资自由化,但对加拿大没有坚持这种要求。加拿大重新制定的期刊出版管理政策还规定,外国出版商不能出版/外国期刊加拿大版,这与加拿大在期刊争端之前采取的立场是一致的。

第二,美国承认,外国期刊加拿大版存在不正当竞争,加拿大政府管理规定与国际贸易规则承诺是相符的。这是加拿大在 WTO 那场争端中没有争取到的东西。

第三,美国接受这样一个原则,即每一个新的期刊名字都代表一种新的商业行为,这种商业行为应该符合《加拿大投资法案》的规定。1995 年以前,正是因为加拿大缺少这样的规定,才让美国的《体育画报》(加拿大版)钻了空子。

第四,外国出版商进入加拿大市场的门槛仍然很高。加拿大为外国出版商进入加拿大市场设置了一系列障碍,这些措施在《外国出版商广告服务法案》、《消费税法案》第 19 章和《外国投资加拿大期刊业指导原则》等方面集中反映出来,这些美国都接受了。35 年以来,加拿大一直坚持不让外国期刊加拿大版进入加拿大市场,因为这对加拿大本土出版商不公平。加拿大也禁止外国期刊加拿大版在加拿大市场上与加拿大期刊争夺广告。

最后,搞清楚加拿大在 WTO 判决下到底输掉了什么,为什么会输,这一点非常重要。WTO 裁定,加拿大关于期刊出版的措施与关贸总协定(GATT)的原则不符,因为这些规则对与本国产品相似的外国产品采取歧视行为。GATT 的这些规则与 1965 年加拿大初次采取这些措施时的规则没有多大区别。许多贸易专家都承认,加拿大的措施从一开始就与加拿大的贸易承诺不一致。但美国为什么会在 1997 年才提出争端解决呢?一是因为时代公司进行了大量的游说,因为该公司的《体育画报》(加拿大版)没有享受到"祖父条款"的待遇。二是因为 WTO 现在有了争端解决机制,而以前的 GATT 并没有争端解决机制。

第四节　加拿大文化保护政策对我国的启示

加拿大以捍卫文化主权为核心的一系列政策取得了很大成功，在世界上影响很大，受到很多国家的支持和效仿。但是，这些政策也受到一些批评。有学者认为，政府或国家主义者强调抵御美国文化支配，捍卫文化主权，实际上是以国家目标模糊了公共利益目标，即发挥广播的民主功能，促进公共民主生活。还有学者指出，虽然广播法规定了加拿大内容的优先地位，但是由于私营广播的逐利法则和观众的需要，加拿大内容政策并不很成功，加拿大文化的"美国化"已加深而不是减弱。[1] 加拿大的文化保护政策对我国具有如下启示：

1. 作为一个多民族国家，加拿大民族政策从盎格鲁化到熔炉主义再到多元主义的变革历程值得我们认真学习，对于我们实行正确的民族政策，维护民族团结具有重要的借鉴意义

加拿大是一个由移民建立的历史不长的国家，境内有近200多个民族，虽说英裔居民和法裔居民不论在人数上还是在影响上，始终占据主导地位，然而，来自其他地区和国家的移民的影响和地位也日渐显著。20世纪60年代以来，从第三世界来的移民日益增多，亚洲各国来的移民在新来的移民中比例增长尤为明显。有资料记载，在加拿大总共有大约100种不同的文化，因而加拿大就成了名副其实的文化"万花筒"。作为世界上族裔成分最为复杂、相互之间差异最为深刻的民族国家之一，加拿大面临着如何促进民族和睦，维护国家统一与文化安全的严峻挑战。多元文化主义无疑在这方面起到了极为关键的作用。首先，它缓解了英裔与法裔的文化冲突，回应了土著人和"第三种力量"的身份诉求，促进了民族认同。其

---

[1] 姜文斌："政治、文化、经济目标之平衡加拿大广播电视产业政策演变及其启示"，华中师范大学2013年博士学位论文，第87页。

次，它抵制了美国的文化渗透，维系了加拿大的民族身份。

加拿大的文化政策经历了从"盎格鲁—撒克逊化"的"一元同化"、英裔和法裔为主导的"二元熔炉文化"，到"多元文化主义"的演进历程，体现了加拿大政府积极吸取历史教训，促进各民族间和谐发展所付出的努力。盎格鲁化本质上是一种同化论，认为多族裔的民族要想确立身份必须让少数族裔通过不断学习，放弃原有的生活方式，逐渐融入主流社会中去。盎格鲁化漠视加拿大民族文化多样性之深刻，依据主导族裔的偏好来建构民族身份，有着明显的种族主义倾向，因而招致法裔和少数族裔的强烈反对，几乎把加拿大推向了分裂。熔炉论者认为，多族裔的民族可以集各族裔传统之长，塑造出一种全新的民族文化，而民族化的出现并不一定意味着族裔差异的消失。熔炉论虽然在理念上已经较为宽容，赋予少数族裔文化以生存空间，但在这一模式中，弱势群体的传统往往会被强势群体的文化所淹没，最终形成的民族身份反映的基本上仍是主流社会的价值，在本质上它仍是一种同化论，只不过比盎格鲁化稍微温和一些而已。这种模式对于加拿大之类族裔构成复杂、相互之间差异极大的民族国家来讲，也会引发激烈的民族矛盾，危及国家的稳定与文化安全。多元文化主义的一个重要旨趣便是对少数族裔传统及所有公民文化权利的保护。它不但承认族裔差异的合法性，还要进一步推进民族的多样化。在这个文化模式中，各族裔文化，不分地区、种族，一律享有同等的地位，没有什么统摄所有族裔的民族文化，以往的民族文化认同已经被民族公民认同所代替。

作为一个拥有56个民族的多元文化国家，学习和借鉴加拿大的文化政策对于我们建设和谐社会、加强民族精神不无裨益。从加拿大的经验我们认识到应该在民族文化问题中的分歧和融合方面寻求平衡点。提倡实施多元文化政策，努力消除因民族、语言和宗教多样性而造成的隔阂与歧视。中国的文化建设必须强调中华民族文化中文化认同和价值观念一体的基础，同时需要继承和发展包括各少数民族在内的中华民族多元文化，这不但是对中华民族发展历史的延续，也是中国文化建设的必然途径。在我国致力于培养文化自觉、提升文化自信、进行文化建设、构建和谐社会的今天，加拿大的文化政策变革历史启示我们，在文化政策上，要反对汉族化，反对熔炉主义，提倡多元主义文化政策，弘扬中华民族多元文化，有助于我们尊重文化的多样性，使不同文明与文化和平共处、相得益彰，从而增强我国文化的软实力。

2. 加拿大管理成本低、扶持效率高的文化政策对于我们建立符合市场经济要求的文化管理体制具有重要的借鉴意义

历史上，加拿大一直坚持自由贸易原则，但具体至文化领域，其又是坚定的国内保护的支持者与实践者。加拿大是一个发达的市场经济国家，也是一个典型的"小政府，大社会"国家，在采用政府导向和市场推动的双重手段方面，形成了管理成本低、扶持效率高的许多灵活做法。加拿大联邦政府和省政府，都很少直接用行政手段来管理文化企业，而是采用了"国会立法府拨款，舆论监督，专业委员会定政策，职能部门执行，政公众企业运作"的复合方法，实行立法者、决策者、研究者、管理者、操作者相分离的市场机制，管理成本由社会分摊。所谓国会立法，是指国会不断地制定和修改有关的法律，覆盖了文化产业的主要方面，它不但包括了电影、电视、广播、出版和新闻等传统的文化领域，还涉及了多媒体、电子图书等新兴的领域，以及对外贸易等相关领域。所谓政府拨款，是指联邦政府和省政府按不同的比例形成一种组合投资，比如魁北克省被认为是在法国本土以外最大最发达的法语文化地区，它的蒙特利尔市号称北美的法语文化中心，该省政府认为自己的法语文化需要更大的扶持力度，它就加大拨款额度，投入了更多的资金。所谓专业委员会定政策，是指加拿大成立了各种专业委员会，包括加拿大广播电视通讯委员会 CRTC、加拿大广播协会 CAB，加拿大有线电视标准协会 CTSC，加拿大广告标准协会 ASC。他们往往有一个最高权威机构来制定政策，其中政府官员占 10%~15%，其余为高级专家、管理专才等，共同研究专业性的政策，同时在各省有精干的分支办公室作为执行单位，比如 NovaScotia 省的 CRTC 办公室，一共才 4 个人，却管理了数百万的赞助资金和繁重的管理工作。这样的专业委员会既是独立的专门机构，也对政府和社会负责。整个资助的程序全

部公开,公众可以在网络上查询监督。

自从2000年十五届五中全会提出发展文化产业以来,受到过分依赖产业政策"主导"发展进程、过分依赖投资推高发展速度的影响,也由于文化领域市场开放程度较低的限制,政府推动文化产业发展的手段比较单一,更多地依赖改革对"存量"潜能的"释放",以及政策对"增量"产能的"促进",文化产业在保持"高档位"热运行状态的同时,也带来了以行政手段配置资源的种种问题。比如强化行业性和区域性壁垒,阻碍着文化资源的流动,致使市场分割和重复建设;又比如价格信号扭曲,导致市场结构不合理,开放度高的部分过度竞争、供大于求,开放不足的部分竞争不足、供不应求。这些都会导致文化市场在低水平基础上迅速从短缺走向过剩,发展变得不可持续。我们要将文化产业发展的基础和动力从政府转向市场,并将发展的速度降下来,将发展重点转向转型升级。转换动力机制需要进一步厘清市场和政府的关系,根据市场配置资源的需要全面深化改革,而降低发展速度则是在新的发展基础上使产业发展回归常态。

3. 加拿大在国际贸易中处理文化贸易逆差、保护本国文化产业的做法值得我们学习借鉴

在《北美自由贸易协定》的谈判过程中,加拿大坚持"文化例外"原则,成功地争取到文化产业豁免,为加拿大的文化产业在激烈的国际竞争中提供政策扶持。但是,加拿大仍然无法有效地保护国内文化市场。根据《北美自由贸易协定》附录第2 106条,加拿大可以采取或维持保护文化产业的政策措施,不受协定义务的约束。第2 106条同时也规定,对文化产业豁免措施可采取同等商业效果的反措施。美国国会在通过《北美自由贸易协定》时警告,如加拿大利用协定的文化豁免条款,美国有权报复。

《北美自由贸易协定》生效后,美国文化产品仍然占据着加拿大的文化市场。在公众舆论压力下,加拿大政府曾两次尝试利用文化豁免的规定保护国内文化产业。1995年加政府决定取消美国乡村音乐电视在加拿大有线电视的节目,改为播放本国新乡村网络的节目,美国贸易代表即威胁报复,最终以两个电视台合并的方式解决两国的贸易纠纷。同年,加政府决

定对在加发行的美国杂志《体育》（加拿大版）征收高额消费税，保护国内期刊市场。《体育》杂志加拿大版的边际成本很低，可以远低于加拿大本土杂志的价格招揽广告。美国撇开《北美自由贸易协定》的有关机构，直接向WTO投诉。最终，加拿大作出让步，允许进入加拿大市场的外国杂志刊登部分加拿大商户的广告，取消对外国人持有杂志股份比例的限制。

从表面上看，美国通过在WTO投诉取得了美加期刊进口案的胜利，但是加拿大虽败犹荣，取得了一些实质性的胜利。这为别国积累了经验和教训，即要认清公共政策与执行政策的措施或工具之间的区别，在不改变政策目标的前提下，通过广告服务规范期刊业。WTO的裁定意味着加拿大不得不改变自己的措施，但加拿大并未因此改变自己的政策目标，税收措施行不通，加拿大便通过广告服务进行规范。《加拿大、美国期刊协定》和《外国出版商广告服务法案》并不代表加拿大政策的后退，加拿大的政策目标前后一致：绝不允许外国出版商出版"外国期刊加拿大版"。所以说，国内政策与国际贸易规则是可以协调一致的。

按照目前国内的文化产业政策来看，我国实际上在走"双行线"：一方面，为了保证国家文化利益与文化安全不受侵犯，为了保证在WTO承诺开放期限到来后国内文化市场不至于被国际大型文化企业瓜分，采取了组建文化集团、扶持强势文化企业的措施，以确保与国际大型文化业竞争的竞争力；另一方面，为了促进文化市场主体的自身活力，促进文化市场的充分竞争，从根本上提高我国文化产业的整体竞争力与可持续发展能力，采取了逐步放开文化市场、鼓励竞争等措施。总的来说，这一文化政策还是倾向于法-加的文化保护思路，把在即将来临的文化产业领域国际竞争中保护国家文化利益与文化安全视为头等要务。借鉴加拿大处理国际文化贸易争端中的做法有益于我国更好地保护我国的文化产业，促进文化产业国际竞争力的提升。

第四部分

管 理 篇

第九章 中国文化产业安全评价

美国管理大师彼得·德鲁克曾经说过,如果你不能衡量它,就不能管理它。对于文化产业安全而言,在明确了文化产业安全的内涵和维度之后,下一个问题就是如何对其进行测量的问题。

第一节 中国文化产业安全评价的方法

一、评价模型

本书采用的是全球最具权威的产业国际竞争力研究机构瑞士洛桑国际管理发展学院(IMD)和世界经济论坛(WEF)在进行国际竞争力的多指标研究测度时的所使用的方法对文化产业安全状况做出测度评价。

产业安全测度评价模型为:

$$S = \alpha X + \beta Y + \gamma Z + \delta W \quad (9.1)$$

式中:

S——文化产业安全程度评价值

X——文化产业生产要素占有权安全的测度评价值

Y——文化产业生产要素经营权安全的测度评价值

Z——文化产业生产要素处分权安全的测度评价值

W——文化产业生产要素收益权安全的测度评价值

α、β、γ、δ 各代表为每一级指标的相应系数,也就是专家评价权值,

$$X = \sum a_i x_i \quad (9.2)$$

$Y = \sum b_i y_i$ (9.3)

$Z = \sum c_i z_i$ (9.4)

$W = \sum d_i w_i$ (9.5)

注：i、j、k、$l = 1, 2, 3\cdots, n$。x_i、y_i、z_i、w_i 各代表着相应一级指标项下的相关二级指标，系数 a_i、b_i、c_i、d_i 也为对应着相应指标的权重值。

把（9.2）～（9.5）式代入（9.1）式可以得出：

$S = \alpha X + \beta Y + \gamma Z + \delta W$

$\quad = a\sum \alpha_i x_i + \beta \sum b_j y_j + \gamma \sum c_k z_k + \delta \sum d_l w_l$

其中 $\alpha + \beta + \gamma + \delta = 1$，$\sum a_i = 1$，$\sum b_j = 1$，$\sum c_k = 1$，$\sum d_l = 1$

三级指标按此方法类推下去，就能定量计算出整体的产业安全状态，给予相应的评价。

二、测度的方法

依照产业安全评价模型，对文化产业的安全评价步骤如下：

1. 确定指标评价值

依据相应指标的计算值与行业标准等，给予每个二级或三级指标相应的评级，评级有"很好、较好、一般、较差、很差"五个档次，相对应的评价值为以 1 分为满分的 0.90、0.70、0.50、0.30、0.10。

2. 确定各级指标的权重值

权重反映的是每个指标在相对应的上级指标中的重要程度。权重的确定方法有多种，一种是依据评价指标的重要程度直接给予权重值；或者是发放问卷调查统计等方式，还有一种是邀请专家来进行评价。为保证评价的科学性，本书采用的是最后一种方法。

3. 确定安全状态

依据评价模型，对各级指标的加权计算得出对文化产业安全状态的最终评价值，再根据 [0, 0.25]、[0.25, 0.45]、[0.45, 0.65]、[0.65, 0.85]、[0.85, 1.00] 五个分数段区间将产业安全对应的定义为：危机、不安全、基本安全、安全和很安全。

三、测度的原则

在对中国文化产业安全度进行测度时,我们主要遵循了以下原则:

1. 数据可得性原则

一套好的绩效评价指标体系不在于指标数量的多少,而在于这一指标体系是否简单明了,指标是否从根本上反映了待评价行业的经营特点与实现的绩效,指标是否容易获得。

如果建立起来的指标体系过于全面与繁杂,并且指标不具有可获得性,那么研究只能停留在理论层面上,而不能很好地应用于实践中,这样就没有达到研究的目的与实际意义。因此,构建指标体系时首先要注重指标数据的可获得性。

2. 兼顾经济效益与社会效益原则

正如前文所提到的,文化行业具有特殊的产业属性与意识形态属性,在构建文化产业绩效评价指标体系的时候,必须要考虑其行业特殊性。中宣部、文化部、新闻出版广电总局等党政主管单位反复要求,文化企业应当"将社会效益放在首位,实现社会效益与经济效益的最佳结合",更是明确要求文化企业兼顾社会效益与经济效益,尤其要关注社会效益,以督促文化企业更好地提供服务,更好地服务于文化事业,推动文化产业发展。实践中,对社会效益的衡量大多采用定性指标,这就需要采用合理的方法对其进行量化,以便与经济效益指标一起全面、系统地评价文化产业的整体绩效。

3. 客观性原则

以往的研究大多都是通过主观判断来选择指标以及对指标赋权重,这种方法明显不能恰当准确地评价出版企业的整体效益,特别是社会效益。基于主观的绩效评价指标体系不同的人会得出不同的结论,不具有可比性,不利于进行决策。

总之,在构建针对文化产业安全评价指标体系时,一定要立足于文化产业的行业特殊性,深入了解文化产业,在数据可得的前提条件下,找出真正能够体现文化产业经营特点的经济效益与社会效益指标,并客观地对指标赋予权重,这样才能客观有效地评价文化产业安全状况。

四、文化产业安全评估体系的构建

本书采用产业安全评价体系的根据是我国文化产业现处于快速振兴的战略性短缺阶段,产业安全隐患主要源于内部要素不成熟。根据文化产业特点,结合数据的可获得性原则,根据我们此前提出的文化产业安全的主要内容,建立了如下指标体系,见表9.1、表9.2。该套评价体系中,文化市场所有权安全是文化产业安全的基础;文化市场经营权安全是文化产业安全的基本保障;文化市场占有权安全则是文化产业安全的表现,文化市场收益权安全是文化产业安全的最终结果。

表9.1 文化产业安全综合影响分析

	文化产品的政治导向	文化产品的社会影响	本国资本股权控制率	专业人才流失率	专业人才供给率
文化生产要素占有权安全指标	专业人才比重	国外芯片、操作系统、数据库管理系统、网管软件占比	国家对于文化遗产保护的投入	世界文化和自然遗产个数	拥有的专利数量占比
	小学及以上文化程度人口所占比重	人均GDP	人均GDP增长率	人均教育文化娱乐服务支出占家庭总支出的比重	
文化生产要素经营权安全指标	政策环境	固定资产净值增长率	就业人数增长率	市场集中度	资本效率
	资本成本				
文化生产要素处分权安全指标	世界市场份额	国内市场份额	贸易竞争力指数	产品销售收入增长率	新产品产值占比
	产业进口依存度	产业出口依存度	出口国别依存度	外资市场控制率	外资股权控制率

续表

文化产品的政治导向	文化产品的社会影响	本国资本股权控制率	专业人才流失率	专业人才供给率
外资品牌拥有率	外资国别依存度	外资技术专利控制率		

文化生产要素收益权安全指标	文化产业产值增长率	文化产业总产出占比	文化产业增加值占比	国家税费收入增长率	国家税费收入占比
	海关收入增长率	海关收入占比	总资产收益率	产值利润率	产值亏损面
	新闻出版总量	发行网点数	电影电视总量	广播电视综合人口覆盖率	艺术表演创作首演剧目数
	艺术表演场次、人次	产品出口和版权输出增长率	国家文化工程项目入选数量	文化产品冲印率、再版率/重播率	政府投入经费
	员工学历构成	顾客满意度			

表9.2 文化产业安全测度评价指标体系

一级指标	二级指标	编号	三级指标名称及计算方法	三级指标说明
一、文化生产要素占有权安全指标	文化价值观安全	1	文化生产者的政治导向	政治导向与主流价值观保持一致,有利于产业安全;政治导向偏离主流意识形态,不利于产业安全
		2	文化生产者的社会责任感	社会责任感越高,产业越安全
	文化资本的安全	3	本国资本股权控制率:本国资本所有者权益/产业所有者权益×100%	股权控制率>50%有利于产业安全,股权空置率<50%,不利于产业安全

续表

一级指标	二级指标	编号	三级指标名称及计算方法	三级指标说明
	文化人才安全	4	专业人才流失率：流失的专业人才/专业人才总数	比重越高，越不利于产业安全
		5	专业人员供给率：现有的专业人员总数/预期的专业人员需求总数	比率越高，越有利于产业安全
		6	专业人才比重：专业人才总数/行业从业人员总数	比重越高，越有利于产业安全
	文化信息安全	7	国外芯片占比：国外芯片/芯片总数	比重越高，越不利于产业安全
		8	国外操作系统占比：国外操作系统个数/所有操作系统总数	比重越高，越不利于产业安全
		9	国外数据库管理系统占比：国外数据库管理系统个数/数据库总数	比重越高，越不利于产业安全
		10	国外网管软件占比：国外软件个数/软件总数	比重越高，越不利于产业安全
	文化遗产资源安全	11	国家对于文化保护的资金投入	投入越多，越有利于文化产业安全
		12	世界文化和自然遗产个数	个数越多，越有利于产业安全
	文化技术安全	13	拥有的专利数量占比：文化产业拥有的专利数量/全国专利总数量	占比越高，越有利于产业安全
		14	文化产业投入的R&D比重	投入越高，越有利于产业安全

续表

一级指标	二级指标	编号	三级指标名称及计算方法	三级指标说明
二、文化生产要素经营权安全指标	政策环境指标	15	国际规制环境	国际组织、其他国家与地区有哪些新法律、新政策、新标准等，对文化产业安全产生何种影响
		16	国内意识形态环境	意识形态领域有哪些新变化、新要求，对产业安全会产生何种影响
		17	国内规制环境	国家与地方政府、主管部门、行业协会的法规、政策、标准等，对文化产业安全产生何种影响
		18	国内文化贸易状况	国内文化贸易的现状、问题、趋势对于文化产业安全的影响
	资本积累能力指标	19	固定资产净值增长率＝[当年固定资产净值年均余额/前一年固定资产净值年均余额－1]×100%	比率越高，产业安全受影响的程度越高
	吸收就业能力指标	20	就业人数增长率＝[期末就业人数/期初就业人数－1]×100%	比率越高，产业安全受影响的程度越低
	市场结构指标	21	市场集中度：产业大中型企业销售收入/产业全部企业销售收入	如果产业集中度提高，即使总体产业的市场份额都没有变或略有下降，产业国际竞争力状况也可以得到提高
	融资环境指标	22	资本效率：根据企业获得银行信贷的难易程度、进入股票市场的难易程度以及获得风险资本的难易程度衡量	资本效率低下，不利于产业安全

续表

一级指标	二级指标	编号	三级指标名称及计算方法	三级指标说明
三、文化生产要素处分权安全指标		23	资本成本：以短期实际利率来衡量	资本成本过高，会使企业增加成本负担，不利于产业安全
	市场需求指标	24	小学及以上文化程度人口所占比重	比重越高，对文化的潜在需求越高
		25	人均 GDP（购买力评价：美元）	人均 GDP 越高，收入水平越高
		26	人均 GDP 增长率	增长率越高，收入水平增长越快
	市场竞争力指标	27	世界市场份额：本国文化产品销售额/世界文化产品总销售额	产业世界市场份额反映了国内产业在国际市场上的生存空间，份额越大说明在国际市场上的生存空间越大
		28	国内市场份额：本国产业市场销售额/产业国内市场销售总额	产业国内市场份额反映了国内产业在国内市场上的生存空间
		29	贸易竞争力指数（TSC）：（出口额－进口额）/（出口额＋进口额）	TSC＜0，产业处于比较劣势 TSC＝0，产业属于贸易平衡型产业，进口额和出口额基本持平 TSC＞0，产业处于比较优势
	市场开拓能力指标	30	产品销售收入增长率＝［当年国内产业企业销售收入总额/上年国内该产业企业销售收入总额－1］×100%	较高的销售收入增长率可以促使行业才取新技术，采用大型、高效的设备提高技术水平和产量，有利于产业安全
		31	新产品产值占比：新产品产值/总产值×100%	比率越高，产业安全受影响的程度越小

续表

一级指标	二级指标	编号	三级指标名称及计算方法	三级指标说明
	对外依存度指标	32	产业进口依存度：产业进口金额（或进口额）/总销售额×100%	产业对外依存度越高，受国际因素的影响越大，产业安全的不确定性就越高
		33	产业出口依存度：产业出口金额（或出口额）/产业总销售额×100%	产业对外依存度越高，受国际因素的影响越大，产业安全的不确定性就越高
		34	出口国别依存度：产业主要出口国和地区的出口额/该产业总出口额	如果某一产业出口市场过于集中，容易产生贸易摩擦，产业发展也就越不安全
	外资控制力指标	35	外资市场控制率：外资销售额/产业销售额×100%	反映外资控制企业对该产业国内市场控制程度。外资市场控制率越高，产业发展安全受影响的程度越大
		36	外资股权控制率：外资所有者权益/产业所有者权益×100%	单个企业外资股权份额超过30%即达到对企业的相对控制，超50%即达到对企业的绝对控制。该比率越高，产业安全受影响的程度越大
		37	外资品牌拥有率：外资拥有的产业品牌数/产业总品牌数	该比率越高，产业安全受影响的程度越大
		38	外资国别依存度：产业主要资本来源国资本总额/该产业外资总额	如果某一产业外国资本过于集中，容易产生贸易摩擦，产业发展也就越不安全
		39	外资技术专利控制率：外资拥有的专利技术数/产业拥有的专利技术数×100%	比率越高，产业安全受影响的程度越大

续表

一级指标	二级指标	编号	三级指标名称及计算方法	三级指标说明
四、文化产业生产要素收益权安全指标	文化产业产值指标	40	文化产业产值增长率：（年度产值-上一年度产值）/上一年度文化产业产值	增长越快，越有利于产业安全
		41	文化产业总产出占比：文化产业总产出/GDP	占比越高，越有利于产业安全
		42	文化产业增加值占比：文化产业增加值/GDP	占比越高，越有利于产业安全
	国家预算收入指标	43	国家税费收入增长率：（年度税费收入-上一年度税费收入）/上一年度税费收入	增长越快，越有利于产业安全
		44	国家税费收入占比：文化产业税费收入/全国税费总收入	占比越高，越有利于产业安全
		45	海关收入增长率：（年度海关收入-上一年度海关收入）/上一年度海关收入	增长越快，越有利于产业安全
		46	海关收入占比：文化产业海关收入/全国海关总收入	占比越高，越有利于产业安全
	企业盈利能力指标	47	总资产收益率：利润总额/总资产×100%	总资产收益率直接反映了行业的发展能力，比例越高，越有利于产业安全
		48	产值利润率：利润总额/文化产业总产值	利润率反映单位产值获得的利润，比例越高，越有利于产业安全
		49	产业亏损面：亏损企业个数/产业企业数×100%	企业亏损越小，产业发展能力越强，越利于产业安全

续表

一级指标	二级指标	编号	三级指标名称及计算方法	三级指标说明
	服务规模指标	50	新闻出版总量：各类出版物（书报刊音像电子）总印数（亿册、份、盒、张）/年	出版数量越多，社会效益越好，从而产业越安全
		51	新闻出版发行网点数	覆盖面越广，社会效益越好，从而产业越安全
		52	电影电视总量：新创作的电视剧、电影总数	出版数量越多，社会效益越好，从而产业越安全
		53	广播节目综合人口覆盖率：广播节目综合人口/平均总人口（％）	覆盖面越广，社会效益越好，从而产业越安全
		54	电视节目综合人口覆盖率：电视节目综合人口/平均总人口（％）	覆盖面越广，社会效益越好，从而产业越安全
		55	艺术表演团创作首演剧目数	数量越多，社会效益越好，从而产业越安全
		56	艺术表演覆盖面：表演场次、人次	覆盖面越广，社会效益越好，从而产业越安全
		57	文化产品出口和版权输出增长率	覆盖面越广，社会效益越好，从而产业越安全
	服务水平指标	58	各种国家文化工程入选数量	入选数量越多，社会效益越好，从而产业越安全
		59	获得国家奖励数量	获得奖励越多，社会效益越好，从而产业越安全
		60	文化产品重印率、再版率/重播率	再版率、重播率越高，社会效益越好，从而产业越安全

续表

一级指标	二级指标	编号	三级指标名称及计算方法	三级指标说明
	社会满意度指标	61	政府投入经费	政府对文化企业满意度高的话，必然会增加对其的经费投入来支持促进企业的生产经营等一系列的活动
		62	员工学历构成	内部员工对企业的绩效以及工资福利满意，企业必定会吸引大量高素质人才的加入
		63	顾客满意度	顾客满意度越高，社会效益越好，从而产业越安全

根据我们此前建构的理论体系，我国文化产业安全测评主要从四个方面展开，分别是：①文化生产要素占有权安全指标，主要包括文化价值观安全、文化资本安全、文化人才安全、文化信息安全、文化遗产资源安全、文化技术安全等 6 个二级指标，具体又可以分成 14 个三级指标。②文化生产要素经营权安全指标，主要包括政策环境指标、资本积累能力指标、吸收就业能力指标、市场结构指标、融资环境指标等 5 个二级指标，具体又可以分为 9 个三级指标。③文化生产要素处分权安全指标，主要包括市场需求指标、市场竞争能力指标、市场开拓能力指标、对外依存度指标、外资控制力指标，具体又可以分为 10 个三级指标。④文化产业生产要素收益权安全指标，主要包括文化产业产值指标、国家预算收入指标、文化企业盈利能力指标、服务规模指标、服务水平指标、社会满意度指标，具体又可以分成 24 个三级指标。

第二节　维护中国文化产业安全的政策建议

为了更好地促进文化产业的发展，维护文化产业安全、国家经济安全和文化安全，我们建议在以下方面加强研究，制定对策。

1. 重视文化资源产权制度建设，加强版权保护，在整个社会循序渐进地推进软件正版化，强化版权监管执法，加大对于网络侵权盗版的打击力度，维护健康的版权秩序

文化单位的转企改制，主要是在微观层面进行产权的界定。与此同时，我们还必须树立文化资源产权意识，重视宏观产权制度的建设。文化资源产权是一种稀缺物品，具有资本属性和排他性，且市场所有权收益具有可计量性和市场经营权具有可交换性等特点。所以文化市场存在产权制度与产权安排问题。实际上，没有文化市场，企业的有形产权难以营运，企业的无形产权难以评估与测量；没有文化资源产权本身的理性制度安排，不仅会导致微观产权模糊不清，价值难以评估或微观产权要素在运行中难以合理增值等问题，而且还难以解决企业的市场进入、运行及退出等问题，难以形成公平有效的竞争性市场结构，必然导致市场运行处于无序状态，引致市场安全问题和利益分配的极度扭曲。因此，重视文化资源产权制度的研究与建设对维护与保证国家经济安全和文化安全意义重大。

版权保护是文化产业发展的基础，文化产业的健康发展开不开有效的版权保护。在2000年出版的《文化、贸易和全球化：问题与答案》一书中，联合国教科文组织将"文化产业"界定为：创造、生产、销售内容的产业。这些内容一般受到知识产权的保护，并以产品或服务的形态出现。

首先，版权保护离不开全民版权意识的提高，政府要长期不懈地开展版权教育，对民众进行版权普及和宣传。其次，要完善版权保护方面的立法，尽快建立一个和西方文化强国接轨的版权保护法律体系。美国没有文化产业的提法，而是采用版权产业的概念。作为美国的支柱产业，版权产业的兴盛与美国强有力的版权保护法律体系是分不开的。要进一步增强知识产权的司法保护，并在案件受理标准，证据保全的程序和执行方面细化和统一具体操作，为维权取证提供便利。再次，政府要有一个明确的软件正版化路线路和时间表，循序渐进地推进整个社会的软件正版化。政府部门的软件正版化工作已经形成了良好的示范效应，下一步要将软件正版化

工作在各级政府逐级推广,并向逐步事业单位、企业单位、个人扩展。最后,要强化版权监管执法,做到公平执法、严格执法。在版权保护方面,我国既存在无法可依的问题,更重要的是存在有法不依、执法不严的问题。行政部门在执法的过程,有时候不能很好地做到公平执法、严格执法,而是选择性执法,这在一定程度上助长了侵权者的侥幸心理。

2. 打破地域、行业和所有制等方面的限制,鼓励企业尤其是国有企业进行并购重组

并购重组是企业实现规模扩张、资源优化配置的捷径。如何推动国有文化企业在产业整合并购上加快速度和加大力度,是当前我国文化产业向着集约化、规模化发展的重要课题。面对我国文化企业规模小、市场集中度低的现实,有关部门要研究出台相关政策措施进一步激励企业尤其是作为文化产业主力的国有文化企业进行跨区域、跨媒体、跨所有制的整合兼并。

在完成转企改制的改革之后,国有文化企业要加快股份制改造,尽快实现政企分开、管办分离,建立现代企业制度。可以采取市场化整合、行政划拨等多种手段,推动国有文化企业之间的联合重组,培育一批主业突出、产业链完整、市场控制力强的大型文化企业集团,引领文化产业结构战略性调整和转型升级。

为了促使国有文化企业成为产业整合并购的核心力量,需要做好以下几个方面的工作。首先,通过出台财政和税收扶持性政策,鼓励国有文化企业进行战略性重组。可以设立文化产业战略性重组专项资金,通过贷款贴息、技改补贴等形式发挥财政资金的杠杆作用。同时,出台国有文化企业并购重组税收优惠政策,为国有文化企业并购减负。其次,拓展国有文化企业的融资渠道,为战略性重组提供更多的金融支持。鼓励商业银行为国有文化企业并购发放并购贷款,支持保险机构为文化企业跨国并购提供保险,鼓励商业银行为并购重组的文化企业实行综合授信和配套金融服务等,多途径、全方位为文化企业战略性重组提供金融支持。再次,针对目前文化企业条块分割的现状,积极探索跨区域重组后地区间财税利益共享

的模式。在进行跨地区并购时，文化企业之间以及不同地区政府之间应就并购后的财税利益分成问题进行谈判，并签订协议。最后，通过资本市场推动文化企业并购重组，支持文化企业通过发行股票、债权等方式为并购重组融资。[1]

3. 转变文化产业发展方式，走内涵式发展道路

首先，要鼓励文化创新。采取表彰奖励、政策扶持等多种方式，鼓励文化工作者深入生活，创作生产反映时代精神、积极向上、富于感染力的作品。鼓励国家文化产业示范基地不断推动文化内容形式、传播手段创新，提高产品研发和原创能力。重点支持具有鲜明民族特色、时代特点的优秀原创动漫产品创作。充分利用文化产业发展专项资金和国家有关文化艺术基金，加大对文化内容创新的支持力度，引导文化产品创作生产。

其次，要加强技术攻关，提升科技对于文化产业发展的支撑能力。科学技术是第一生产力的论断，对于文化产业来说也依旧适用。当今社会，信息技术、网络技术已经成为文化发展的新引擎，对于提升一国的文化创新能力、催生新的文化业态发挥着越来越重要的支撑和引领作用。因此，国家需要针对文化产业发展的技术需求，集中科研力量攻克一批关系文化领域传统业态提升、新业态发展的基础性、共性关键技术，提高科技对传统文化业态的提升能力以及对新兴文化业态的创生能力。

最后，推动文化产业结构调整，提升文化生产的品质和效益，促进文化产业转型升级，提高文化产业规模化、集约化、专业化水平，加快由注重数量扩张的规模增长转变到更加注重质量效益的内涵提高。以结构调整为主线，实施重大项目带动战略，谋划和启动一批具有示范性、基础性、战略性、带动性的重大工程和重大项目，提升产业规模和整体素质，加快产业结构调整和转型升级。文化部"十二五"时期文化产业倍增计划提出，要鼓励集聚发展，建设10家左右高起点、规模化、代表国家水准和未来发展方向的国家级文化产业示范园区和一批集聚效应明显的文化产业示

---

[1] 兰培："为文化产业战略性重组提供有力支持"，载《人民日报》2010年12月18日。

范基地。开展特色文化产业示范区创建工作,在特色文化资源富集地区,培育100个左右特色鲜明、主导产业突出的特色文化产业集群和一大批特色文化产业乡镇。

4. 要从文化资源产权的视角加强对于外资文化企业的审批监管,维护国家文化资源产权安全

外资文化的进入打破现有文化行业的市场垄断,激活了中国文化市场的活力,有利于中国文化市场的进一步成熟和规范。与此同时,我们也应该高度关注外资文化企业可能带来的一些违规行为和负面影响,建立科学完善的外资文化企业进入规制体系。

经营性文化单位转企改制主要是在狭义层面进行产权的界定。与此同时,我们还必须树立广义产权意识,重视文化产业的广义产权制度建设。文化产业的各种生产要素都存在产权归属,在总体上文化生产所依赖的各种资源(文化遗产资源、文化人才、文化技术、文化资本等)的产权属于一国国民。文化资源产权包括四个方面:文化资源的占有权、文化资源的经营权、文化资源的处分权和文化资源的收益权。

目前,我国主要从文化资源的处分权方面对外资进行监管和审查,相对忽视了文化资源的占有权、经营权和收益权。加入WTO以后,我国将与国家意识形态、政府舆论导向关联度不是太大,或是文化性、专业性较强、意识形态属性较弱、风险可控性较强的传媒领域实行适时、适度地放开,比如广告经营、报刊杂志批发零售等经营性的业务;将与国家意识形态、政府舆论导向有关的领域(如报纸、广告、电视等)进行严格把关和控制。当今时代,文化市场已经成为各国资本争夺的主要市场,文化领域已经成为国际政治斗争和意识形态较量的主战场。无论是文化强国还是文化弱国都应该按照文化资源占有权具有国家排他性和文化资源经营权具有可交换性原则,来处理国家之间的文化贸易与投资往来。

5. 加大对于文化技术创新的投入,提高文化企业技术创新能力

技术是制约一个国家经济增长和提升竞争力的关键因素。大量理论与实践活动表明,高新技术及其产品是国际投资与对外贸易的前提与依托,

国际投资与贸易的竞争实际上是技术水平和能力的较量。当今世界文化市场发展的特点之一就是以技术进步为依托，抢占文化市场的制高点。文化产业发展与科技创新密不可分。激光照排、卫星传版等构成的出版印刷技术的革新促进了出版产业的飞跃；收音机技术、录音机技术、无线传输技术以及通信卫星和光纤等的运用推动了音像业、电影业与广播电视业的繁荣；互联网与数字技术的结合打破了产业界限，实现了网络与出版、广播、影视、唱片等的互动，带来了不同传媒产业的汇流，从而建构起一个崭新的富媒体时代的文化产业群。文化产业演化的历史轨迹表明文化产业的每一步跨越都是建立在科技创新基础上的。基于历史分析可以推导出科技创新与文化产业演化发展内含规律性，即文化产业演化周期随着科技创新周期的缩短而逐渐缩短，文化产业与科技创新协同循环发展以及文化产业受到科技创新双重效应的影响。科技创新为文化产业发展提供了强大的技术支撑，促使文化产业向新业态、高层次发展。当前，信息技术的发展赋予了文化产业新内涵，使其日益走向数字化，即各类传统媒体内容制作和表现方式全过程的数字化，新兴媒体的数字化、网络化以及新传媒制播工具的数字化，数字化已经成为文化产业发展主流趋势。

中国的文化企业要抓住新技术所提供的发展机遇，调整自身的运营方式以适应网络数字时代的需求，加速与互联网的联袂，推动文化产业的裂变。一是建设网络技术平台。在文化产品内容趋同的情势下，文化产业的竞争很大程度上取决于科技的竞争，因此企业必须充分利用信息技术条件，通过网络手段收集顾客动态的文化需求来改进文化产品的质量和服务、通过科技含量来充实自身产品的文化内容。同时，企业要逐步培养起网络意识，打造出自己的文化品牌并构建起网络销售平台。二是形成数字化人才的培养机制，加快培养适应数字技术环境的多种产业需求的文化技术人才、数字软件开发人才和媒体产业管理人才，使其成为加速文化产业数字化进程的持久动力。三是数字化条件下的知识产权保护需要提上日程。企业应逐步完善网络保护的过滤技术和防黑客攻击的技术手段，加强数字化知识产权保护的认证技术、访问控制技术等网络安全技术和加密技术，建立起安全可靠、使用方便的信息网络体系与监督体系，确保传统文化产业和新兴文化产业在数字化过程中的安全性和积极性。

6. 适应国际规则：大力实施"文化走出去"战略

自20世纪90年代中期以来，我国的经济总量先后超过加拿大（1995年）、意大利（2000年）、法国（2005年）、英国（2006年）、德国（2007年）、日本（2010年），位居世界第二。然而，与世界第二大经济体、第二大贸易国的地位形成对比的是：文化产品贸易逆差还很大，国际舆论格局中的话语权还不强。十八大指出，中华文化走出去要迈出更大步伐，提高国家文化软实力，建设社会主义文化强国。

随着中国加入世界贸易组织，中国的文化市场被纳入世界文化市场的版图，参与到国际文化产业竞争和塑造国际文化格局的进程之中。面对无法回避的客观现实，我们必须制定和推行切实可行的文化战略。欧美市场是文化产品国际贸易的主流市场，是文化竞争的主战场。西方发达国家的大型跨国公司，凭借丰富的经验、雄厚的实力和国内的成熟市场，垄断国际文化市场。又因为东方民族与西方民族的生活习惯、思维方式、价值观念存在较大差距，中国文化产品欲占据欧美市场的一席之地，还有很长的路要走。对此，我国文化产业的发展战略只能采取合作、合资、委托发行等间接方式，以东亚为文化战略重心，主动构筑中国地缘文化安全环境。东南亚华人文化圈和日韩等国汉字文化圈表明，中华文化在东亚地区有着天然的亲和力和影响力。东亚是中国文化产业"走出去"的首要目标区域，也是中国开展文化外交的重点地区。中国文化要"走出去"，必须实施与经济强国相匹配的文化强国战略，整合科技、经贸与文化资源优势、整合国家与边疆民族区域资源优势、整合社会集资优势，将文化资源优势转化为国家的经济、文化实力。

参考文献

[1] Alchian, Armen, "Property Rights", in *The New Palgrave: the world of economics*, edited by John Eatwell, Murray Milgate and Peter Newman, MacmillanPress, 1991.

[2] Francis Fukuyama, "The End of History?" *The National Interest*, Summer, 1989.

[3] Frau–Meigs, Divina, "Cultural exception, national policies and globalisation: imperatives in democratization and promotion of contemporary culture", Quaderns del CAC, 14 (2002).

[4] Galt, Frederick Scott, "Life, Death, and Rebirth of the Cultural Exception in the Multilateral Trading System: An Evolutionary Analysis of Cultural Protection and Intervention in the Face of American Pop Culture's Hegemony," *Wash. U. Global Stud. L. Rev.* 909 (2004).

[5] Herold, Anna, "EU External policy in theaudiovisual field: From 'Cultural Exception' to 'Cultural Diversity'", *ERA Forum* 2005, *Volume* 6, *Issue*1.

[6] Jackson, Peter, "Politics, Culture, and the Security of France: A Reinterpretation of French Foreign and Security Policy after the First World War", *French Historical Studies*. Fall 2011, Vol. 34 Issue4.

[7] Joseph S NyeJr, SoftPower: "The Means to Success in World Politics", *Public Affairs*, 2004.

[8] Leeso – Yon,"Movie trade dispute draws on many characters", *Business*, 1 (1999), 13.

[9] PeterJ. Burnell, *Economic Nationalism in the Third World. Hassocks*, England: Harvester Press, 1986.

[10] Prowda, Judith Beth, "U. S. Dominance in the Marketplace of Culture and the French Cultural Exception", *Journal of international Law & Politic*193.

[11] Rosenau, James N., *Turbulence in World Politics: A Theory of Change and Continuity*, Princeton University Press, 1990.

[12] Samuel Huntington, *The Clash of Civilizations and the Remaking of World Order*, Simon&Schuster Press, 1996.

[13] Scully, Kevin, "The Most Dangerous Game: U. S. Opposition to the Cultural Exception", *Brooklyn Journal of International Law*, 2011.

[14] Wildman, S., Siwek, S., "International Trade In Films And Television Programs", *Washington D. C: American Enterprise Institute of Public Policy Research*, 1988.

[15] 曾繁华、彭光映："论市场产权及其成本构成要素",载《中南财经政法大学学报》2007年第1期。

[16] 曾繁华："论市场所有权",载《中国工业经济》2002年第5期。

[17] 常修泽："广义产权论的基本要义及价值追求",载《中共天津市委党校学报》2010年第6期。

[18] 常修泽："广义产权论简述",载《产权导刊》2008年第7期。

[19] 常修泽:《广义产权论——中国广领域多权能产权制度研究》,中国经济出版社2009年版。

[20] 常修泽："论建立与社会主义市场经济相适应的现代产权制度",载《宏观经济研究》2004年第1期。

[21] [美] R. 科斯等:《财产权利与制度变迁——产权学派与新制度学派

译文集》,刘宁英等译,上海三联书店、上海人民出版社 1994 年版。

[22] 顾军:"法国文化遗产保护运动的理论与实践",载《江西社会科学》2005 年第 3 期。

[23] 管宁:"时尚创意铸就的朝阳产业——法国文化产业的经验与启示",载《东岳论丛》2012 年第 12 期。

[24] 何维达,何昌:"当前中国三大产业安全的初步估算",载《中国工业经济》2002 年第 2 期。

[25] 何维达、贾立杰、吴玉萍:"基于 DEA 模型的中国纺织产业安全评价与分析",载《统计与决策》2008 年第 13 期。

[26] 何维达、李冬梅:"我国产业安全理论研究综述",载《经济纵横》2006 年第 8 期。

[27] 何维、刘拴西、刘亚宁:"十二五时期中国产业安全研究——基于建材工业数据的分析",载《中国管理信息化》2013 年第 6 期。

[28] 何维达:"当前中国三大产业安全的初步估算",载《中国工业经济》2002 年第 2 期。

[29] 何维达:"中国'入世'后的产业安全问题及其对策",载《经济学动态》2001 年第 11 期。

[30] 胡惠林:"非传统安全与中国国家文化安全研究新范式———兼论'第三种安全'",载《新疆师范大学学报》(哲学社会科学版)2012 年第 4 期。

[31] 胡惠林:"国家文化安全:经济全球化背景下中国文化产业发展策论",载《学术月刊》2000 年第 2 期。

[32] 胡惠林:"论产业的属性与运动规律",载《上海交通大学学报》(哲学社会科学版)2007 年第 4 期。

[33] 胡惠林:"文化产业的战略价值",载《人民日报》2009 年 6 月 18 日。

[34] 胡惠林:《文化产业发展与国家文化安全:全球化背景下中国文化产

业发展问题思考》，学林出版社 2001 年版。

[35] 胡惠林：" 文化产业发展与国家文化安全——全球化背景下中国文化产业发展问题思考"，载《上海社会科学院学术季刊》2000 年第 2 期。

[36] 胡惠林：《中国国家安全论》（第二版），上海人民出版社 2011 年版。

[37] 胡惠林：《中国国家安全论》（第一版），上海人民出版社 2005 年版。

[38] 花建：" 文化产业竞争力的内涵、结构和战略重点"，载《北京大学学报》（哲学社会科学版）2005 年第 2 期。

[39] 黄建军：" 中国的产业安全问题"，载《财经科学》2001 年第 6 期。

[40] 黄欣欣：" 我国文化产业对外开放对文化产业安全的影响研究"，载南昌大学 2011 年硕士学位论文。

[41] 黄旭东：" 美国文化安全战略及其对我国的启示"，载《贵州师范大学学报》（社会科学版）2009 年第 3 期。

[42] 贾玉敏：" 文化保护与市场化进程中的法国广电业"，载《当代传播》2001 年第 4 期。

[43] 江奔东：《文化产业经济学》，泰山出版社 2008 年版。

[44] 解学芳：" 论科技创新主导的产业演化规律"，载《上海交通大学学报》（哲学社会科学版）2007 年第 4 期。

[45] 靳晓婷：" 基于 AHP 的资源型文化产业竞争力评价方法"，载《统计与决策》2013 年第 10 期。

[46] 景玉琴：" 产业安全概念探析"，载《当代经济研究》2004 年第 3 期。

[47] 景玉琴：" 产业安全评价指标体系研究"，载《经济学家》2006 年第 2 期。

[48] 景玉琴：" 论运用产业保护措施维护我国产业安全"，载《经济学家》2003 年第 6 期。

[49] 景玉琴：" 维护产业安全的根本途径"，载《经济日报》2013 年 7 月 11 日。

[50] 康小明，向勇："产业集群与文化产业竞争力的提升"，载《北京大学学报》（哲学社会科学版）2005年第2期。

[51] 李江帆："文化产业：范围、情景与互动效应"，载《经济理论与经济管理》2003年第4期。

[52] 李孟刚："产业安全的理论研究"，北京交通大学2006年博士学位论文。

[53] 李宁："'自由市场'还是'文化例外'——美国与法－加文化产业政策比较及其对中国的启示"，载《世界经济与政治论坛》2006年第5期。

[54] 李毅等："经济全球化趋势下我国文化产业安全的研究"，载《南京财经大学学报》2012年第3期。

[55] 李志伟："法国捍卫'文化例外'"，载《人民日报》2013年7月25日。

[56] 廖倩："开放经济条件下我国文化产业安全评估与影响因素分析"，湖南大学2012年硕士学位论文。

[57] 林宏宇："文化安全：国家安全的深层主题"，载《国家安全通讯》1999年第8期。

[58] 刘宽亮、岳澎："关于文化安全问题的学理探索"，载《山西师范大学学报》2004年第4期。

[59] 刘瑞娜："'市场产权'理论质疑"，载《马克思主义研究》2011年第8期。

[60] 刘望春、王眉："法国牵头维护欧盟'文化例外'立场"，载《中国文化报》2013年5月23日。

[61] 祁述裕、殷国俊："中国文化产业国际竞争力评价和若干建议"，载《国家行政学院学报》2005年第2期。

[62] 钱志中："文化的产业化与国家文化安全"，载《常熟理工学院学报》2010年第9期。

［63］任一鸣："加拿大文化主权与文化政策"，载《国际观察》2011年第3期。

［64］萨米尔·阿明：《不平等的发展》，高铦译，商务印书馆1990年版。

［65］沈洪波："文化全球化与中国国家文化安全"，载《山东大学学报》（哲学社会科学版）2004年第6期。

［66］盛京京："中国网络文化产业安全面临的挑战和应对策略"，载《中国商贸》2012年第9期。

［67］石中英："论国家文化安全"，载《北京师范大学学报》（社会科学版）2004年第3期。

［68］宋晓梧："要从制度上保证'劳动致富'最光荣"，载《中国改革报》2010年3月15日。

［69］孙安民：《文化产业理论与实践》，北京出版社2005年版。

［70］孙瑞华、刘广生："产业安全评价指标体系的构建研究"，载《科技进步与对策》2006年第5期。

［71］田珊珊："法国的文化政策：一个基于民族文化视角的研究"，载《法国研究》2012年第2期。

［72］王诚："产权的广义性和适宜性"，载《财经科学》1997年第3期。

［73］王公龙："文化主权与文化安全"，载《探索与争鸣》2001年第9期。

［74］王海冬："法国的文化政策及对中国的历史启示"，载《上海财经大学学报》2010年第5期。

［75］王沪宁："文化扩张与文化主权：对主权观念的挑战"，载《复旦学报》（社会科学版）1994年第3期。

［76］王晓德："全球自由贸易框架下的'文化例外'——以法国和加拿大等国抵制美国文化产品为例"，载《世界经济与政治》2007年第12期。

［77］王耀中、彭新宇："产业安全不容忽视"，载《光明日报》2011年8月20日。

[78] 吴承忠、牟阳："从WTO与'文化例外'看国际文化贸易规则",载《国际贸易问题》2013年第3期。

[79] 夏兴园、王瑛："国际投资自由化对我国产业安全的影响",载《中南财经大学学报》2001年第2期。

[80] 谢明："试论法国大众传媒与法兰西文化保护政策的互动关系",中国社会科学院2005年硕士学位论文。

[81] 杨公朴等："中国汽车产业安全性研究",载《财经研究》2000年第1期。

[82] 杨京钟、洪连埔："法国文化产业税收政策对我国的借鉴",载《税务研究》2012年第12期。

[83] 杨诗勤："文化多样性背景下的法国电影干预机制",上海外国语大学2012年硕士学位论文。

[84] 叶秋华、孔德超："论法国文化遗产的法律保护及其对中国的借鉴意义",载《中国人民大学学报》2011年第2期。

[85] 于炳贵、郝良华："文化帝国主义与国家文化安全",载《中共中央党校学报》2003年第3期。

[86] 于新东："跨国公司和东道国的产业保护与产业安全",载《社会科学战线》1999年第6期。

[87] 余潇枫："安全哲学新理念：'优态共存'",载《浙江大学学报》(人文社科版)2005年第2期。

[88] 张碧琼："国际资本扩张与经济安全",载《中国经贸导刊》2003年第6期。

[89] 张立："经济全球化条件下的中国产业安全问题",四川大学2002年博士学位论文。

[90] 张玉波、李连成："FDI对我国产业安全的影响和对策探讨",载《新东方》2001年第6期。

[91] 赵世洪："国民产业安全理论模式研究",中央财政大学1998年博士

学位论文。

[92] 赵彦云、余毅、马文涛:"中国文化产业竞争力评价和分析",载《中国人民大学学报》2006年第4期。

[93] 朱健刚、张来治:"文化主权:今天主权斗争的焦点",载《复旦学报》(社会科学版) 1998年第1期。

[94] 朱振明:"France24:法国文化的突围",载《世界知识》2007年第1期。

后 记

本书的写作主要基于两个底面的研究，一是我的博士后研究。2011年年底，由于领导方面的渊源，学校鼓励老师去北京交通大学中国产业安全研究中心作博士后，我报了名，并于2012年2月入站。中国产业安全中心是国内专门从事产业安全及相关问题研究的国家级科研单位，因为所在的学校依托的是新闻出版行业，我想运用产业安全的相关理论研究探讨一下文化传媒产业的安全问题。二是承担相关研究课题。受北京印刷学院文化产业安全研究院的委托，我承担了该院2013年度科研课题"中国文化产业安全问题研究"。该课题最主要的任务是完成《中国文化产业安全报告》蓝皮书。在完成了这两方面的工作之后，我萌发将自己在这一方面的工作进行系统整理的想法，正好赶上学院拟将"文化安全与管理"作为国家特需博士点项目进行建设，并成功申报了北京市哲学社会科学"北京文化安全研究基地"，本书最终得以出版。

国内学术界对于文化安全和产业安全已经有很多的研究，但文化产业的双重属性（意识形态属性和经济属性）决定了文化产业的安全既不同于一般意义上的文化安全，也不同于纯经济性产业的产业安全。本书分析了经济全球化进程中中国文化产业面临的安全挑战，建构了关于中国文化产业安全的理论体系，分析了中国文化产业的安全状况，总结了法国、加拿大文化保护政策对于我国的启示，提出了加强我国文化产业安全的政策建议。作为国内首部研究文化产业安全的专著，本书对于政策制定、学术研究有一定的参考价值。

本书的顺利完成离不开经济管理学院的大力支持。非常感谢北京印刷学院经济管理学院执行院长刘益教授、书记李治堂教授对于本研究的支持和指导，从课题的申报、立项、研究到各种后勤支持都凝聚着他们的心血。

由于本人的水平和能力有限，疏漏之处在所难免，敬请各位专家批评指正！

高海涛
2015年6月于北京

声　明　　1. 版权所有，侵权必究。
　　　　　2. 如有缺页、倒装问题，由出版社负责退换。

图书在版编目（CIP）数据

中国文化产业安全研究/高海涛著. —北京：中国政法大学出版社，2015.8
ISBN 978-7-5620-6285-1

Ⅰ.①中⋯　Ⅱ.①高⋯　Ⅲ.①文化产业－安全－研究－中国　Ⅳ.①G124

中国版本图书馆 CIP 数据核字（2015）第 207747 号

出 版 者	中国政法大学出版社
地　　址	北京市海淀区西土城路 25 号
邮寄地址	北京 100088 信箱 8034 分箱　邮编 100088
网　　址	http://www.cup1press.com（网络实名：中国政法大学出版社）
电　　话	010-58908285（总编室）58908433（编辑部）58908334（邮购部）
承　　印	固安华明印业有限公司
开　　本	787mm×1092mm　1/16
印　　张	17.75
字　　数	254 千字
版　　次	2015 年 8 月第 1 版
印　　次	2015 年 8 月第 1 次印刷
定　　价	53.00 元